母亲的基因

成功的力量

马晨祥 ◎ 著

The Genes of

Motherhood

经济日报出版社

图书在版编目（CIP）数据

母亲的基因 / 马晨祥著 . -- 北京 : 经济日报出版社，2020.12

ISBN 978-7-5196-0741-8

Ⅰ . ①母… Ⅱ . ①马… Ⅲ . ①母亲 – 家庭教育 Ⅳ . ① G78

中国版本图书馆 CIP 数据核字 (2020) 第 237794 号

母亲的基因

作　　者	马晨祥
责任编辑	黄芳芳
责任校对	李艳春
出版发行	经济日报出版社
地　　址	北京市西城区白纸坊东街 2 号 A 座综合楼 710(邮政编码 :100054)
电　　话	010-63567684 （总编室） 010-63584556 （财经编辑部） 010-63567687 （企业与企业家史编辑部） 010-63567683（经济与管理学术编辑部） 010-63538621 63567692（发行部）
网　　址	www.edpbook.com.cn
E - mail	edpbook@126.com
经　　销	全国新华书店
印　　刷	北京荣泰印刷有限公司
开　　本	710×1000 毫米　1/16
印　　张	19.75
字　　数	252 千字
版　　次	2021 年 3 月第 1 版
印　　次	2021 年 3 月第 1 次印刷
书　　号	ISBN 978-7-5196-0741-8
定　　价	58.00 元

前言

这是一部不是家教而胜似家教的书，让读书人把母亲的辉煌人生和伟大智慧更准确和全面地感受到，把你和母亲一生的路途看得清清楚楚。母亲的思想火花会穿过物质世界的阴霾，传递温暖。她们的伟大思想，她们所领悟的人生智慧将会世世代代扎根人们的心灵，并最终在人们的日常生活和实践中发挥积极的指引作用。

中国式母亲是全天下无与伦比的母亲，她们走的是一条行稳致远的育子之路，她们是伟大母亲的风向标。母亲的经，是经营和睦家庭的经。母亲的道，是培养儿女健康成长的道。母亲的基因，是中华民族伟大文明的智慧之源，是创造中华辉煌历史的催化剂，凝聚着中华民族自强不息和发展壮大的精神灵魂，是激励一代又一代子孙后代取得成功的精神财富。

母亲的力量，是情感的力量、精神的力量、思想的力量、智慧的力量、成功的力量、传承的力量，是民族振兴和国家前进的不竭动力。这种力量让中华民族一直巍然屹立在世界的东方！

中华民族的伟大发展史证明，母亲不仅要生育孩子，而且还要养育孩子，更要在自己儿女身上体现出自己，继承和发展着自己。母亲称职，家庭幸福。母亲聪慧，儿女成器。这是因为母亲在家庭中有着特殊的地位和职责，她们更重要的不是守家，而是竭尽全力教育好子女、辅助好丈夫、建立和睦家庭。她们重视并遵守世代相传的原则，继承祖先的慈善之心、纯良的品德、操持家务、济世的传统，她们不仅要身体力行，而且要言传身教传给子女。可谓天下之本在于国，国之本在于家，家之本在于母。一代又一代的优秀母亲也形成了在世界上特有的中国式母亲的文明体系和人文智慧。母亲智，儿女良，家业兴，民族旺，祖国强。

“天行健，君子以自强不息；地势坤，君子以厚德载物”是母亲优秀基因最好的诠释，她们以天之道自强，以地之道厚德，以人之道展现智慧，以母之道显大爱。正如庄子之言：“天地之美，而达万物之理。”即通过上天和大地的壮美，去通达万事万物的道理。在中华文明几千年的光辉史上，诞生了一代又一代思想家、文学家、军事家、科学家等各界的巨人，他们或者创造历史，或者留下不朽的文化、思想而名垂青史。探究他们成功的轨迹，有一个共同的特征，就是他们的背后都站着一位伟大的女人——母亲。母亲是能够知道祸难的发生从而能回避开的人，因此能保护好儿女并教育引导儿女们成功扬名。如果说是那些杰出的巨人推动了社会发展，那是因为他们的母亲推动了他们，从而引导了中华文明的发展。

她们载道而为，合道而行，唯道是从，既是悟道者，得道者，又是载道者，传道者。母亲之道，就是能顺应自然规律、改变自身而达到正理的一种力量，就是扶养教育子女，使他们健康成长，完成人类自然生命过程的一种规律。教育家福禄贝尔说过：“国民的命运，与其说是操纵在掌权者手中，倒不如说是握在母亲的手中。因此，我们必须努力启发母亲——人类的教育者。”母亲治家教子的困苦事迹永远彪炳史册，母亲的智慧力量永远激励世人。敬母者，众人敬；轻母者，众人轻。那些圣贤的母亲，树立德业，创制训典，经营家庭，垂范后世，她们的声名昭著远扬，美名流传世世代代。这个世界，因她们而多彩。人类的生存，因她们而绚烂。

赞扬母亲不是轻视父亲。古人云：“教子为治平之本，而教女更为切要。盖以世少贤人，由于世少贤母。有贤女，则有贤妻贤母矣。有贤妻贤母，而其夫与子之不为贤人者，盖亦鲜矣。其有欲挽世道而正人心者，当致力于此焉。”古人亦云：“闺阃乃圣贤所出之地，母教为天下太平之源。治国平天下之教，女人家操之大半，盖以母教为本也。”孙中山说：“天下的太平安危看女人。家庭的盛衰看母亲。”家庭是美育德育最好的基地，母亲是最好的老师。自古以来，教诲训导的责任，也在于母亲身上，母教是子女童蒙养正的根本保证。母亲处理难事总是从易处着手，处理大事总是从小处开始。母亲的形象、母亲的做人原则、母亲的思想……都会在不知不觉中始终影响她们的孩子。

母亲之道，行事合于天道，所以说“其功顺天者，天助之。”母亲强大的基因力量，是子女健康成长的奠基石，是成为国家栋梁之才的原动力。母亲优秀的基因是一种强大的正能量，能培养出道德上完美、事业上成功的孩子。她们深深懂得“居家易，治家不易，欲自我身作则，行行当立好楷模”之哲理。母亲以身作则，利用榜样的力量感化孩子，而不是强迫性的指令或者严厉的批评，儿女会具有行动的动力，也更容易自由健康地全面发展。母亲的言行举止对子女的成长有着非常大的影响，母亲的素质将决定孩子的一生。儿女的教养、兴趣、爱好等，多半在生长环境中耳濡目染和母亲的熏陶。

效法母亲之道，做人自能端正，对待父母自能孝顺，对待国家自能忠诚，做人处世自然会合理。遵循母亲之道做人天助之，违背母亲之道做人天违之。正如管子所言：“天之所助，虽小必大；天之所违，虽大必削。”天有自然法则，人也有自己的规则。母亲伟大的背后，都是苦苦堆积的坚持。母亲的智慧，没有固定的法则可以遵循，要根据不同的现实情况而采取恰如其分的对策。效法母亲之道，就是按照自然和人类法则做事，不断地积聚规律，且永不违背，这就叫遵循母亲之道。

贤明的母亲的伟大思想和行动，会跨越历史的长河，她们会时时刻刻地发挥推动祖国和民族前进的巨大作用。真诚地为伟大母亲立传，自豪地为中华民族放歌！

目录

前言

第一部分　品德如玉

第1章　论伟大　/　03

伟大源于认识，始于行动，精于专一，成于智慧。没有平凡的铺垫就没有伟大的崛起，伟大是在平凡中日积月累铸成的。

第2章　论忠诚　/　21

厌恶忠诚是一种自我毁灭的行为，忠于自己的一生才是自我成功的一生。一个人失败的最大原因，就是对自己不忠诚，从而不信任自己，失去了成功的根基。

第3章　论人品　/　34

我们在社会地位上可以不是达官显贵、在物质上可以不用呼风唤雨，但在道德上完全可以追求到极致、在人品上可以做到德高望重且受人敬仰。践踏道德的人必定走上犯罪的道路，不遵循道德行事的人必将搬起石头砸自己的脚。

第4章　论善良　/　53

善良是幸福的第一源泉，善举是惟一不败的投资，只要天天行善积德就不必担心没有福祉，善恶一定是有因果的。

第5章　论吃亏　/　66

吃亏是走向成熟的阶梯，不吃亏永远登不上智慧的顶峰。吃亏不一定得福，但一个幸福和成功的人必定是一个吃过亏的人。

第6章　论吃苦　/　75

每一个成功者都是在艰难困苦中站起来的，每一个伟人都是在讥讽、凌辱、欺侮中成长起来的，每一个幸福的人都一定是吃过苦的人。

第7章　论受屈　/　84

暂时的屈从是为了日后的伸展，暂时的弯曲是为了日后的挺直。如果能够做到能屈能伸地遵循客观发展规律，就一定能傲立于世，必定能开拓出属于自己的新天地。

第8章　论宽容　/　94

能够做到宽容而忍受强者的欺负就无所忧患，能够宽容忍让弱者的不满就一定不会失败，做人的原则应是宽容待人。严于律己。

第9章　论尊重　/　108

尊重能让我们的内心感到自我价值和仁爱的满足，像尊重自己一样尊重别人，就会形成人生幸福和事业成功的磁场，他将是笑到最后的人生赢家。

第10章　论理解　/　123

理解可以成就生命的坚韧与不屈，通过我们彼此的理解可以谱写生命的华丽篇章，更能够铸造我们心灵的浩然之气。理解是我们生命的血脉，人生的幸福与快乐必须有理解相随。

第11章　论和睦　/　136

和谐谦逊能够带来吉祥，骄横傲慢就会招来祸患。在态度上应天天表现出亲和的姿态，在心态上应时刻保持严格的自律。

第二部分　志存高远

第 12 章　论志向　/　153

人生立世必先立志，没有人定胜天的志向和破釜沉舟的意志力，就无法创造出经天纬地的辉煌事业。

第 13 章　论信仰　/　164

信仰是一步一步地在实践着的真理，只要终其一生不懈怠，谨慎而勤勉，就一定能将自己打造成人生赢家，而且登上人生辉煌之巅。

第 14 章　论正直　/　178

做人正直就没有污浊的欲望，做人正直就没有邪恶的行为，严守纯正的品行，则所行之道就不会陷入困境。

第 15 章　论教育　/　191

教育是人类发展的基石，家教是人生幸福的基石，读书学习是任何成功者的唯一靠山，视读书如饮食的人必成大器。

第 16 章　论耐心　/　209

耐心是一个人最大的底气，是成功和幸福的必备素质，它是一个有约束力的原则。拥有了极度的耐心就会有极度的决心，你就是自己命运的操盘手。

第 17 章　论奉献　/　221

奉献来自感恩，感恩是获得幸福的源泉，奉献是幸福的添加剂。勇于奉献的人不会被贪婪所支配，能不断体会奉献所蕴含的精神力量。

第18章　论慈爱　/　233

慈爱能够赢得人脉的亲和力量，大爱无疆就能天下无敌而无往不胜，广布慈爱能够成就自己的美好人生。

第19章　论坚强　/　245

智者不随意选择，强者不乱作为，坚强者都有自己伟大的目标，世界上没有一样东西可以取代坚强，坚强的伟大之处在于攀上巅峰后要比以前更坚韧。

第20章　论担当　/　254

担当产生成功的力量，担当创造成功的运气，敢于担当，整个世界都会为你的前进而让路，整个世界都会帮助你走向成功的顶峰。

第21章　论责任　/　264

责任心能够胜过任何物质的力量，能够催生强烈的自我成功意识，能够战胜任何不可能的"神话"，能够创造出伟大的人类奇迹。

第22章　论节俭　/　279

节俭是幸福的根源，节俭是成功的组成要素。养成了节俭的习惯，你自身的修养就会提高，你的行为举止也不会脱离正道。

第23章　论远见　/　290

远见是生命之灯，人无远见功不成，家无远谋业不兴。有远见才有目标，有目标才有动力，有动力才有行动，有行动才有成果，成果硕硕就意味着成功。

后记　/　303

第一部分

品德如玉

第 1 章
论伟大

母亲语录

望子成龙，望女成凤。

心　语

在母亲看来，伟大并不是遥不可及，教育孩子的一个重要理念，就在于使他们生活在伟大思想的世界之中，借此去理解生活和人生的伟大，而实际上成为具有伟大心灵的人，也就是把平凡的生活放在思想世界之中。国家主席习近平在中国七十华诞上指出："伟大出于平凡，平凡造就伟大。"平凡的即是伟大的，只有懂得平凡才能成就真正的伟大，一切伟大的事物都是在"平凡"的积累过程中诞生的，伟大的成就都是由奋斗获得。无论身处何地，只要你有一个伟大的心灵，就能走向高尚。伟大的心灵会凌驾于不可能之上，超脱观念上的各种束缚。她们认为，凡是具有伟大心灵的人，和世界一样伟大，这是因为思想是通过感情之门进入我们心灵的。德国伟大的哲学家叔本华这样说："真正伟大的心灵独自结庐在极峰，恰似苍鹰筑巢在绝壁。心灵的伟大在于思想，伟大的心灵，在这个世界更喜欢独白，自己与自己说话。”她们要让孩子明白，每一位真正的伟人都是从热爱自己所钟爱的事业做起，崇尚光荣，理想纯正，奋发向上，贯彻始终，韬光养晦，步步为赢。“努力工作，你就能创出自己的一片天空”，这是美国19世纪哲学家、思想家、文学家爱默生所说的一条名言。一个人才必须具有母亲般的纯朴、德厚和一种不需解释的执着，才能做到这一点。她们的行动远远超出一般职责的范围，因而能成为伟大的母亲。哈佛大学有句格言：“生命在闪光中现出绚烂，在平凡中现出真实。”平凡的母亲诠释了她们自己的伟大，中华民族的伟大。

在母亲看来，研究每一个伟人的人都是不可能成为伟人的，而应该是在日常生活、日常事务和平凡的岗位上，不断磨炼自己的意志，做好属于自己的事情，养成伟人的习惯，在复杂的世界中保持自己的独特个性。这个个性，是能获得成功的个性，而且这个个性是母亲用民族的精神、国学的文化造就的，目的是让孩子尽可能地早学会思考、判断事理和走向成熟。她们确信，只有一个人将个人的命运融入祖国的命运的时候，他才会真正地展示出自己的才华，他才会意识到自己的伟大。任何人都看不到超越自己的东西，包括伟大的潜能，因为他们把伟大理想化了。她们认为，撑起伟大的不是天生的聪明，而是脚踏实际的行动。她们在培养孩子方面的杰出才能是无人能代替的，那就是从一句话、一件事做起。她们对孩子的培养是一个平凡而伟大的过程，历史上的伟人往往都有一位善于培养孩子的母亲。男人固然重要，但母亲的位置永远重于男人，世界上所有的母亲都是伟大的。之所以这样说，是因为在母亲中没有见过先学会如何养育孩子然后再出嫁的女子。母亲在教育儿女的把握力上胜过男人，她们修身为子女做楷模。她们要让孩子明白，选择了正确的适合自己的道路后，就应该勇往直前地去追寻，且每一天都让自己变得更好一些，这样可以让一个人越发地伟大起来。

她们坚信，成为伟人不是因为他的大脑的思维优势，而是他的悟性和行动升华了思维。莎士比亚说过："善于领悟人生的人，懂得如何思考和行动，能够从琐碎的事物中发现闪光的契机。"反复思维不如反复行动，反复行动能够领悟其哲理，我们知识的积累和经验的总结，在关键的时刻总有巨大的帮助。在决定性的创造伟大的过程中，思维只起到了部分作用，而行动才是真正的力量，实践造就了所有的伟大。同时，有一种比思维起更重要作用的是智慧，而行动成就了智慧。智慧的来源并非过人的头脑，而是常常蕴藏于生活之中。人的智慧能够战胜大自然，理想意志可以转变自己的感情气质。人生的奇迹不只是通过思维来创造的，当思维与悟性连接起来时，它将会变成一个伟大的工具。思维存在于人的大脑里，而行动是随着自然界和客观规律的变化不断地得以提升，这个提升的过程中就产生了伟大的智慧进而结出伟大的硕果。她们要告诉孩子，仅凭思维永远不会找到通往伟大之路，只有正确运用思维，进行创造性思考，引爆自己内心潜伏的悟性，把自己的事情做到极致，成为一个领域的领军人物，这样，才是一个名副其实的伟人，而我们每一个人都有可能成为伟大的人。

她们认为，你觉得是伟大的东西，那肯定是伟大的，因为灵魂的归宿一定是不会出错的。伟大的灵魂，常常寓于平凡的躯体。伟大体现在很多细小的地方，或许是拥有很多的知识，或许是拥有强大的力量，等等。《菜根谭》有言："垂大名于万世者，必先行之于纤微之事。"即名垂青史的大人物，都是首先从一点一滴的小事做起的。我们应当打破常规地去寻找，透过事物的表面去寻找根本，去寻找伟大的力量。她们遵循伟大的规律，胸怀大志，自强不息，永远执着地前进，通过对儿女的培育来实践人生的最高境界。在中华民族五千多年的历史长河中，她们创造出了可歌可泣的伟大奇迹。家庭的优秀，民族的兴旺，国家的强大，母亲的角色起到了不可替代的作用。有很多人认为，伟大母亲的孩子长大后，就会由最优秀的小人物逐渐成长为一个伟人。她们让孩子懂得，伟人虽然置身于同一个世界，但他们听从自己内心的想法去改变自己，并且大胆去创造契机。善于思考的人，可以拥有无限的能量，能从优秀者身上获取越多，我们就越伟大。

她们坚信，我们之所以崇拜那些大人物，不是因为他们自身，而是因为他们代表着“伟大”。她们认定，伟人的心胸都是开阔的，伟人看到的人生、世界和他自己，都能看得那么真切，对一切有价值的东西都集中在个人的心中。伟人的确值得我们学习，因为他们一定有许多杰出的地方，他们的品行、他们的意志、他们的智慧，当然，伟人也是凡人，也有缺点和毛病。伟人建树功勋的时候，准备为了真理、为了人民、为了祖国贡献一切。母亲的伟大之处在于，她们是中国力量的代言人。母爱是世上最圣洁、最暖心、最伟大的力量，儿女的优秀和母亲伟大基因的神奇力量是分不开的。她们对孩子的期待如同英国哲人丁尼生所说：“我真希望每一个人都能像伟人们一样茁壮成长，不独只增长力量和知识，而且还要日渐变得宽容，越来越懂得尊敬他人。”负重任，行险路，长期坚持，只有母亲的才能做到。她们能够使儿女丰富思想，读懂自己，增进智慧。她们出色地运用自己的思想，带领着儿女一步一步向着更高的阶段前进，一步一步地实现伟大的目标。

她们明白，邪恶之人注定失败，而失败会导致更多的失败，这是事物存在的自然规律，也是社会进步的永恒规则。因为邪恶的人所独立思考的不是正能量，不能控制自己狭隘的心理，不能消除自己的心理障碍。那些自以为很明智、很练达的人，不肯虚心学习国学经典和科学知识的人，不可能成功地做好任何一件事情，也不可能成就一番伟大的事业。邪恶之人永远是一些毒蝇，他们的所谓伟大只会使他们更毒，看起来更像苍蝇。只有正确思维才能引导伟大的人生。伟大的种子从小种在儿女的心灵，开启思想之门，儿女的脑力和智慧能够得到巨大的增长。只有正确地运用积极正面的力量，并且不断地勤奋努力，人生才能获得成功。她们挖掘并引爆自己身上的特长，适时适地展现自己，超越自我，促使儿女的才华爆发。她们要让孩子们明白，自己对他人的影响靠的不单单是言语和思想，更多的是她们自己一次次具体的实践行动，这样才使得孩子及周围的人变得更为优秀和伟大。伟大的必定是正确的，正确的不一定伟大，但都是造福人类的。她们要让孩子记住，每一个人都是自己唯一的导演，我们只有懂得努力奋斗，才能彻悟人生，拥有伟大的生活，朝着伟大的目标前进。

她们认为，知识是成为伟人的力量和阶梯，让我们可以越来越接近伟大，拥有的知识越多成功率就越高，并且成功能够带来更大的成功。她们确信，只有对知识和真理有正确态度的时候，知识才会培养人。无论你的能力有多强，只有知识才能激发你的能力，即使天才也要通过知识的帮助才能达到成功。她们在教育儿女上正确运用博大精深的中华文化，确保智力不会因缺乏营养而枯竭。她们清楚地记得，秦汉时期的刘向在《列女传》中说过（白话译文）：“古代的妇女怀孕的时候，睡觉不侧身，坐着不偏身，站着不倾斜，不吃味道不正的东西，不吃割不方正的肉，座位不正不坐，眼睛不看邪恶的颜色，耳朵不听淫乱的声音，夜晚还请乐师朗诵《诗经》。按照这样正确地做了，生出的孩子，便容貌端正，才德超人。”母亲的伟大就像日月放出的光明，像风雨一样广为传播，如同上天覆盖万物、大地承载万物，德行伟大，深受民族和社会的赞颂，她们的功业可比同天地。她们要让孩子懂得，应该脚踏实地，坚守自己的观点，学习伟人的智慧，勇往直前，那么辉煌的未来一定会属于自己的。

她们坚持为国教子的宗旨。她们确信，只有把儿女培养成功了，民族就可以富强，国家就可以扬威，并能使儿女的人格为人所尊敬。这样会使儿女更加珍惜自己的荣誉、自尊心、家庭。她们总是不遗余力地培养儿女需要的技能，智慧是她们技能中最高级的形式，而悟性则是她们智慧的显现。她们认为，大的事情也能像小的事情一样处理好，这就是智慧。她们每天都在发挥自己的技能，寻找正确的教育儿女的做事方式，竭力把儿女培养成为一个坚持真理并对人类做出伟大贡献的人。她们的智慧有着一种奇特的力量，引导着孩子们驱逐邪恶，鞭策着孩子们健康成长。她们要让孩子明白，所有伟大的人都有一个同样的特征，那就是他们之间存在着因果关系。这就是，他们认为任何一件小事都与生存的原则有着密不可分的关系。而且，每个人所做出的任何一次努力都将得到这样的信念的支撑，这样的努力必然让孩子变得伟大。

在她们看来，人们成就大业所需要的力量，必须从自我修养与自我感悟那里获得。任何事物的发展都不是因为偶然，而是因为自身所具备的定律。一个人若是没有修养的智慧，他们的能力和品德也易于枯萎和凋谢。正如本杰明·富兰克林所说："认为不做好人也可以成为伟人的想法真是大错特错，我敢保证，人世间真正的伟人同时也必定是真正道德高尚的人。"伟大不等于言语本身，言语上的伟大不等于一定会有好结果。真正的伟大应该是从普普通通的现实生活中，一步一步地总结出成功的智慧。思想超群的母亲，儿女也会超人。每个儿女从小到大，母亲的形象、母亲的做人原则、母亲的思想……会在不知不觉中始终影响她们的孩子。母亲崇尚伟大并坚守伟大。母亲的胸怀如同《易经》坤卦的卦辞，"含弘光大，品物咸亨"，它含藏了弘博、光明、远大，使万物亨通顺畅。她们以成就子女的伟大作为自己的生命准则，以天的刚健精神去成就儿女内心深处的伟大人生。她们忠告孩子们，自己的聪明才智和魄力一定要用到任何需要的地方。

她们坚信，一个人之所以被称为伟大，是由于他能够发起并且主导一些伟大的壮举，他们的精神世界神圣而坚固，他们是朝气蓬勃的巨人。伟大的母亲遵循柔和温顺的法则，用"圣人韬光，贤人遁世"的智慧点拨，使儿女们懂得了什么是真正的伟大。母亲的伟大纯洁而无私，时刻为儿女奉献那颗伟大的爱心，且非为报答。她们旨在把儿女培养成可以独享名誉的人才，成为一个为国家奉献力量的栋梁，创建可以世代相传的家业或学业。母亲正确使用自己的智慧力量，完善自己的教育方法，全身心投入到自己的教育子女的生活中去。她们坚信，伟大不是天生的而是自我成就的，总有一天，这个世界会骄傲地宣布，你是她最伟大的孩子之一。

经典传颂

华人李昌钰的母亲王淑贞，中华伟大母亲的骄傲，堪为世界人民所敬仰。李昌钰，被誉为“东方福尔摩斯”，中国中央电视台《挑战不可能》节目的特邀嘉宾。他曾因为参与侦破“辛普森案”而闻名美国。有这样一种说法，如果有什么案子连他都破不了，那个案子基本上就不用折腾了……

李昌钰的母亲名叫王淑贞，1897 年出生在江苏省南通县如皋镇。出生于书香世家的她上过女中，写得一手好文章。爱诗词歌赋也爱琴棋书画，在那个年代堪称为时代女性！

李昌钰的母亲 19 岁嫁人，40 岁守寡，一手培养出 13 位博士，其中有 3 位被授予“美国十大杰出青年”，堪称世界奇迹。美国原总统克林顿、布什等在母亲节时都写信赞誉过她，称她是一位“伟大的母亲”。

王淑贞，19 岁那年在父母之命下，嫁给当地富二代李浩民，从此过上相夫教子的生活。那个年代，人们都相信儿孙满堂，李家也不例外，王淑贞替李家生了 8 个女儿、5 个儿子。

在那个战火纷飞的年代，为求平安，1948 年王淑贞带着孩子们迁往台湾。她的丈夫李浩民则往返两岸做生意。1949 年春节前，李浩民决定带着全部财产，乘太平轮前往台湾与家人相聚，结果轮船撞击沉没，船上大多数乘客遇难，李浩民也未能幸免于难，那年他 50 岁左右。“太平轮”事件后，人财两空，李家开始衰落。

家里的顶梁柱瞬间崩塌，搬家途中早已将积蓄花得差不多，孤儿寡母在那个陌生的环境里举目无亲，一家14口人的重担全压在了这个弱女子的身上。为了省下租金，王淑贞带着13个孩子住到了台湾桃园区一个荒芜的郊外，而孩子们上学都在市区，每天来回都必须走上好几十里路。

要养活这么一大家子就必须赚钱，这个原本养尊处优的富家女什么都做，帮人洗碗、洗衣、打杂，冬天河水冰冷，手经常被泡得刺痛肿胀，但她还是咬紧牙关坚持。孩子们心疼母亲的付出，平时周末和假期都会主动去派发报纸，尽量减轻家里的负担。家境窘迫，经常吃了上顿没下顿，可她就算砸锅卖铁也坚持把孩子们送去上学念书，13个子女没有一人辍学。

对待孩子，王淑贞总是以理服人，教育为主。她经常跟孩子们说："待人要好，做事要专心，少说话，多做事。"在孩子们的记忆里，母亲是属于家里吃完上顿没下顿，还会把米借给别人的人，她经常挂在嘴边的一句话便是：做人要刻苦，坚强，善良。就这样，在十分艰苦的日子里，母亲的顽强和坚毅给了子女们无限的气力，苦难面前永不放弃，有泪不轻弹的强者形象潜移默化中滋润着孩子们的心灵。

因为含辛茹苦、呕心沥血把子女拉扯大，她不希望孩子们碌碌无为，也就对孩子们十分严格，甚至严苛到可以说是不近人情。

儿子李昌钰从警官学校毕业后成为一名巡官，待遇工作都不错。她却对儿子说："你还要继续往上读，硕士不够，还得把博士读出来。"

她的善教也经常被拿来跟孟母做比较，在她上进求学的教育理念下，李家一门诞生了13位博士，遍布各行各业：艺术家、律师、广告设计师、教师、金融精英……

李昌铨（男）：上海商学院毕业，从商。

李昌铎（男）：台湾农学院、美国纽约大学从事科学研究。

李昌钢（男）：联合国非洲农耕顾问、美国环保水利工程师。

李昌云（女）：台湾中央政校毕业，在美国文具公司工作。

李昌珑（女）：上海家政学校毕业，从事美国时装设计。

李小枫（女）：台湾大学农化系、美国爱德华大学硕士、美国匹兹堡大学博士、美国纽约大学终身教授。

李昌娩（女）：台湾东吴大学、美国纽约大学毕业，任美国柏林 证券副总裁、美国石化公司总裁。

李昌霞（女）：美国杜鲁大学毕业，从事美国保险公司电脑设计。

李昌萍（女）：台湾东吴大学法律系毕业，任法院法官。

李昌鑫（男）：美国马里兰大学博士，任美国弗吉尼亚大学研究院副院长。

李昌钰（男）：美国纽约大学博士、康涅狄格州警政署长、国际知名“神探”。

李昌如（女）：台湾国防医学院毕业，从事护理工作。

李昌芷（女）：台湾新闻学院、美国时装广告学院毕业，美国知名广告设计专家。

王淑贞除了在教育上严格，对生活中的很多细节也是十分重视，而且时刻不忘祖国。平常在家中，她与子女们交流，坚持用江淮官话如皋方言，一方面是身在异国他乡，听听乡音解乡愁，另一方面是提醒子女不要忘记自己是中国人。

1998 年，李昌钰因为破获多起奇案和名案，美国康涅狄格州州长邀请他担任警政厅厅长。他一开始非常排斥，康涅狄格州州长知道李昌钰是个特别孝顺的人，于是找到了他的母亲，希望她能够说服李昌钰接受这一任命。

王淑贞，她的想法很简单，我们做事情不能光为自己，还要为自己的民族争光，要为未来华裔开拓出一条路，在她的劝说下，李昌钰最终接受了康涅狄格州警政厅厅长这一职位。

离开故土多年，王淑贞依旧不忘祖国和故乡，在她百岁寿宴上，子女问他想要什么礼物，她说："我要回去给中国小孩儿造学校。"一句简单的话，透露出他对祖国浓浓的爱和割舍不下的故乡情。

2003年3月6日，王淑贞在美国逝世，享年103岁。家乡小学已经建好了，这个善良的老人都没有看一眼就走了。

为了感念老人为家乡做出的贡献，家乡为她建了一尊铜像。这位跨越三个世纪的老人，是一位值得中华民族赞誉的母亲，更是一位值得我们学习的坚毅之人。记住王淑贞经常跟孩子们说的话："待人要好，做事要专心，少说话，多做事。"言简意赅，充分印证了中华民族大道至简的智慧。

她是一位伟大而又平凡的母亲。正如高尔基所言："世界上一切光荣和骄傲，都来自母亲。"

感　悟

伟大的中华民族因中国式母亲而骄傲，她们是中华民族生生不息、繁荣昌盛、屹立世界的中流砥柱，没有伟大母亲的智慧担当，便没有中华民族的伟大复兴，是她们的智慧引领一代又一代中华儿女走向一个又一个新的辉煌。所有彪炳千古的伟大事物都是与母亲分不开的，所有名垂青史的伟大人物都是与母亲联系在一起的。伟大近在咫尺，伟大存在于我们身边。伟大的英雄，让所有的人都俯首称臣，并且把他们当成人生的楷模。伟大的母亲，让我们崇敬无比，她们伟大的心灵本身就是一个世界。她们的心灵是儿女的课堂，她们的智慧是儿女成长的力量。没有伟大的母亲便没有伟大的儿女，母亲的智慧在儿女身上变成更加积极有效的精华，使儿女在母亲优秀基因的基石上拥有大干一番伟大事业的资本，并结出丰硕的成果。看中华民族几千年的文明史，几乎每一个有所成就、有所作为的人，他们都从内心感谢自己有一位有智慧、有美德、思想伟大的母亲。因为他们的母亲不仅心地善良，而且具有丰富的智慧。无论在孩子的教育方面还是在生活常识方面，她们都堪称全世界无与伦比的母亲，她们是最能给我们力量和最能鼓舞我们的榜样。她们让孩子们的心灵得到升华，她们教会了孩子们保持豁达乐观的心态以及积极向上的追求。

生命是最伟大的，伟大的生命由价值去证明。这个价值就是当我们对于任何挫折、困难，甚至失败，都通过自己的坚持和努力去面对和克服。孩子是在摔倒了无数次之后才学会走路的，伟人的光辉业绩更是经历了无数次失败之后才成功的。正如西方哲人温特·菲力所说："我们的每一次成功都是从失败开始的。真正意义上的伟人是不在乎途中的失败的，只有冷静面对失败，永远坚持的人才会成功。"一个伟人就是一尊新的雕像。母亲之所以伟大，是因为她们忠厚淳朴，明晓道德，敬畏法律，遵循规律。她们的一言一行在孩子们的心目中留下了极为深刻的印象。她们智慧高超，集智慧之大成，悟哲理之深邃。她们的自律让思维更有条理，总是运用自然赋予的权利来控制自己的心态。一个母亲的伟大不在于世俗意义上的成功或财富，而要看她培养的孩子是否坚信真理、造福社会、精忠报国。只有在这方面无可挑剔，她才算是一个伟大的母亲。母亲高贵的品质、极强的领悟力以及对于家庭的贡献，让孩子们无比地热爱和无限地崇敬。孩子们深刻感受到，在她们的身上有一种伟大的精神力量，并在她们的理智、勤勉、温柔、节俭、善良等优秀品格的影响下，激发了自己的伟大心灵，懂得了争创辉煌业绩的光荣，从而为自己赢得了至高无上的荣誉。

伟人都是在奋斗中实践自己伟大的人生境界，不通过坚持不懈的努力是不可能取得伟大成就的。伟人在平凡岗位中见高大，简约之中见深邃，他们重在认识与行动。如同宋代思想家朱熹所言："知之愈明，则行之愈笃；行之愈笃，则知之益明。"说的是，知道和理解得越清楚，行动和实践就越扎实，进而认识和理解也就会更加清楚。母亲在整个人生中都在不断地成长和发展自我，她们善于去窥探别人的道路与思想，她们重视的是真正的智慧与道德。她们认为，在性格不一样的人面前，伟大能够照射到任何角落，不会仅仅在衣冠楚楚的人群中。她们懂得自然界的法则，有很强的自信心，审视事物有自己独特的眼光，能够抓住事物的根本。自古以来，圣人得道而创造文明，母亲之道则表现为教育子女茁壮成长的智慧。纵观中华历史，圣明的母亲都能遵循一切事物的一切规矩，因而她们的事情就没有做不好的，功业就没有建立不起来的，因而培养的儿女也能超越世人。母亲虽然是一个普通女人的身份，但是有一颗平凡而伟大的心，母亲之道都是通过这种思想反映出来。可以说，儿女的伟大靠培养，培养的重任靠母亲。任何一位母亲，她的伟大在于她所培养的子女为社会、为祖国做出了多大的贡献，而不在于她积累了多少财富。

贤明的母亲之所以伟大，是因为她们本身的修养就在别人之上，并不是靠着某些外力的作用。她们身上体现出人类的伟大，她们的崇高使命总是伴随着巨大的劳动。你总会感觉她的身上有一种异乎常人的“气质”，令人敬畏。她们对任何事情都喜欢亲力亲为，毫不停歇地追求伟大的生活。她们伟大的德品即使立身在黑暗世界，也会像站在万里晴空之下一样。母亲的伟大靠悟性，悟性源于优秀的基因和自身的努力。她们的理念是，我的一切都会影响到孩子。作为一位母亲，应该使孩子成为爱德、爱正义、爱真理的人。慈母对于子女，致力于给他智慧。儿女获得智慧，就必定具有成功的本领。儿女的一切智慧都是由她们亲力亲为传授的，母亲之道是儿女成长的根本动力。母子间的感情融通、基因遗传、思想碰撞等，使儿女逐渐养成了成为伟人的好习惯。她们的影响显现，就能激发出儿女的潜能与创造力，一切就因此而改变，所以她们能够取得伟大的成就。伏尔泰说过：“任何一个伟人都为人类做出过巨大的贡献。”

贤明的母亲是朴素而柔和的伟人，她们立身成事并未想到要出名。爱默生曾说：“完成伟大事业的人，起初并不伟大。”她们通过最朴实的方式来呈现最伟大的真理，让自身的人生价值体现无遗。法国作家、1947 年诺贝尔文学奖获得者安德烈·纪德这样说，“伟大的头脑倾向于平凡”。伟大的母亲在平凡的生活中体现了一种“我要满怀热情地生活”这一信念，能给人的工作生活带来巨大的推动力。她们都拥有强大的个人控制力，她们能够任劳任怨，恪尽职守，为培养出优秀儿女不计任何代价。美国前总统林肯曾说过：“我之所有，我之所能，都归功于我天使般的母亲。”母亲的伟大在于其内心的伟大和行动的伟大。母亲的伟大是由爱所唤起并由智慧所引导，母亲的基因里隐藏着数不完的伟大真理。伟大的母亲，明白家庭盛衰的道理，精通家庭成败的规律，思考家庭幸福的布局，她们始终把培养好子女作为人生最伟大的使命。儿女得道能够成就伟大的事业，正如鲁迅所说的：“母亲是伟大的。”她们既是行动上的领袖，也是道德上的领袖。

贤明的母亲上顶苍天，脚踩大地，明察万物如视清水，目光如日月远大。她们要比男人艰难得多，因为她们总是坚强的、勇敢的。她们的行动让我们明白了事物的真实情况，道的规律是物极必反、盈满则亏、盛极则衰，太阳到了正午之后就要偏斜，月亮圆了之后就要缺损，快乐到了极点就会产生悲痛。母亲的伟大智慧在于顺从天地自然、遵循社会发展趋势，她们是能保护好自己而完全遵循自然法则的人。母亲的智慧胜过男人的呐喊，正如写《汤姆叔叔的小屋》的美国女作家斯托夫人所说：“母亲们是天生的哲学家。”传承母亲的优秀基因，坚持学最好的别人，做最好的自己，才能使自己的人生道路变得更加光明顺畅。北宋的林逋说过：“必出世者，方能入世，不则世缘易堕；必入世者，方能出世，不则空趣难持。”这句话给我们这样的提示，一定要有初始的心，才能入世，不然便会被尘世间的诱惑而堕落。同时，一定要有入世的深刻体验，才能出世，否则就会变得空虚无趣而难以坚持。

传承母亲的伟大的基因，是中华民族伟大复兴的强大力量。一个人如果没有带着母亲的优秀基因去生活，那么，他只能是活着，而不是生活，更不可能有富有意义的人生。子女们应当学习母亲的伟大智慧，修身积德，诚心向学，靠推行治国之道来谋生，从自身做起，由小到大，去做青史留名的伟大事业。列宁说："要成就一件大事业，必须从小事做起。"一切言语行为，以牢记祖国、民族为准则，古今将成大事的人，必定都由此开始。每个人应该时常看看自己的所想、所作、所为合不合乎天道、地道、人道，很多伟业全靠自己去努力。效法母亲之道行事，必能做到贵而不骄，富而不奢，合理而不懈，能够成就大业、建立大功。以骄傲的态度对待人，不合乎母亲之道，成不了伟大人物。不听母亲的善言，往往会忽视生活中细微的善意的言行，将会改变对世界的一些看法，严重时会违背人伦道德，甚至会走向衰亡。我们必须具备多元思维,必须拥有一种能够掌握正确思想和做合理事情的性格。

智慧可以吸引智慧，伟大可以引领伟大，智慧与伟大相辅相成。智慧是一个人的灵魂，有无自己的智慧是衡量一个人是否成熟的标志。一位西方哲人说过："缺乏智慧的灵魂是僵死的灵魂。"爱默生曾说："智慧的可靠标志就是能够在平凡中发现奇迹。"达·芬奇写道："智慧是经验之女。"伟人是有足够智慧和力量的人，一个以国家兴盛为己任的人，是伟大的人。智慧与思想是杰出人物的明显特征，思想是人体内蕴藏着的最强大的能量。伟大之人，就是在平凡的生活中按照伟人的要求引导自己，把自己的思想集中于人们中的高尚境界，把自己的灵魂升华到高尚的境界上，要求自己处处体现高尚的修养，培养自己"不以物喜，不以己悲"的处世习惯。伟人们习惯自己做自己的主人，习惯独立思考，习惯勇往直前，习惯攻克难关，习惯研究自己，习惯顺应自然法则。在他们的字典里没有"不可能"三个字，在他们的脑海中只有"成功"，但他们从不认为自己伟大。伟大与接近伟大之间的差异就是能否领悟到，如果你期望伟大，你必须每天朝着目标努力。伟人总是能享受孤独的，如果压力、苦难和挫折都找到了他，他就会把这些当成是自己成长的机会，他就增长了谋略、气度。这样反倒让自己独立起来，从而拥有了成熟和真正的才能。

伟大的心灵总是目标明确的，他们不会去想那些虚幻的愿望。伟人的目标纯洁，无论自己多么贫穷、事业多么艰难，无论遇到多么大的打击，总是在激发自己潜藏的能力，调动自己前所未有过的积极性。伟大的目标激发创造伟业的能力，使他们的生活具有一种高雅的情趣。他们总是善于把自己放在四面楚歌的境地，总是比自己的对手更加善于发现自己的缺点。在人们看似绝境的天灾人祸反而让他们找到了自己的生长空间，发挥了自己的优点与特长，为祖国与民族做出了力所能及的贡献。他们没有消沉无力的负面情绪，而是越失败越努力，在失败中求胜利。伟人会学习大量自己想要追求的知识，他们会竭尽全力使自己的能力得到了最大限度的发挥，成为这个世界真正的推动者。他们经常以创造性的、革新的方法塑造全新的自己，由此实现人生的伟大超越。他们都具有成功的主动性，能利用自己的知识尽其所能。他们不仅要培养出自身的主观能动性和领导能力，还要努力发掘出隐藏在最深处的那个自己。他们总能用自身的智慧和高尚的品德来指引其他人在正确的道路上奋勇前进。

伟人会正确调节消极心态，浑身充满正能量。消极心态是一种心理“病毒”且具有传染性，如烦躁、没耐心、暴怒、怨恨、绝望，等等。所有的消极心态都是对正能量的抗拒，所有的抗拒都会引发自身的精神痛苦。伟人时刻保持警惕，远离消极思维。当积极的思维战胜了消极心态，你就会遵循自然规律和社会发展的规则砥砺前行，没有痛苦的意识，你的心态总是宁静的。每一刻，你的思维都在创造着你所向往的新目标，一切行为都是为了取得胜利。你的理念就是要生存就必须奋斗，所有的思考都是更无限伟大的东西，想到任何事情都迫不及待地去行动。只有这样，你才会开始为创造一个更美好的世界做出贡献，为创造一个不同层次的现实做出贡献。这样你才会感受到自己的人生价值，才能真正地帮助别人，才能为国家和民族贡献自己的一切，才能创造一个更好的世界。积极心态在任何时候、任何情况下都是正确的，缺乏牢固树立的积极心态，任何人均不可能成就他们的宏伟事业。拿破仑·希尔说过：“积极的心态，能不为嫉妒、憎恶、猜忌和恐怖等消极因素所侵蚀；拥有积极心态将是你摆脱逆境的一道保险，它不会让你丧失或是放弃你所取得的成绩。凭借积极心态，即便身处绝望的痛苦中，你也能将心态调整到‘成功频道’上来。”

伟人对社会和事业都充满了激情，并为自己确定一个产生激情的目标，并为此激发自己的斗志。罗曼·罗兰说：“生活中最沉重的负担，不是工作，而是无聊。若对生活毫无激情，青春年少也不过是迷惘度日；若对生活饱含热情，年过百岁也依旧朝气蓬勃。”成功者最主要的素质就是发展其潜力和激情，而不是卓越的才华。如果不了解激情与成功之间的关系，你就不会注意到激情对人生成功的重要性。为了实现目标，那些充满激情的人往往更努力工作，阅读和思考的更多。他们的激情不是狂热而是忘我的热情，炽热的激情是他们创造精神不可或缺的热情。激情作为一种驱动力，是他们拥有的最好的精神力量且非常强大。激情可以让一个人逃脱出枯燥沉闷的工作情绪，提高他的工作创新力。激情是一种简单的高频率思想振动，激情同时也是创造性想象力的基础。激情的价值在于它必须是可控的，并且有着非常直接的目的性。他们的激情是凭着良心发出的，他们的激情比能力更重要，他们喜欢做有难度的事情。他们的激情有自己的文化，那就是根据自己的天分，能够积极进取，及时更正以往的错误。他们总是会提出一些伟大的想法，并具有一些行之有效的智慧，这是别人不曾想到的。他们坚信，经常否定自己、突破自己，才是最优秀的自己。他们的激情在于不断地思考，不停地勤奋工作，寻找一席特殊的能力领域。激情总是让他们喜欢预测自己的未来，他们的眼光总是那么锐利，且总是保持积极的心态。因为他们所做的事是正确的，且是利国利民的、造福社会的。

伟人具有很强的适应性和胜任工作的能力，这种特有的素质和力量使他们成就了自己伟大的事业。如果能以伟大的方式去做微小的事情，不空等伟大的机会，这就是伟大的适应性。因为一切伟大的行动和思想，都有一个微不足道的开始。正如拿破仑·希尔所说的："我的适应性很强。"拿破仑·希尔将适应性定义为"在处于紧急情况和快速变化的环境中时，能够迅速站稳脚跟或不因愤怒而失去控制情绪的能力"。适应能力是独立人格和独立工作能力的显著特征，它能够帮助我们更加坚定自己的信心，增添人生的智慧，突破人生的困境。它教会人们自觉地改造自己，不要选择逃避，更不能选择放弃，在适应的过程中健康成长。适应的力量能治愈人们所有的失望和挫折，不会让人们跌落到抱怨、嫉妒和悲观的深渊之中去。艰难的日子和恶劣的环境不可怕，可怕的是没有适应性的能力，有了适应的智慧就能最终将困境化为成就。当事态变得艰苦时，只有能适应的人才能继续前进，伟人在人生旅途中始终是赢家。适应力是解决所有问题的接点，它所蕴含的力量就像电磁铁吸引金属一样，能确凿无疑地给你带来成功。

我们每个人的身上都有成为伟人的因素，而且现在比任何时候都应该培养和发展我们成为伟人的资本，开发大脑的智慧，形成有自己特色的思想观念，并且努力将自己的思想作用于其他人的思想，发展智力、创造力和创新力。每个人身上都拥有一种伟大而神奇的力量，如果能够主动运用好，就能够变得自信和泰然自若并能创造出伟大的奇迹。想成为伟人，必须有一个明确、高大的目标，而且要努力成为自身领域里最拔尖的人。要能够独立思考问题，并且必须保持自己身心的独立，避免和其他人过着日复一日重复而普通的生活。为了能有自己的思想，要善于在生活中观察并创造出对你来说是珍贵的东西，只有这个时候，你正确而伟大的世界观才能形成。要把人类最宝贵的智慧运用于自己的思想中，因为你所拥有的事业都是受你的思想吸引而来到你身边的，积极的思想会吸引正确的、理想的事情，而消极的思想则会吸引贫穷、苦难等不为人喜欢的事情。要让自己的思想无比积极，养成自己能够迅速又果断地做出决策的行为习惯，创造出有用的想法并把它们付诸实践。伟大的人生就是走向卓越的过程，我们必须向这个目标砥砺前行，意志坚定，排除万难，去争取成功。

伟人们一定会顺应规则而进行创业，不会凌驾于自然界之上。历史的发展告诉人们，违背自然发展规律的人生最终必然是自取灭亡。我们应和大自然对话，更多地关注社会与自然，而不是个人的价值。这是因为，能包容事物最多的，没有大于天地的。化育物类众多的，没有多于日月的。影响儿女最多、培养儿女成为天之骄子的没有比得上母亲的。学习伟人的事迹，能让我们懂得应该做一个什么样的人和一个人该为民族和祖国做点什么。读伟人的传记，能在很大程度上激发我们成功的力量和勇气，能指引我们踏着他们的辉煌足迹前进。如果我们能够胸怀伟大并且意志坚强，传承母亲的伟大基因，摆脱诱惑的干扰、志向的踌躇、生活的羁绊、甚至是事业上暂时性的失败，摆脱灰心丧气的桎梏，我们就会成为一个成功的伟人。如果我们的行动是伟大的，那么我们自己从现在就要开始伟大起来并坚持到成功。世界上那些伟大的人物都具有独特的智慧和人格魅力,智慧是他们最富有价值的产物。如果没有伟人们的崇高事业，世界所遭受的痛苦将是一个难以解决的问题。伟人的感悟是充满智慧的，他们的感悟可以给我们提供探索人生、探索生命的智慧和勇气。因为伟人是从社会生活和实践中成长起来的。

箴　言

伟大源于认识，始于行动，精于专一，成于智慧。没有平凡的铺垫就没有伟大的崛起，伟大是在平凡中日积月累铸成的。

第 2 章
论忠诚

母亲语录

言忠信，行笃敬。

心　语

在母亲看来，忠诚是立人之基、生活之本，忠诚是所有幸福之源，忠诚让你感觉到自己存在的价值，忠诚让你乐观和自豪。她们认为，教育孩子的一个重要任务就是从小就要培养忠实的品质，使忠诚成为孩子整个身心的一部分，对待所有的人都是忠诚的，这样才能成为一个对家庭、对社会、对祖国忠诚的人。曾国藩说过：“君子之道，莫大乎以忠诚为天下倡。”她们认定，忠诚就是要忠心耿耿竭尽忠义之道，忍受种种辛劳和屈辱而没有埋怨，躬行仁义、守住忠义的节操，处理事情大公无私而不独断，道德修养纯一笃实，为国尽忠勇于担当，哪怕牺牲生命也在所不惜。母亲的忠诚是言必行，行必诚，为国为家甘心效命。她们把忠诚看成是成功做人的第一要素，正如英国的切斯特菲尔德所说：“诚实是最高尚的品德，我之所以会成功，其奥妙就在这里。”在母亲看来，忠诚能够代替财富，心怀忠诚不会有灾难，忠诚是最好的生存技能。她们认为，自己作为家庭的核心，是家风的主要传承者，传承家风首先是忠诚。忠诚者，天助之，人敬之，福自来。教育子女一定要让他们不违背诺言，不苟言笑，从小培养忠诚的品格。不能因为事情的难易而改变自己的节操，不能因为个人的安危而改变自己的行为。追求忠诚是做人的胸怀，报国不忘忠诚，人生就没有不成功的。

她们坚信，忠诚就是彻底地卸掉所有的伪装或技巧，像自然界的花朵一样，自然、朴实、亲切。忠诚贯通事物的始终，忠诚之力感天动地、温暖他人，忠诚的思想使孩子们的情感更加细腻。古人吴筠有诗曰：“岂不畏艰险，所凭在忠诚。”唐诗人李白有诗为：“苦战功不赏，忠诚难可宣。谁怜李飞将，白首没三边。”忠诚是中华民族的灵魂，人的心理是顺服于忠诚而不顺服于威力，忠诚高大光明。如果没有忠诚之心，那么所遵循的都不是正道。缺乏忠诚之心而玩忽职守，不只是危害自身，而且一定会辱及双亲。她们相信，凭借忠诚的处世可以让自己、家庭赢得社会的尊重，让别人为你感到骄傲。治家之道应以心为上，把相互忠诚的心紧密联系在一起，是成就家庭的根本。处理家庭问题，必须有一个忠诚的心态。她们坚信，忠诚传家远，人无忠诚寸步难行。忠诚是母亲的本色，她们要让孩子懂得，忠诚是做人的崇高德行，言与行相符才会得到人们的佩服和敬重。她们要让孩子明白，读书人必须先具备忠诚之德，然后才可以去追求智慧和才能。她们要求孩子躬行宽厚之道，崇尚笃厚恭敬，倡导勤恳诚实，心要专一坚定，忠诚于国家、民族和事业。

忠诚是母亲人生的座右铭。她们认为，忠诚与天一样崇高，与地一样深厚，达到宽广博大的宏观境界。清代魏裔介有言：“忠诚敦厚，人之根基也。”她们把忠诚视同生命，遵循它去做事情，并始终用忠诚来教导儿女，用忠诚来爱护儿女。她们相信，忠诚的美德从儿女身上表现出来的同时，也能够在周围的人中间产生积极的影响。忠诚好比通行证一样，能够畅通无阻。自古以来，真正大有作为的人，能取得显赫功绩的人，能立下无边伟业的人，必定是一个忠诚的人。人生成功、待人处事贵在忠诚，忠诚是道德的核心，修养的最高境界是至诚。她们的遵循如同曾国藩所言："至诚必胜至伪，至拙必胜至巧。"诚是用心作良田，百世耕之有馀。她们认为，诚与信不能等同，诚发自于内心，忠诚可以表现为诚信。但是"信"不一定诚，信是表现在外面的事，不一定是出于内心真诚。忠诚是把人的力量和品格结合起来的最强大的凝聚点，宁可失去一只手也不背叛朋友的人将永远不缺朋友。她们要让孩子懂得，恭恭敬敬做好自己的本分工作，处世一定要公允诚实，不能以谄媚的方式讨好他人，心理念念存有公心，不能够有丝毫私念。

忠诚是母亲的真理，忠诚是母亲与生俱来的责任，忠诚是母亲发自内心的情感，身体力行是她们最好的诺言。贤明的母亲确信，情愿为国家为民族英勇不屈的人，都是从对母亲的忠诚、无私开始的。孟子曰："诚者，天之道也；诚之者，人之道也。"意思是说："真诚是自然的规律，追求真诚是做人的规律。"母亲认为，做人应该遵循规律，笃实可信，便能有所成就。为人朴实厚道而热情，给人以崇高礼仪源自忠诚。她们牢记荀子之言："处道而不贰，吐而不争，和而不流，贵公正而贱鄙争。"意思是坚守正道，而不发生偏差；言辞有度，而不强词夺理；态度和蔼，不流于淫邪；尊重正大光明，而鄙薄粗野的争论。她们的忠诚就是嘴里没有两套话。正如清代顾炎武所言："生来一诺比黄金，那肯风尘负此心。"她们认准一个理，忠诚是最稳妥的自保和成功的最佳护身符。保持忠诚，就没有不能完成的事业。在母亲的眼里，忠诚犹如树根，人体犹如树干，根深就可以使树干坚固。忠诚之人是能够保护自身的人，能够守护自己国家的人，他们的每一个积极举动都会成为别人的榜样。

她们坚信，忠诚是人生的命脉，是一切价值的根基。只有忠诚的人，才是最可靠、最脚踏实地的人，才能够长久地保持美好的声誉。她们无论做什么，都自愿并竭诚贡献她们的忠心，都自始至终把它彻底做好，其胸怀像苍天一样广阔博大。她们以忠孝教子，把忠诚作为育儿的基本要求，始终把忠诚作为人生的价值观，每一个母亲都有一颗极为纯真的忠诚之心。忠诚代表母亲最美丽的声音，是母亲无声的呼唤，这种力量强大而不可战胜。她们坚信，忠诚可以以心换心，忠诚是建立和谐人生的根基，忠诚是向善的通道。一个人之所以能尽职尽责，能成就事业，全凭一颗忠诚的心。如果没有忠诚之心，只图私利，自以为能以巧诈欺人，结果是欺骗了自己。所以《大学》中“诚意”一章的第一句就是，不要自己欺骗自己。只有这样才能赢得众人口服心服，生活和事业的空间也会越来越大。她们要让孩子明白，忠诚是一个人立足于人世间一切价值的根基，只有至诚之人才能最大地发挥自己的价值。大仲马说过：“当信用失去的时候，肉体就没有生命。”

她们认定，忠诚是对自己负责，忠诚的人不会有遗憾。忠诚的人，做事有条不紊，不偏不倚，知错能改，勇于承担责任。忠诚的人，一定是信守承诺、遵守纪律的人，思想也是遵循自然规律的，这样的人一定是非常优秀的、有所作为的。相反，必定自欺欺人。老子说过：“轻诺必寡言，多易必多难。”不忠诚的人走的是一条欺骗自己的路，自己的灵魂每时每刻都在遭受拷打和煎熬。忠诚存在于母亲的内心深处，忠诚代表着母亲的道德底线，她脚下的这块岩石坚不可摧，经得起道德之火的熔炼。因为忠诚，她们对自己所做的一切感到满意，她们总是最快乐的人。她们深信，这种影响将带领子女们通往永恒之路，那些毫无忠诚的人早已变成了行尸走肉。母亲的忠诚代表着对爱情的忠诚，对家庭的忠诚，对社会的忠诚，对民族的忠诚，对祖国的忠诚。她们的忠诚是健康的忠诚，捍卫正义的忠诚。忠诚能使儿女成功，成功可以强化忠诚。忠诚不讲条件，忠诚不图回报，荣誉来自忠诚。

经典传颂

有其母必有其子，钱学森对祖国的忠诚源于他母亲的谆谆教诲。钱学森，是中国科学界的巨星，可谓是忠诚于祖国和人民的光辉典范。他的忠诚之心与他母亲的熏陶和教育是分不开的，他的母亲要求他要牢牢记住钱氏家训的一句话："利在一身勿谋也，利在天下必谋之。"从小叮嘱他，一定要成为忠诚于祖国的人。

钱学森（1911—2009 年），中国共产党优秀党员，忠诚的共产主义战士，世界著名科学家，空气动力学家，中国载人航天奠基人，中国科学院及中国工程院院士，中国两弹一星功勋奖章获得者，被誉为"中国航天之父""中国导弹之父""中国自动化控制之父"和"火箭之王"，由于钱学森回国效力，中国导弹、原子弹的发射向前推进了至少 20 年。

在《钱学森传》中可以看出，他的母亲章兰娟（1888—1936 年），性格活泼热情，心地内秀善良，聪慧聪悟，处事谦恭，并且有着极强的计算能力、记忆能力和数学天赋。母亲经常跟他做一些心算游戏，寓教于乐，养成了钱学森对数学的爱好。他的母亲还心灵手巧，富有想象力，尤其擅长针带刺绣，经她绣出的金丝珍珠鞋，可称之为巧夺天工的工艺品，无人可比，这也与他后来成为伟大科学家有着直接的关系。

钱学森在回忆他的母亲时说："我的母亲是个感情丰富、淳朴而善良的女性，而且是个通过自己的模范行为引导孩子行善事的母亲。母亲每逢带我走在北京大街上，总是向着乞讨的人解囊相助，对家中的仆人也总是仁厚相传。"可以说，他母亲的遗传基因对钱学森的一生影响很大。

他的母亲喜爱中国古典诗词，在钱学森很小的时候就培养他背诵唐诗宋词，让其置身于中华优秀传统文化的浓厚氛围中，学国学，讲国学。经常给他讲一些岳飞精忠报国、杜甫忧国忧民、诸葛亮忠于汉业而为辅佐蜀国死而后已等中华优秀故事。每当听到这些故事时，钱学森总是那么认真、投入，从内心里充满了对中华民族英雄的崇敬，并且打下了深深的烙印。母亲长期的忠诚的爱国主义的教育，使钱学森的心底滋生了对民族灿烂文明的崇敬和热爱之情，同时也激发了他强烈的爱国主义情感和深厚的民族自豪感，并坚定了忠于祖国、服务人民的信念。

1934 年，钱学森以全专业第一名的成绩从交通大学毕业。他决定大学毕业之后，从铁道机械工程专业转向航空工程专业，走“航空救国”的道路。这年暑假期间，他考取了清华大学“庚款留学”公费生。出国前，他的母亲给他准备了《老子》《庄子》《墨子》《孟子》《论语》《纲鉴易知录》等关于中国传统文化的典籍，并叮嘱他：“熟读这些书籍，可以对祖国传统的哲学思想摸到一些头绪。”母亲的理念是，“任何一个民族的特性和人生观，都具体体现在它的历史中。因此，精读史学的人，往往是对祖国感情最深厚、最忠诚于祖国的人。”临行前，他特意带上了两块白丝手绢，上面有母亲章兰娟亲手绣的荷花。1935 年 8 月，他从上海登上“杰克逊总统”号邮轮，前往美国西海岸的西雅图。

钱学森就读于麻省理工学院，怀着报效祖国的伟大理想，他只用 1 年时间就顺利取得了航空工程硕士学位。但最不能让他忍受的是种族歧视，他在晚年回忆时这样说：“在麻省理工学院读书时，一个美国同学当着我的面，耻笑中国人抽鸦片、裹脚、不讲卫生、愚昧无知，等等。我听了很生气，立即向他挑战说，我们中国作为一个国家，是比你们美国落后；但作为一个人，你们谁敢和我比，到学期末了，看谁的成绩好？”在场的美国学生听了，都哑口无言，虽然钱学森很优秀，但由于受到美国人的歧视，中国的学生不能到美国的飞机制造厂实习。这对钱学森是一个强烈的刺激，他的爱国心和民族自尊心受到严重伤害。愤怒的钱学森，决定离开麻省理工学院。为了祖国的需要，他决定改变专业方向，学习航空理论。1936 年 10 月，钱学森从波士顿前往洛杉矶，去找大名鼎鼎的航空理论研究权威、加州理工学院的冯·卡门教授。冯·卡门是当时世界上研究空气动力学的顶尖人物，他设计制造了世界上最早的系留式直升机。钱学森这次是毛遂自荐的，没有任何人的推荐，在这位大师的指导下，他攻读了空气动力学。1939 年夏，钱学森获得了加州理工学院航空、数学博士学位。之后，他在美国科学界获得了杰出的成就。

钱学森在美国的日子里，虽然美国方面为他提供了优越的工作环境和物质待遇，但他无时无刻都没有忘记母亲的教诲，一定要忠诚于祖国，一定要报效祖国。他始终把母亲的教诲牢记在心头，对祖国的召唤归心似箭，热切地关注着祖国大地上发生的变化，只想早一刻回到祖国母亲的怀抱。历经艰难险阻，冲破重重障碍，钱学森于 1955 年 10 月终于回到了祖国。

钱学森曾担任中国人民政治协商会议第六、七、八届全国委员会副主席、中国科学技术协会名誉主席等职务，是中国共产党第九、第十、第十一、第十二届全国代表大会代表和中央委员会候补委员。2009 年 10 月 31 日上午 8 时 6 分在北京逝世，享年 98 岁。

感　悟

忠诚是健康人生的支撑，家庭幸福和睦的根基，建立丰功伟业的基石。春秋末期的左丘明《左氏春秋·文公元年传》曰：“忠，德之正也；信，德之固也；卑让，德之基也。”说的是，忠诚意味着品行的纯正，信实意味着品行的巩固，谦卑退让意味着品行的基础。想创造美好的人生，就得提高自己的修养，做一个忠诚信实的人。忠诚是任何一个人的立身之本，治家、做人、做事都必须以忠诚为基本精神。忠诚的人会竭尽他的心智，任何时候都能站得稳、靠得住。孔子曰：“惟天下至诚，为能尽其性；能尽其性，则能尽人性。”说的是只有天下至诚的人，才能最大限度地发挥自己的天赋；能最大限度发挥自己的天赋，才能最大地发挥其他人的天赋。母亲的血液里流淌着忠诚，用心使自己做到忠诚是母亲的天性。她们的人生之路告诉我们，在生活中，不管是政治上、事业上还是其他方面，忠诚是我们的生活准则，忠诚凝聚成功的力量。忠诚不仅是我们保护自己的唯一可行的办法，也是使别人获得幸福的必要的条件。忠诚的人是强者中的领航者，人民生命的守护者，国家利益的捍卫者。

传承母亲的优秀基因，弘扬母亲的纯朴忠诚，就会使我们在忠诚上逐步积累声望。修身养性，没有比忠诚更重要的了。忠诚是世界上最高的行为准则，是生命本质的反映，也是人们必须坚持的操守。中华民族是忠诚的民族，人与人之间有礼仪，不忠诚就不能相处共事。父子之间有礼义，不忠诚就会疏远。夫妻之间有恩义，不忠诚就会分离。朋友结交有分寸，不忠诚就会断绝来往。戴高乐说过：“一盎司忠诚胜过一磅智慧。”母亲最大的忠诚，是用大道之简的道理将儿女带向道德上完美、事业上成功之路。母亲的忠诚精神告诫儿女，与自己观点相同的人，不和他们结党营私；与自己观点不同的人，也不对他们诋毁。社会告诉人们，忠诚之人，往往当时吃些亏，被那些轻薄而有点小聪明的人所笑话，然而毕竟不会招来灾祸。忠诚的人也许会遭到失败，但不会因为忠诚而失败，并不会有损于他的人格，只是提醒他去做一些更适合自己并最终取得成功的事情。忠诚是一条自然法则，像真理一样不可违背，谁违背它就会遭受损失，将受到严厉的惩罚。

忠诚是生命的润滑剂，是人类最重要的美德之一。在社会中人与人之间应该形成的一种关系，首先就是培养信任与忠诚的关系，培养对可敬可爱可尊的人的忠诚，树立对背信弃义、伪善态度的不妥协的情感。在人生的道路上，每一个人都不可能独立存在，而总是和各种各样的人，以及各种各样的团队相互联系。有的人天生具备忠诚的品质，这样的人生存能力强。成功者的实践表明，忠诚的人胜过阴险的人，忠诚者最适应社会生存，能为自己营造出最佳的生存环境。荀子曾经说过：“立隆而勿贰也，然后恭敬以先之，忠信以统之，慎谨以行之，端悫以守之，顿穷则从之，疾力以申重之。”意思是，树立敦厚的德行而勿二心，再以恭敬为先，以忠信为统帅，从而小心谨慎地做事情，以端正纯厚作为保守，即便有困顿的事情，也能够努力前行。一个忠诚的人也是一个目标明确的人，他们坚持到底的做事方式会赢得成功，受到景仰。忠诚是一条人生成功的准则，任何一个民族、任何一个人都从内心敬重它并以实际行动维护它，它是一条颠扑不破的伟大真理。

效法母亲的忠诚，应遵循《周易》所说的“修辞立其诚”，说话诚实，是非清楚，不口是心非，阳奉阴违。如此做人，自然得到多助，受人尊重，可得社会信任。忠诚谨慎，这是道德仁义的基础。虚妄不实，这是败坏道德的根源。缺乏忠诚的人，处事玩机巧，不能与人为善，难以“同人于野”，往往以损人开始，害己告终。当你达到“仰不愧于天，俯不怍于人”的时候，你就是一个成功者。忠诚报国，光宗耀祖，足以为世人所重。正如《忍经》所言：“自束鬓起家，以至大善，历事五世而所持一心，屡更变故，而其守如一。”说的是，司马光从年少的时候开始，一共侍奉过五位君王，他都没有改变自己的忠贞。在这期间屡次经历变故，可是他都始终如一。可以说，人活着就离不开忠诚。只有忠诚的人，社会才会信任你、承认你，给你更广阔的生存和发展空间，幸福和成功才会接近你。一个忠诚的人，所做的计划也是具有先见之明的。不忠诚的人迟早有一天会后悔自己的所作所为，并因此而饱受失败的煎熬。

忠诚之道合乎天地自然规律，是顺其自然的本性。做人若能忠诚处世，福祉和成功就会自然降临。庄子曾说过：“不精不诚，不能动人。”意思是，如果做人不忠诚，便不能够打动别人。做人应当忠诚质朴，不矫揉造作，不哗众取宠，谨守人格的纯正，抵制外界的诱惑，勇于追求崇高的一生。忠诚做人，就是要实事求是，就是做真人，说真话，办真事。明朝的吕坤说过："万古惟有真之一字，磨灭不了，盖藏不了。"意思是，从古至今，只有"真"这个字是磨不掉的，掩盖不住的。要说一是一，说二是二，不弄虚作假。要有实干精神，言行一致，表里如一。对别人许下的诺言，再琐细的事也要兑现。与他人约定的时间，一时一刻也不改变。处理事情应该严肃认真，心怀忠诚，待人彬彬有礼，语言谦虚恭谨，身上没有邪僻的行为，口中不说悖理的言论，能够依法办事而不迁就奉迎，对上能纠正领导的过失，静静地安定心性，这就是忠诚者的行为原则。忠诚做事会让你的事业更有意义，忠诚的力量能赋予你工作的激情和成大事的机会。

忠诚是相互信任的基石。忠诚建立信任，信任建立亲密友谊，亲密友谊营造美好环境，美好环境营造成功的力量。口是心非、爱说空话、背信弃义是难以成功的。德国诗人海涅有一句名言："生命不可能从谎言中开出灿烂的鲜花。"一切美好的道德行为都源于忠诚，人无忠诚无以修德，坚持内心的忠诚，人的道德修养就能达到博厚、高明、宽远的境界。忠诚之人，不浮躁、不隐瞒、不空说，不敢做不是忠心的事，对家庭、对事业、对民族、对社会、对国家全心全意贡献自己的忠心。如同《战国策·秦策》所言："极身毋二，尽公不还私。"即为国家应鞠躬尽瘁，公而忘私，绝无二心。忠诚，是对虚伪、奸诈、狡佞的否定。保持忠诚的本色，是立身、修身、健身的根本。忠诚的人，他的道德根基更为牢固，道德基点也更高。忠诚既是一个人的立身之本，也是一个民族、国家的生存之基。忠诚是照耀世界的明亮之光，通过它能看得见真相、真理和善良，能教会你认识邪恶并与其进行斗争。

忠诚是通往幸福和成功最可靠的途径，谎言、赌咒发誓只能自取其辱。内心真诚就能够明白哲理，明白哲理就能够变得忠诚，忠诚处世就能够获得成功的青睐。掌握成功的规律，就可以预知未来。我们应当把自己的双脚踩在地上，踏踏实实地做人，给浮于自己眼前的一切贴上忠诚的标签，使之荣光灿烂。巴尔扎克说过："如果你想成为一个有出息的人，那就把诺言视为第二宗教，遵守诺言就像保卫荣誉一样重要。信，往往是一个人最基本的道德操守。"一个人只有内心忠诚，才能孝敬父母，善待朋友，进而促使整个社会和睦团结。好儿女一生立志做圣贤，忠诚一生为国家。忠诚的人会获取更多的晋升机会，忠诚的人会创造无法想象的价值。任何一个民族的人，没有人喜欢一个不忠诚的人。一个不够忠诚的人，是没有人愿意与他相处的，更没有人愿意帮助他。这样的人，根本不可能赢得他人的信任与合作，因为他们缺乏良好的教养。一个创造了巨大成就的人永远不会通过谎言、骗局以及背叛伙伴来获取成功，这是历史的见证。

忠诚能够增强自信，自信源于内心的强大，内心的强大源于忠诚信仰。天下之德莫大于忠，忠诚的要害是绝对，绝对的要害是自信。自信的理论基础是我们中国共产党提出的"理论自信、道路自信、制度自信、文化自信。"忠诚度决定了一个人的人生高度，忠诚度越高，自信度就越高，自信的程度越高成功率就越高。忠诚度越低，就会离成功的目标越远。忠诚不是愚忠，不是麻木服从。忠诚的前提是你所忠诚的对象值得你忠诚，如祖国、民族、自己的事业、自己的家庭、自己的亲朋好友等。你忠诚于祖国，你就应该努力提高自己的综合素质，多为国家做贡献。对忠诚的坚持要经得起无条件的付出，永远的，不应该有任何借口。忠诚是无私的奉献，不是表现在口头上，而是用自己的功绩来证明的。道德让一个忠诚的人做任何事情都能找到要领，让失败永远不会发生。一个没有忠诚的人，是活不出精彩的人生的。一个丧失忠诚的人，不仅丧失了成功的机会，丧失了做人的尊严，更丧失了立足之本。不忠诚而没有信用的人，必定受到责罚并且以失败而告终。

忠诚的力量无可替代、无法衡量，是取得别人信赖的第一选择。绝对忠诚是忠诚的最高境界，唯有忠诚能让我们在物欲横流的社会中找准前进的方向。忠诚爆发出来的力量是实实在在的，忠诚是真与美的衡量尺度，是做人的标杆，与他的能力成正比。北宋哲学家、理学家、教育家程颐曾说过：“以诚感人者，人亦以诚而应。”每一个人只有以柔顺端正的忠诚之德方能取得别人的顺服和诚意。做忠诚之人，首先要在现实生活中不为逐利而迷失本性，不为声名而患得患失，辛辛苦苦去做那些并非自己应该做的事情而没有一点懒惰的想法。忠诚者的实际行动就是全力以赴，不在奋斗中成功就在奋斗中死亡。忠诚者不为苟合取悦于世人而失去自己的忠诚之心，不为高官厚禄而损害自己的高贵人格，不会去诋毁他人以求职位晋升，也不会去伤害他人以求自己被任用。一个人如果能够忠诚地追求他的人生目标就一定能取得成功。只要你守住道德这个根本，就能坚守忠诚，就会在失败之后有伟大的胜利。一个人在知识上可以不是一个上通天文、下通地理的人，但完全可以做一个最忠诚的人。忠诚者不会被埋没，败德之辈也不能伪饰。

虚伪是忠诚的最大敌人，虚伪的本质是私心，私心是滋生祸乱、助长奸邪而危害忠诚公正的根源。为人虚伪者天天苦恼，正如《尚书·周官》（白话译文）所言：“做有道德的事，心情安逸，天天快活；表现虚伪，则心情劳累，天天苦恼。”虚伪是一种动机，它是人们内心深处一种最重要的欲望，它的表现形式是多种多样的。特别是那些野心勃勃的人，虚伪的确是他们强有力的动机，是一种危险的动机。如果我们的身边围绕着的都是花言巧语和谄媚逢迎，那么就说明在我们前进的道路上已经是敌人密布了。虚伪使快乐的人痛苦，使聪明的人变为狡诈，使亲朋好友远离自己，使有思想的人走向衰弱，使有志向的人减少勇气，使欲望更加膨胀。古往今来，有无数人的事业都毁在了虚伪上。虚伪是人们前进路上的巨大障碍。不忠诚的表白只能坏事，如果乱用忠诚的力量只会破坏彼此间的信任，失去别人的信赖。不忠诚的人，跌倒了爬不起来，遇到艰难险阻会力不从心，一辈子只得生活在废墟当中，得不到人们的尊重和敬仰。在人们所有的不良习气中，撒谎是最为卑劣、无耻的行为。邪恶在正义面前，终将站不住脚，任何不显山不漏水的伪装和狡猾诡计的欺骗，终将无法掩饰内心的虚伪和不忠诚，其结局就是以失败而告终。

忠诚于自己的事业、理想、信念是每个人的天性，这绝不是个人的洁身自好，绝不是我独善其身，因为你要兼济天下。忠诚代表着尽心尽力，忠诚总是连带着胜利。忠诚首先要始终忠于自己青年时代的选择，忠于自己的爱好和理想，孜孜不倦地追求自己的既定目标。唯有忠诚，才能最大限度地发挥自己的天赋。忠诚要求付出最大的努力，做出最严格的自我控制。忠诚控制着身体的一举一动，脸其实从来不会说谎。实现忠诚自己的方式就是把自己的爱好与祖国和社会的需求紧密结合起来，凡是伟大的天才和领导者的魅力都来自忠诚。一个人若能在成长之路上得到忠诚朋友的良策，那么，这个人就极有可能受到这位朋友的影响，选准自己成功发展的道路，从而开辟出一条崭新的鸿业远图之路，取得事业上的高歌猛进和千秋伟业的辉煌，成为对祖国、对民族有重大贡献的人。忠诚于自己的人，从不轻易许诺，对于答应的事决不食言，从来不做昧着良心的事。忠诚的力量是异常伟大的，能助人驰骋万里，能帮助我们战胜一切困难。忠诚心就坚定，忠诚就不会欺骗，忠诚就不会三心二意，忠诚就不怕牺牲，忠诚就能无往而不胜，忠诚方可成大器。

箴　言

厌恶忠诚是一种自我毁灭的行为，忠于自己的一生才是自我成功的一生。一个人失败的最大原因，就是对自己不忠诚，从而不信任自己，失去了成功的根基。

第3章
论人品

母亲语录

道德传家，十代以上。

心 语

在母亲看来，做事先做人，做人先立德，立德先立品，有人品必得人心。社会之所以能不断向前发展，是因为有了道德这个火车头的牵引，而人品却是这个火车头不可或缺的燃料。她们确信，孩子要想健康成长，良好的道德氛围是他们获取精神食粮的最好保障。遵循道德是保家之根本，是成就辉煌人生的决定性因素。背离根本而固守末节，就会使道德败坏。贝多芬曾说过："把德行教给你们的孩子，使人幸福的是德行而非金钱，这是我的经验之谈。在患难中支持我的是道德，使我不曾自杀的，除了艺术以外也是道德。"孩子的品德都是从小开始培养的，一个人品格的塑造，家庭是第一所学校。人从娘胎里呱呱坠地，就要受到家庭本身的道德熏陶，正是家庭的这些道德品质培养了孩子的品格。遵守纪律、自我控制和自尊等这些优秀的品质，在家庭中更容易被培养。人品比其他任何品质都重要，人品直接影响到一个人的幸福与成功，唯有好的人品才是孩子最大的人生资本。人品上的出类拔萃是至高无上的，有人品的人才能维持我们民族伟大的形象，只有拥有最高尚美德的人，才能是优秀而伟大的人。

她们认为，一个人的品质如何，很大程度上取决于幼年时期所受的教育。人品的根本是正心，正心之要是端正自己的思想，端正自己的思想首先要从童年时期开始，这样才能自身端正。有公正之心，必有公正之德。在一个家庭里，母亲作为品格的教育者是极为重要的。她们最普通的语言就是最高的人格魅力，一种道德的自白，一种纯洁的、爱和信仰的自白，由她们身上向外散发。母亲的一举一动都直接影响到孩子，有很多品格是母亲潜移默化传给孩子的。母亲的品质和性格对孩子的影响，能够贯穿孩子的一生。大多数母亲都会自觉地加强自己道德品质的修养，养成良好的习惯和性格，以利于孩子的成长。她们要教育孩子，把老子的“上善若水”作为自己的品行宗旨。她们认为，培养孩子应以成就道德作为行动的目标，要体现在日常生活的行动中。要教育孩子以严肃的态度持守内心的高洁，以正当的方式规范言行的表现。做到既严肃又正当，内心蕴含的美德就会展现在他们所从事的事业上。玩弄小聪明会妨碍前程，贪图小利会损害大义，刻薄寡情会损害德行。《尚书·太甲》说：“上天降下的灾祸可以躲避，自己作的孽却是逃不掉的。”

她们坚信，道德是永不消失的力量，只有美好的德行才是久远的馨香。道德具有控制性，道德能够更好地约束我们的行为，掌控我们的行动。她们以实践道德作为自己的任务，以德修身、以德齐家是她们人生的指向标，这样的命运一定是与真理连在一起的。她们主张，长辈爱护儿女应该有正确的家教规矩法度。在家庭生活中，母亲精心营造出来的良好道德氛围，对于孩子们心灵和精神的发育具有非同一般的影响。如果儿女行为不端，这并不是儿女的过错，追根溯源，大多是由于父母教育不严。用美好的品德教育子女，严格加以督导，使儿女尊礼守忠，注重廉耻，恭敬孝悌，这才是正确的家教。优秀母亲的品德渗透进了她们的血液中，任何东西都不能改变它，她们的人品无懈可击。她们从不违背任何道德原则，即使在微不足道的事情上也是如此。她们知道，不管在哪里，母亲们的道德品质都影响着这个民族的道德、行为方式和品格。她们的一生就是培养社会道德的活生生的教材。国家只不过是家庭的结果，民族只不过是母亲的结晶。她们要让孩子修养自己的道德，用自己的道德为社会做贡献。她们要让孩子牢牢记住："德不配位，必有灾殃。"地位高且德行深厚者做事就会顺昌，职事重大而德行浅薄者就会多凶险。

她们认为，立业德为主，修身德为先。道德是我们的精神支柱，道德是指引我们行为的唯一法典。作为母亲，她们是婴儿的抚育者，少年的指导者。一个人的品格养成主要是在幼年时期，母亲方法得当的家教可以收到良好的效果。母亲自身的修养，往往影响着孩子一生的品德和人格。她们的行动宗旨如同《关中书院学程》所说的："立身以行俭为主，居家以勤俭为主，处人以谦下为主，涉世以忍让为主。"即立身处世，以检点行为为主；居家生活，以勤劳俭朴为主；与人相交，以谦虚恭敬为主；涉足世事，以忍耐谦让为主。母亲的行为举止、思想品德，容易在孩子心灵上留下深刻的烙印，逐步形成善与恶、真与假、好与坏、是与非的最初概念，将决定他们成为怎样的人。正如苏联教育家苏霍姆林斯基所说："孩子道德发展的源泉在于母亲的智慧、情感和内心的激情，人在自己的道德发展中变得如何，决定于有什么样的母亲。"母亲的道德养育具有强大的力量，它能帮孩子抵御攻击与伤害，是孩子人生坚实的防护盾。治家，必须严格遵守崇高的道德原则才能获得思想的力量，才会超越他人。正所谓："道德传家，十代以上；耕读传家次之；诗书传家又次之；富贵传家，不过三代。"

她们懂得，高尚的品德能最大限度地体现出一个人的最大价值，所有取得巨大成就的人无一不具有高尚的品格。女人身上最为优秀、最为高贵的品德，正是通过她们与其他人的交往表现出来的。她们坚信，保持良好的品德，才是家庭兴旺延续的根本。做母亲的应当通过言传身教，把社会的道德准则、做人的道理及父母良好的品德和人格传给孩子。北宋的林逋在《省心录》中说："人之生也，无德以表俗，无功以及物，于禽兽草木之不若也。"说的是，人生在世，如果没有足以为人表率的品德，没有惠及他人的功德，就连禽兽草木都不如了。她们把庄子的"廉士重名，贤士尚志"作为教子的座右铭，即品德高尚的人重视自己的名声，有才能的人崇尚远大的志向。一个人只有在道德上是正确的，才可能是一个良人。人品是一封敞开的推荐书，人品越好精神就越丰富，越接近卓越，所作所为就越伟大。她们认定，真正的品格教育要从孩子能喊"妈妈"的那个时候起就开始，把不懂事的小孩子当作明天的大人来看待。

康德曾说："自然的哲学讨论的是一切实在的事物，而道德哲学讨论的是应有的事物。"遵循道德是事物发展的规律。古人说得好："顺德者昌，逆德者亡。"她们要求孩子从小要做一个品德高尚的人。不论做任何事情都是一样，依据道德原则行事，必然能够得道多助，事事顺心，事业愈来愈昌盛；反之，如果行事违反道德原则，则绝对难逃覆灭败亡的命运。子曰："不恒其德，或承之羞。"大意是："人不能长久地保持自己的德行，免不了要遭受耻辱。"家道的兴盛与衰败取决于子孙的品行。想要振兴、延续家业，成功事业，借鉴他人成功的经验，能不去修养品德，深思熟虑、作长久之计吗？一个人做事处处不能称心，都是因为自己的人品和道德没修好。道德是天地的规律，人品是个人的规律，违背了规律，人就要有灾难了。她们品德的力量能点石成金，能够帮助儿女获得成功。拿破仑说过："道德的力量比物质的力量强大十倍。"她们要让孩子懂得，没有任何东西能赶得上道德带给你的轻松、惬意和安慰。

她们坚信，品格的力量是成功的决定力量，崇高的人格具有一种神奇的功能，可以使所有人的性格受到感化。自己作为家庭的灵魂工程师、雕塑大师，要给家庭创造道德上的伟大和尊严。她们认为，孩子的少年时代是人生的朝霞，要负起道德基础的责任，一个人的自身道德发展会成为什么样，这要看他母亲在这方面如何。母亲无德，儿女遭殃。母亲有德，子孙兴旺。富贵是身外之物，而人品才是一个人本质的体现。做母亲的应当用人品来庇护自己的儿女，儿女的人品是从母亲那里学到的。人品是妇德的关键，是女人的立身之本，母亲自身是规正德行的根本。母亲正德，儿女就顺服，家庭就能管理好。她们的人品，让儿女们完全地领略到她们个人的独特魅力，使自己感受到母亲的品格就是力量。她们一定要让孩子深刻记住，人生之路只有品格才是能够保全自己清白名声的路。品格能让你不为世俗的念头所困，奋起直追生命的希望，做自己命运的主人。如同西方一位哲人所言："能力会让你到达巅峰，但只有品德才能让你留在那里。"

她们明白，人品是文明礼仪的基础，礼仪与品格是外在美和内在美的相互统一。《礼记》曰："道德仁义，非礼不成。"道德仁义，没有礼就不能称其为道德仁义。道德之人是把遵守礼道放在首位的，行为的准则是合乎事理。孔子曰："质胜文则野，文胜质则史。文质彬彬，然后君子。"意思是，光有质朴的品格，不注重礼节仪表，就会显得粗野；光注重礼节仪表，缺乏质朴的品格，就会显得虚浮。只有配合适当，才算得上一个有修养的人。每一种真正美好的品德，都会自然而然地得到他人的崇敬。每个人立身于社会，就应该立志去养成一种伟大的人格。松懈懒惰、肆无忌惮，是自身的祸殃。妇人能以法度检束自身，足以成为母亲的典范。自身品德修养不好就不能管理好自己的家庭，更不能教育好自己的儿女。家风正不正在于有没有贤妻。她们具有的那种力量，很大一部分是内在的力量，而这就是我们称之为品格与个性的东西。贤良的母亲都是连续不断地用道德的光明照临家庭及四邻，她们总是能产生一种召唤力和感染力，使得其他人将她们视为楷模。

她们深刻体会到，人品就像人体一样。道德能完善一个人的修养，心胸宽广能使身体安舒。道德和人品可以感动人心，能够渗透人的肌肤和骨髓。国学《文子》曰："治身，太上养神，其次养形，神清意平，百节皆宁，养生之本也。"说的是，修身养性，最主要的是调养心神，其次是保养身体。心神清静平和，肢体安宁，是养生的根本。如果天天被邪恶欲望所吸引，自己身体的元气会被消磨殆尽，身体就无法保养。人的穷困显达，则是各有不同的，也不是完全由自己来决定的，但人品的修养是每个人都能做到的。道德修养是自身的事，要使身体清洁就得去除污垢，要使疾病痊愈就得去就医。她们坚信，大德者必得其位，必得其禄，必得其名，必得其寿。永远保持良好的道德和高尚的人格，既能身体和谐又能精神饱满，我们就能够快乐地享受人生的每时每刻。她们认同，人的人格就像房屋有栋柱，绸帛有丝缕，树木有根本，马匹有蹄足，飞鸟有双翼一样重要。在她们看来，人品是人体的生命支撑，脱离了人品这根精神支柱，再强壮的身体也难以长久。用道德来教化人们，并不是要改变人内在的性情，而是顺其性情并加以正确疏导，使之更加畅通。

母亲的品格像磁石般吸引着孩子们的心灵，引导他们向光辉的楷模学习、靠拢，指引他们积极面对生活、求索未来的方向。贤明的母亲的品格可与天地之德相配，她们的智慧可与日月同辉。在她们看来，品格如宝藏，一生用之不尽。人品贤明的人如高山一般让人仰视，令世人学习他们的精神，仿效他们的作为而行事。人品好的人，人缘就好，遇事有人帮，摔倒有人扶。人品好才能长久发展，好人品才是立世之本。光明正大、品行卓异且不畏蛮横就是做人的标准。立人之固，在德不在能。人若不能永远保持自己的高尚品德就不能立世。母亲把自己的品格视同生命，她们用自己含而不露的品格潜移默化地改善着子女的习惯，她们品格的恒久魅力凝聚着中华民族永放光辉的民族精神，她们将自己品格的实现寄托于培养子女的伟大实践中。她们要让孩子记住，一个人懂得效忠国家、孝敬父母、友爱朋友就可以使自己的德行端正了。对待人的品格的态度，永远是衡量一个人道德修养的一把尺子。

她们认定，道德是心灵圣殿中的统治者，道德约束是理性的力量，它会使得人们的行为更加端正、思想更加高尚、生活更加美好。道德修养决定心灵美，心灵美决定行为美，行为美给人们带来生活的欢乐。注重道德修养，才能保持较高的道德修养境界。教育子女、治理家庭，必须自身先做出表率才行。这是因为，在家庭生活中是母亲而不是父亲影响着孩子的一举一动，当今社会是子不教母之过的时代了。母亲的品德像北极星一样对孩子的教育起着灯塔的作用。孔子曰：“骥不称其力，称其德也。”孔子说：“千里马值得称赞的不是它的气力，而是它的品德。”特别是在面对困难的时候更不能失掉自己的德行。她们坚信，品不高，业无成，人品正，众人敬。人品是每个人的黄金招牌，是闯荡社会的通行证。近朱者赤，近墨者黑，自己的人品会影响子女们的一生。人品胜于能力，“太上有立德，其次有立功，其次有立言，传之久远，次之谓不朽。”是她们的生命准则。她们天天谨慎小心地修养自己的德行，用伦理道德来教化和引导孩子们，使得孩子的行为有了准则。

她们认为，人的道德修养应该保持人的自然本性，回到自己的天然本性就不会走投无路。努力提高个人修养的关键在于遵循道德，遵循道德的关键在于依循天地自然规律。按照自然规律行事是颐养精神的正道，永远遵循自然和事物发展规律的变化而不为外物所诱惑的品德修养，能够自然而然地提高，这才是德品的根本，才能永远发出自然的光辉。庄子曰：“常然者，曲者不以钩，直者不以绳，圆者不以规，方者不以矩，附离不以胶漆，约束不以纆索。”庄子说：“所谓自然本性，就是曲的不用曲尺，直的不用绳墨，圆的不用圆规，方的不用矩尺，依附连着的不用胶漆，捆绑着的不用绳索。”道德应该像自然本性一样永不丧失。《庄子》的《秋水》有言：“至德者，火弗能热，水弗能溺，寒暑弗能害，禽兽弗能贼。非谓其搏之也，言察乎安危，宁于祸福，谨于去就，莫之能害也。故曰：‘天在内，人在外，德在乎天。’”《庄子》的《秋水》中说：“有最高修养的人，烈火不能烧伤他，大水不能淹死他，寒冷酷暑不能侵袭他，禽兽不能残害他。并不是说他逼近它们而能免受伤害，而是说他能观察安全和危险的境地，安心于困穷和通达的处境，能谨慎地对待进退，所以没有什么能伤害他。因此说：‘天性蕴藏在内，人事显露在身外，道德以自然天性为根本。’”修养品德的人应该懂得自然和人类活动的变化，以顺应自然规律为根本，不要为追求虚名而丧失本性，不因外物而改变自己，遵循道德行事而不修饰。

母亲做人的原则，始终与国家和民族的利益紧紧联系在一起。她们阐扬天下为公的大同理想，培养儿女“富贵不能淫，贫贱不能移，威武不能屈”的独立人格，正如易学家熊十力先生所说：“无数铁骨铮铮的志士，国家民族危难当头，敢想敢说，敢做敢为”，“百兽踯躅，而独作狮子吼”。母亲浑身充满了品格的力量，她的精神状态总是活跃的、积极的，并拥有极大的储备能力。旨在培养子女的豪迈气概与开拓精神，“为天地立心，为生民立命，为往圣继绝学，为万世开太平”。她们要让孩子懂得，一个人若是养成了自私自利和自高自大的性格，便会窒息一切心底无私天地宽的品质，窒息一切克己奉公的精神。她们要求孩子牢牢记住古人之言：“君子修德，始乎笄丱，终乎鲐背。”意思是说，从童年开始，一直到年迈力衰都不能放松自己对德行的完善和努力。坚持“吾日三省其身”，力争做到人格上的优美。

经典传颂

廖承志的母亲何香凝女士，是一位备受世人敬仰的杰出女性，是中华民族的楷模。何香凝（1878—1972），女权运动的先驱之一，第二、三届全国人大常委会副委员长，第二、三届全国政协副主席。中国国民党左派的杰出代表，著名政治活动家、画家。民革主要创始人，国民党元老，建立民国的功臣，也是新中国创始人之一。毛泽东曾高度赞誉她“为中华民族树立模范”。她是孙中山的战友，也是中国共产党人的朋友，在协助丈夫廖仲恺斗争多年后，还鼓励儿子廖承志、女儿廖梦醒都投身到共产党领导的革命队伍。她自己奋斗的一生也成为妇女解放运动中的光辉典范。

廖承志（1908—1983），第五届全国人大常委会副委员长，十二届中央政治局委员。中国无产阶级革命家，杰出的社会活动家。出身国民党元老之名门，却在革命低潮时投奔了中国共产党，曾多次被捕入狱，而每次都奇迹般生还。他曾因“海外关系”被批判，凭这份关系在外交战线上独树一帜。童年被叫作“肥仔”，晚年被尊为“廖公”。他为世界和平事业，为中日邦交正常化做出了特殊贡献。他的高风亮节、信仰坚定、虚怀若谷、意志坚强，与他母亲的熏陶和教育有着极其重要的关系。

廖母，1878 年 6 月出生于香港富商之家。1902 年，23 岁的她为寻找救国真理，继丈夫之后到日本留学。1903 年春，她在东京结识了孙中山，并和革命青年秋瑾、黎仲实等来往密切。从此，她和丈夫廖仲恺开始接触革命思想，并为革命而工作。何香凝除在东京女子师范学校预科读书外，还担负起有关联络和勤务工作，平时收转信件、保管文件、看守门户。每当孙中山召集会议时，她要照料茶饭，还要看门、把风，掩护同志以防日本警察和清廷侦探。

为了革命，身为富家小姐的何香凝，本来连饭都不会做，但她却从头学起，满怀热情地完成各项工作，成为一位富有才干的管理者和革命者。她的忠诚和悉心，赢得了孙中山及留日革命青年的信赖。之后，何香凝从日本归国后辗转于港、穗、沪及日本之间，为革命奔波，曾任国民党中央执行委员、妇女部长、中央委员等职。

廖承志于1909年9月25日出生在日本。廖承志生下来的时候又肥又壮，虎头虎脑，于是父母亲给他起了一个小名：肥仔。肥仔出生后不久，父母就开始了漂泊无定的流亡生涯，日本竟成了他的第二故乡。出生时，父母希望其长大后继承革命先辈的志向，为中国的独立自由而奋斗，因而给他起名“承志”。从青少年时代起，他就跟随父母为革命而奔走在广州、上海和日本。

为了生活，何香凝以卖画换得“买米钱”。她署名“双清楼主”的作品名扬海内外，美术也成为她所喜爱的革命武器之一。她在日本美术学校时就求教于名师辅导，后来又长年潜心于水墨丹青，还常与国内大师切磋。她的绘画作品讲究立意，常借松、梅、竹、狮、虎及山川等的描绘，抒情明志。直到八十多岁，仍然在家中仍不时作画，且功力不减。在那些充满斗争之意的作品中，不仅记录了二十世纪初叶以来社会政治的变幻风云，同时也是她70年革命生涯和高尚品格的生动写照。

廖承志从小受母亲熏陶也学习绘画。母亲作画时他专心守候在母亲身边一边研墨一边琢磨。有时实在忍不住就提笔画起人像来。虽然笔法稚嫩，但人物却栩栩如生。当母亲发现儿子的特长后，十分惊喜，决心把儿子的绘画天才好好发挥出来。于是，每当她完成一幅画作后，就要求儿子补画一个“小娃儿”。在母亲的精心指导下，他的绘画技艺进步很快，不论素描、国画、漫画，无不得心应手。

更令人敬佩的是，何香凝不但教给孩子如何画画，还熏陶廖承志高尚的画品和人品。何香凝一生为革命所做的一切，以及表现出来的卓尔不群的品格，给廖承志带来了巨大的影响。在母亲崇高情操的浸染下，廖承志在长期的革命斗争中，一方面与敌人周旋，一方面用画笔表达自己的情感。从廖承志的身上人们看到了一个革命者顽强的意志和不同凡响的品格。这一切和何香凝在面对逆境时所表现出来的正气与人格品质有着惊人的相似。廖承志不但秉承了母亲的画品和人品，就连母子俩人对于蒋介石的态度，都有着一脉相承的坚决。

有一次，廖承志被特务抓捕后解送到重庆，蒋介石曾以“世伯”身份面见，并劝说：“如果放了你，想留你在我身边，怎么样？”廖承志却当面痛斥蒋介石背叛了孙中山先生的事业。他刚正不阿，正义凛然的精神深受人们的敬佩。他的一生，和母亲一样，为革命事业和民族振兴，真正做到了鞠躬尽瘁、死而后已。

感 悟

伟大的人生需要伟大的品格，品格成就辉煌人生，伟大的品格需要天天都有进步和提高。人品是人生行稳致远的“压舱石”。人有困窘之时，而道德却无时不通，坚持以德立身就会立于不败之地，道德是我们做一切事情的立足点。道是人们所应遵循的自然规律，德是人们从道中所领悟的心得。一个人如果不遵循道德规律行事，而凭自己的独断专行做事，他离穷途末路就不远了。《菜根谭》有言：“德者，事业之基，未有基不固而栋宇坚久者。”说的是，一个人的高尚品德是他一生事业的基础，就如同兴建高楼大厦一样，假如不事先把地基打得稳固，就绝对不能建筑坚固而耐久的房屋。人品是道德修养的体现，是由物质颐养发展到精神颐养，是生命价值的提升。人品就是财富，是一个人最宝贵的精神财富，是一个人的尊严方面最有竞争力的形象财富。人品就是信誉，信誉就是资本，这是每一个人都可以拥有的资本。做人，人品为先，才能为次。《世说新语》说得好：“小胜靠智，大胜靠德。”真正干大事的人，都是靠的德行，以德服人。欲成大器，先修人品。凡成大事者，必有人品。具备优秀品德的人，才有可能成为国家和民族的顶梁柱。我们判断一个人，更多的是根据他的品格而不是根据他的才华。如果你拥有让人信赖的优秀品格，你就可以成为一个影响力大的人并可以独当一面，最终形成自己伟大的品格。罗曼·罗兰说过：“没有伟大的品格，就没有伟大的人，甚至没有伟大的艺术家，伟大的行动者。”

伟大的品格总是无时无刻不辐射出无穷无尽的力量，通过交流，这些道德品质优秀的人产生了一种精神力量，唤醒了人们的善良和忠诚等美德。以德修身，就会懂得珍爱元气，永葆正气，涵养精神。一个人良好品格的养成，要像母亲那样在大千世界的熔炉里慢慢磨练。正己以正人是修德的途径，母亲之德，效法上天，合于公德；参照大地，无所私心。正如明代吕坤的《呻吟语·存心》所言：“须动合天则，然后为是。”即自己做的每一件事情都必须符合天理和道德，然后才能做到没有缺点和过失。我们应该永远记住，母亲的人品，不从口里说出，不在表情上流露，她们的品德可以意会而不能说得明白。她们的行动，不是出于她们自己的主观追求，但她们的人品确是她们自己的主观筹划。她们伟大事迹著称于世的同时，也为整个社会营造了一个良好的道德氛围。她们要求孩子都应该从内心里去理解和感受道德教育的重要性。

人品就是生命，生命以精神为支撑，人的精神以人的品行为根本，美德越高尚而基础越牢固。为美德而奋斗是给精神和身体双方增添食粮，美德是人们最忠心耿耿的财富，美德是滋润幸福健康人生的一条小溪。人们受到这种美的感染越深刻，去创造美的欲望就越强烈。对于母亲来说，品格本身就是最高的追求了，她们是心地柔和谦顺的人。她们懂得有不须说的话，不去做的事，然后才懂得人品的要领，她们从不违背道德的规律。她们的行动如同荀子所言："厚者，礼之积也；大者，礼之广也；高者，礼之隆也；明者，礼之尽也。"说的是，一个人能具备敦厚的品德，在于他日积月累，坚持不断地按照礼的原则行事；一个人能具备豁达大度的品德，在于他普遍地推行礼的原则，处处按照礼的要求去做；一个人能具备高尚的品德，在于他真正把礼的原则发扬光大；一个人能具备英明的品德，在于他切实地把礼的原则融化在了自己的心中。伟大母亲的言行能感化人、激发人、鼓舞人。做人应该像天空一样，虽然有不少乌云在它上面飘过，但雨过天晴，乌云散尽，它仍然还是湛蓝如洗，一尘不染。也应该像白玉，不管埋在什么地方都不改变自己洁白的本性。

传承母亲的优秀基因，把人品德行放在功绩之上，能确保子女方正而不走向极端。贤明的母亲的品德是人类之美的最高反映，综合了人世间的一切美德，如同《周颂》所说："圣人的德行，像天一样高，像地一样广，他的光辉普照于天下，就像大地一样稳固，像高山一样耸立，不会断裂、不会崩塌，就像太阳的光辉，像月亮的明亮，和天地一样长久地存在。"母亲的智慧，能培养出孩子的品格。学习母亲的品格，以高尚的品德建立自己的威严。不要怕别人不了解自己，可怕的是自身行为不端。推行德行以取悦于他人是子女人生成功的精神支柱。孔子说过："德才兼备，以德为首。德若水之源，才若水之波。"传承母亲的品格，就是塑造像《周易》所说的那种"独立不惧，遁世无闷"的独立人格，至德之人内心精诚，恩德流布天下。我泱泱中华，饱经沧桑而永远屹立于世界民族之林，为世界文明进步做出卓越贡献。母亲基因的力量是民族精神的坚固基石，母亲的高风亮节足以为人楷模，我们应当继承她们的清白，不损害她们的名声，永远遵守她们世代留传的道德。

效法母亲之道，应当像母亲那样端正自己的品行，不做非法之事，不行逆德之道，全心全意为人民谋福祉。自觉抵制外界的诱惑，谨守人格的纯正，勇于追求崇高的人生。《尚书》曰：“宽而栗，柔而立，愿而恭，乱而敬，扰而毅，直而温，简而廉，刚而塞，强而义。”说的是，人要有九德，宽厚而庄重，温和而有主见，讲原则而谦逊有礼，聪明能干而敬业，善于变通而有毅力，正直而友善，直率而有节制，刚强而务实，勇敢而符合道义。又说：“五事：一曰貌，二曰言，三曰视，四曰听，五曰思。貌曰恭，言曰从，视曰明，听曰聪，思曰睿。恭作肃，从作乂，明作晰，聪作谋，睿作圣。”意思是，五事：一是态度，二是言论，三是观察，四是听闻，五是思考。态度要恭敬，言论要正当，观察要明白，听闻要聪敏，思考要通达。态度恭敬臣民就严肃，言论正当天下就大治，观察明白就不会受蒙蔽，听闻聪敏就能判断正确，思考通达就能成为圣明的人。可以说，按照国学的要求去做人，就不会偏离正确的轨道。

国家主席习近平指出：“国无德不兴，人无德不立。”这永远是中华儿女的座右铭。大德之人，必能秉承使命。道德有了成就，就会产生出智慧，就会对万事万物全都能掌握理解，也因此积累了强大的精神力量。事业兴旺发达的源泉在于德的积累，让我们感受到人生更为美好的因素也是德的力量。自古以来很多名门世家，无非积德兴家，别无他法。用人品使人顺服的，是心悦诚服。凡是成为人生赢家的，都是注重修养道德的，他们努力以人为鉴，来了解自己的过失，改正错误唯恐遗漏。《易》曰：“君子以恐惧修身。”《周易》说：“君子以畏惧之心修治德业，省察自省。”做人应当始终以道德为准绳，做到终日朝夕戒惧，如临危境，时刻谨慎，不敢犯丝毫错误。人一旦没有道德，就会放荡胡来，无恶不作。凡是那些会招来公众非议的事情，即使有小利益，也不可忍着羞耻去做，流为无所忌惮之人。更不能得意忘形，放纵自己的欲望，那样离失败也就不远了。自认为是小过失，轻易地去施行，却不知道总体正确的东西会因一次小失误而全盘皆失。

培养自己的人格精神和道德操守需要一个长期教育、引导和训练的过程，应该从小事抓起，从规范行为习惯做起。所谓人格，康德的表述是："你丝毫不取媚人，丝毫不奉承人，而只是要求人的服从，可是你并不拿使人望而生厌、望而生畏的东西来威胁人。你只提出一条律令，那条律令就自然进入人心。一切好恶不论如何暗中抑制，也都得默然无语！呵！你的尊贵来源在哪里呢？这个根源只能是使人类超越自己（作为感性世界的）部分的那种东西，这种东西不是别的，就是人格，也就是摆脱了全部自然机械作用的自由和独立。"只有良好的道德品格，才能引起人的敬重。一个人在童年能进行精神上的自我教育、自我认识、自我锻炼、善于要求自己是非常重要的。古希腊唯物主义哲学家德谟克利特有句话："决定人的精神品质的，不是他的行为本身，而是他的意图。"做儿女的应该修身积德，笃实言行，勤奋学习，不要总是自以为是，如果喜欢见风使舵、苟且诡诈，则一辈子的人品就败坏了。应当牢记《道德经》所言："大丈夫处其厚不居其薄，处其实不居其华。"即大丈夫应该立身敦厚，不应该轻薄。要存心朴实，不应该流于虚华。所以要舍其浅薄虚华而采取朴实敦厚的道和德。每一个人应当每天以自己的积德行善回报社会，坚持每天努力提高自己的品格修养。从远处讲，应该把中华五千年的道德传扬开来。从大处来讲，应该要想到报答国家的恩惠。从小处讲，应该要时刻想到预防自己的邪念和恶行。

人品的核心是以德为荣。德行是众人所崇尚的，心中常常装着道德，才会拥有道德，德高望重才能赢得别人的爱戴。内心美和行为美的统一，这才是道德高尚的真实反映。灾祸产生于邪心，邪心产生于无德，无德就不懂得羞耻，不懂得羞耻就谈不上是人了。保证人品、避免祸乱就一定要合于道德，这就是为母之道。德，能守护一个人的一生，亦能帮助天生坎坷的人化险为夷。德是自我完善的，道是自己实践的，成就事业的前提是修养人品。谨记孟子所说“修身以俟之”，应努力提高自己的品格修养。孟子曰：“耻之于人大矣。”能够知道耻辱，就是一种上进。人的心只占有这么一小块方寸之地，应该光明正大，阳光端正，只走奋发进取的正路。如果怀有肮脏卑鄙的心胸，就会把一生的品德全都败坏了。孟子说：“一个人最大的事情就是明白这个耻字。晓得这个耻字，就可以成为圣贤。若不晓得这个耻字，就会沦为禽兽。”积善从德，是为君子之行。没有廉耻之心就会失去本心，品德不正都是从没有节操、不知羞耻开始的。凡是有损于他人的事一概不参与，一定要约束自己，能约束自己的人，自然会成为一个道德高尚的人。道德是理性的，理性就是自然的守法者，这就决定了一个人德行与人品的统一性。

我们应当铭记《道德经》所教：“上德不德，是以有德；下德不失德，是以无德。”真正有德行的人，不会把德行挂在嘴上，故意用某种行为证明自己的德行。处在德之下品之类的人，自以为贤德其实是一种失德，处处用德的框架来比较似乎都很恰当，但是事实上却是一个无德之人。外表不端正的人，是因为内德没有养成，应当树立礼仪以自己规正自己，做到表现和内德的统一。应当像清代金缨所言：“崇德效山，藏器学海；群居守口，独坐防心。”他提醒人们做到，修养自身的德性要效法高山，而使自己的心胸宽广，有容人的器量就要效法大海。与众人相处时就要谨慎留意自己的言行，独处时就要防备自己心猿意马、胡思乱想。与人相处，应该严格保守别人的秘密，不能随便暴露别人的隐私和忌讳，否则终将会给自己带来麻烦。发现好的品行，一定要仔细看看自己有没有做到。发现恶劣的品性，一定要怀着忧惧的心情反省自己。如果喜欢亲近那些阿谀奉承的人，疏远那些敢于直言面谏的人，嘲笑那些帮助自己改正错误的人，把对自己忠心耿耿的人当作陷害自己的人，即使不想失败也必然失败。

德生于谦。《易经》曰："谦，亨，君子有终，吉。"《易经》上又说："人能谦虚则诸事亨通，君子若能始终保持谦德，就会吉祥如意。"国学《说苑》上说，《易经》上有一种处世之道，大可以保住天下，中可以保住国家，小可以保住自身，这说的就是谦虚。为人之道都是厌恶自满者而喜欢谦虚者。谦虚礼让，会让一个人的德行越来越高。有德品的人，没有骄傲的态度，人品失败源于骄。王阳明曾说："今人病痛，大段只是傲。千罪百恶，皆从傲上来。"有才而不骄，必是有品。无才却努力，必是有德。做人应当心怀谦虚恭敬，处事明理守礼，行为胸怀宽广愉悦，坦荡平和之气循环流通。《易经》上说："上天之道，凡是骄傲自满的就会遭到亏损，而谦虚礼让的就能得到益处。地之道，凡是骄傲自满的也要使他改变，而谦虚的要使他滋润不枯，就像低的地方流水经过必定会弥补了他的缺陷。人之道，都是厌恶骄傲自满的人，而喜欢谦虚礼让的人。"待人接物，决不可以怀着骄慢之心、虚伪之心、嫉妒之心、多疑之心。严于律己、宽以待人是做人的高风亮节。德行使人信服，品行高的人，别人自然尊敬，自然就让人佩服。牢记毛泽东的名言"谦虚使人进步，骄傲使人落后。"

做有德品之人，首先要从讲口德做起。为人处世，言语不可不慎。唐太宗李世民这样说过："语言者，君子之枢机，'谈'何容易！"说话是一门大学问，事关人生荣誉、事业成败。《易经》上说："言行，是君子立身处世的关键要枢。言语行为的发动是导致荣辱的根本所在，是惊天动地的大事啊！"孔子也曾说，君子以言语教导人们向善，以身作则防止人们作恶。所以每说一句话之前，必定先想到它的后果，每做一件事之前，必定先考虑到它可能会产生的弊端，这样人们才会说话谨慎而行事小心。祸从口出，应当谨言慎行。切勿搬弄是非，莫谈别人的生活，不要评价人品，更不要嘲笑别人。特别是伤害心灵的话语，比从暗处杀出的兵器更要狠毒。做错事没有多大关系，但千万别说错话。《诗经》上说："言出于口，务必谨慎；仪态端庄，威严恭敬。"所以说话一定要讲德，这样人生才能走得顺利。一句勉励的话，就能鼓励一个人的自信心、自尊心，可助成他的事业！有道德的人，一定不会说多余的话。喜欢评价人的长短是非，是不道德的。应当禁止奸邪的思想、奸邪的言论、奸邪的行为，切勿把是说成非，把非说成是。德行提高了，说话自然就简洁。达到简洁而切中事理，曲折而符合情感，精明而合乎道理，确切而又适时。这样的人，儒雅、威严、清高，不能有一点玷污自己。

有道德之人，重视人品而贱视物利，不会被利益所诱惑。庄子曰："不以物挫志之谓完""无为言之之谓德。"庄子的意思是说："不因外物而挫伤志操就可说品德完美""不说什么而什么都自明其理，这就叫作德。"所谓德行，既能使自己有所得，又能使别人有所得。我们生活在这个世界上，德才是最好的教育者，没有德的教育就没有美的社会。有了德，世界上人与人之间才有了最公正的关系。任何人都会为了国家利益，不惜家庭残破。为了国家安全，不惜献出生命。都会把品格和名声看成泰山一样尊贵，把自身看成谷底一样低下。只要你有良好的品格，无形中为自己增添了无穷的资源，世界上最富有的人是具有伟大品格的人。人品是你最好的自荐书，它将影响你一生的前程。相反，没有品格的人将不会有影响力和力量，也不会得到成功。人品具有强大的道德力量，任何一种力量甚至才智的力量都无法与之相比。要是没有道德的脊骨，你就是一个没有原则的人，一个没有竞争力的人，一个没有爱心的人，无法取得应有的成就和人生的幸福。庄子曰："君原于德而成于天""故形非道不生，生非德不明。"庄子的意思是说："国君治理天下，以道德为根本，顺应自然才能有所成就""所以，形体离开道就不能生存，生命离开德就不能明达。"

一个拥有良好品格的人，他的精神状态总是让我们感觉到他生命的尊严与重要性，他的生活目标总是充满了英雄豪杰的情愫与道德的情操，他们总是为人谨慎、工作勤奋、生活节俭，总是会选择有助于实现他人生价值的朋友，总是去寻找志同道合的人为朋友。他们不因地位提高而自傲，不因别人的恭维而自大，不因失望而沮丧，不因反对而畏惧。他们能够抵制所有的诱惑，他们总是战无不胜。他们才能出众却更加谦逊，他们智慧高明却不夸夸其谈，他们不会凭着自己的能力去触犯大众，他们不会凭着自己的长处去讥讽别人。他们更可贵的是在尊重别人人格的同时，保持自己个性的完整性和独立思考的能力。可以说，没有淡泊宁静的心境，就无法通达自己的灵明德性，应该做到得意不忘形，失意不失态。无论事情办成功或者办不成功都不产生祸患的，只有道德高尚的人才可以做到，他们身上发出一种专属于自己的独特魅力，这种魅力在性格、气质、能力、道德品质等方面具有很能吸引人的力量。一个人真正的资本，不是美貌、财富、地位，而是人品。

箴　言

我们在社会地位上可以不是达官显贵、在物质上可以不用呼风唤雨，但在道德上完全可以追求到极致、在人品上可以做到德高望重且受人敬仰。践踏道德的人必定走上犯罪的道路，不遵循道德行事的人必将搬起石头砸自己的脚。

第4章
论善良

母亲语录

积善之家，必有余庆。

心　语

在母亲看来，作善种福田，善家子孙贤。善可积福，满怀善良是幸福之源，经常行善的家庭必定吉庆有余、子孙满堂。《增广贤文》有言：“心作良田，百姓耕之有余。”说的是，善心作良田，后代子孙绵延耕种不完。她们认为，顺从道德就是善，违反道德的行为就是恶，善有善报、恶有恶报是历史的见证。一个人能得到多少幸福是由他的善良决定的，心地不善的人只能享受平凡无奇的生活。善是人的本性，人人都赞美善良，人与人之间呼唤善良，人与人之间更需要善良。善良是让我们幸运的力量，善良是通向幸福的必经之路。善良是人们掌握在手中的最有力的工具，善良可以让人拥有强大的生命力和好人缘。母亲总是通过自己善良的天性去感染人、影响人，所以她们很有人缘。她们认定，教育孩子从善开始，培养孩子自觉地去追求善良，勇敢地对待邪恶。她们要求孩子做到，比我们善良而能干的人要和他团结而且敬重他，畏服而又爱慕他。善良是提高我们幸福指数的动力源，并且随着我们不断地重复而倍增，这是母亲所倡导的善良文化。她们要求孩子做人从善良开始，不要给家庭带来烦恼和耻辱，善于在思想感情上做个善良的人。要保护孩子的心灵不受可耻行为的侵扰，培养孩子纯洁、善良之心，让孩子为自己的善良举动而自豪。

她们认定，为善得吉祥，作恶必遭祸殃，这是目睹之现状。要启迪孩子的良心，始终坚持善良的品德，让善良的思想之光照亮孩子的心灵，召唤他们用良心去从事社会活动，使良心成为孩子行为敏锐的卫兵。德行是最高的善，应该培养孩子的善良美德，要对孩子的道德良知进行根本性教育，善良不能自满，恶心不能滋生。让孩子懂得，崇尚善良的就会变得善良，学习丑恶的就会变得丑恶。她们告诫孩子，不要接触恶人，不要欺负好人，伤天害理的事不能做。她们相信古人所言："只有爱惜土地所生长的东西，才是心善。"人最可贵的地方，就是一心向善，唯恐不及。行善就是与人方便、与自然礼待、与社会和谐。她们要让孩子明白，与善良的人为伍，就会变成善良的人，善良的人会给我们的人生带来更多的祝福。正如英国的拉尔·亨特说过的："因为人受到情感的支配，所以善良是一种巨大的力量，任何其他力量都抵不上善良的力量。"借助善良的力量，我们才能成家立业、打造人生、健康平安。只要涉及人生，善良就是你唯一的行为准则。要教育孩子们，特别是在少年时期就能主宰自己的良心，让他成长为一个热爱善良、乐施善良、得到善良的人。

她们认为，善者拥有一切纯粹的善意，善意是良心的忠实捍卫者，善的目的都是为了人的幸福。曾子说过，人的最高境界是乐于为善，其次是习惯为善，其下是自己也能勉强为善。善是凝聚公共情感的良方，做善事的人所树立起来的榜样就像一座灯塔，不仅能指引我们前进的方向，还可以给人们以温暖和友爱。善待他人不仅是一种美德，也是我们为人处世的成功宝典。人们常说：“帮助他人，惠及自己；关爱他人，快乐自己；赠人玫瑰，手有余香。”只有善待他人，才能在人生的道路上，拥有充实快乐的感觉，踏入充满机遇的境界，走向充满希望的未来。她们总是要求孩子要拥有一颗善良的心，如同歌德的观点：“善良，是人们最珍贵的宝藏。不管是任何的东西在他面前都要俯首称臣，包括赞扬、光彩和勇气。”善良是人道主义精神的核心，应该教育孩子以善待人，培养孩子的同情心和怜悯心，为孩子幸福成功的人生奠定基础。西方哲人边沁说过：“人们每一个善良的举动都来源于自己身上的力量，而且每一份善行都会为人们自身积累一份友谊。那么，我们人类为什么不把用来造孽的力量用来行善呢？”

她们坚信，孝行是天下第一善，孝德是道德修养第一步，孝的美德会给后代带来幸福。《吕氏春秋》说，孝敬父母是三皇五帝的治国之策，是处理万事的原则。《尚书》说，刑法三百条，没有比不孝更重的罪名了。孔子说，孝，就是善于继承先人的遗志，善于继承先人的事业。立身处世有一定的规范，而孝敬父母是根本。凡是忠孝人家，其子孙没有不发达久远而且前途兴旺的，所以一定要认真地去做。尊敬长辈、亲爱家人是古今最大的孝道。《孝经》上说：“以德立身，实行大道，使美好的声名传扬于后世，以光耀父母，则是实行孝道的最终目标。”父母是第一大福田，行孝道，就是种福田，父母就像一块肥沃土壤的田地，你在这田地上撒下什么样的种子，就会收获什么样的果实，对父母好就是对自己好。父母是最大福田，不种世世代代幸福之种，岂得福之人？孝是百善之首，孝道是德的根本，大孝之人必是大德之人，大德之人会有厚报，必得四世同堂，必得事业兴旺。作为母亲，应该以身作则，孝敬老人是天经地义的。培养孩子的孝心，必须从小抓起。孝心是一个充满爱心的伦理行为，应该重视并以情育情。力行孝道，幸福不求而得之，当修德以得之。

她们认为，善良是母亲的精神支撑和情感力量，孩子真挚的、心地善良的愿望是与母亲教育分不开的。她们确信，以善良的心态去感受和观察你周围的人，不仅是道德素养的体现，还可以看到你所接触的人的长处。在她们眼里，所有一切都是善良的，都是至高无上的，都是能让人们受益匪浅的。每一位善良的母亲在生活中对子女的重大影响，将随着孩子的年岁的增长而永远地延续下去。如同《诗经》（白话译文）之言："教诲你的儿子，要用善道来教，使他为善。"孟子又说，做学问的目的不在别的，是寻找遗失的良心而已。在她们看来，善良可以让孩子懂得悲天悯人。善良是灵魂间的桥梁，是生活的甜料，是一种心灵的坦诚。如果多做善事，善良传播善良，哪里会有不能名闻于世上的道理？作为母亲要在积善方面勤勉努力，以实现内助的美德。在她们的心目中，善良是品行之本，是诚实的根，如果不明白什么是善，那就不能做到真诚，更不会做到孝顺。善良之人，香气沁人心脾，光芒照人，高寿多福，吉祥长久。心中常怀善念，自身行得端正，家族自有收益。经常想着如何行善，才能成就善行，也能够同情那些不能为善的人。

她们坚信，善良是人们心中最神圣的美德，它是内在的美，具有独树一帜的魅力。善良之人不讲不合乎礼仪的话，自身没有不合乎礼仪的行为，结交朋友合于道义。在她们看来，不做善事则不能生养聪慧的儿女。善为至宝，一生用之不尽。她们始终遵循与人为善的原则，多作对别人有益的事情。她们的理念是，人富不稀罕，心善才重要。你想受人敬仰，就得心怀善良。对他人善良，对社会善良，对世界善良，就是对自己善良。一个人越善良，他看到别人身上的美德就越多。相反，他看到别人身上的缺点也就越多。她们把《易经》的"善不积，不足以成名。恶不积，不足以灭身"作为座右铭。为人善良，就是把别人的困难看作自己的困难，将别人的快乐看成是自己的快乐。善是一切道德之首，自己善良才能感知社会美好。救助一个陌生人就是一种善行，用善行感化人们，用道德的礼仪引导人们，这些行动就会使人一心向善。更大的善行就是认真热情地对待你身边的朋友所表达的善意、思想，并且支持他、鼓励他。

她们认定，善良让纯洁心灵的航线永不偏离，善良让我们懂得了什么是耻辱。善良是灵魂的主导，善良的心就是太阳，善良的行动让人的灵魂变得纯洁高尚。要活得漂亮就得永远善良，一个人只有在你的心灵里有善良存在的时候，良心才会成为你的行为的护航者。《荀子·劝学》中说："积土成山，风雨兴焉；积水成渊，蛟龙生焉；积善成德，而神明自得，圣心备焉。"所有人的本质都是善良的，保持善良的本质，人生才能快乐美好。她们所移植于孩子心灵的善良的思想，依然通过子女转化为善良的行动。善是福祉的源泉，以善德教育子女，以善德回应社会，则幸福吉祥自然会降临。做善事，家业必然兴旺发达。做恶事，家境必然遭殃衰败。以轻慢教育子女，以轻慢回应社会，则灾祸的征兆就会出现。母亲时刻铭记着"为善者，天报之以福；为非者，天报之以殃"。她们坚信，为善使人快乐，作善必能昌盛，福祉青睐德善人家。母性中蕴藏着一种最柔软，但同时又最有力量的情愫——善良。柔软的善良可以融化冰冷的冰川，刚强的善良可以穿透顽固的岩石，一切福田来自善良的心地。

母亲的善良，与财富无关，与容貌无关，与地位无关，与身份无关，与老少无关。母亲的善良是以付出为代价的。爱默生曾说过："对文明的唯一衡量标准，就是那些善良女人所影响的结果。"正是这种善良，给子女们带来了人生事业上的顺利和生活上的惬意。母亲的善良来自干净的心底，她们不求回报，且不记在心里。善良是母性中的至纯至美，一切伪善、冷酷在她面前都会退避三舍。她们深深记得《易经》（白话译文）上说的："一个人不积善，就不会成就好的名誉；不积恶，则不会有杀身大祸。"名声是母亲的第二生命。她们的幸福之根深深扎在她们自己身内，无须依赖外物。她们坚信《道德经》之言："天道无亲，常与善人。"即老天不会偏袒任何人，却从不亏待善良的人。她们确信，忠实守信，笃行善事，行为笃厚恭敬，祸患就会消散。她们要告诉孩子，你善良的心灵越积极、主动性越强，你内心的感觉就越愉悦，就会感到心灵空虚的羞耻，善良与你的思想、志向、信仰是分不开的。

她们相信，善良是天才者的伟大品质之一。一位哲人说过：“高尚的人无论走向何处，身边总有一个坚强的捍卫者，那就是——良心。”善良的人心胸宽阔，必能成为英雄豪杰，最大的善就是利国利民。《浮士德》中有这样的话，善良人在追求中纵然迷惘，却终将意识到有一条正途。当我们在痛苦中难以解脱时，当我们在烦恼中纠缠不休时，当我们在人生路口迷茫徘徊时，相信善良的力量，相信善良是引领我们走出迷雾的导航仪。无论遇到什么事情，以善良为信念，以善良作为处世的准则，坚持善良的底线，坚持做一个善良的人，这样坚持下去，相信无论做出怎样的选择，都不会偏离人生的坐标，都不会给他人带去伤害，也不会给自己带来遗憾。善良的力量是无穷的，你总会感受到它的伟大，你所想和所做的一切都是为了使善良得到胜利。善良不是科学，也不是理论，是实实在在的行动。

经典传颂

胡适的母亲冯顺弟是善良母亲中的典范，她质朴、勤劳、厚道善良、仁慈大度，做事有原则。尽管她出身农村，不会识字看书，但对唯一儿子胡适在教育上严格悉心，在生活上细心周到，始终装着一颗望子成龙的心。她不仅要成为胡适的慈母，同时也要成为严父。胡适是这样评价母亲的：“她是我的慈母，我的恩师。我母亲 23 岁做了寡妇，又是当家的后母。”

胡适（1891—1962），中国著名的思想家、文学家、哲学家。以倡导“白话文”、领导新文化运动闻名于世。主要著作有《中国哲学史大纲》《尝试集》《胡适文存》《中国中古思想史的提要》《齐白石年谱》《中国新文学大系》（合编），等等。胡适是上一个世纪中国最有影响的思想家和学者之一。他的影响，虽然也有消极的负面的成分，但其主要方面是积极的、进步的。正是这样的思想帮助许多青年树立自主自由的人格，形成独立思考、尊重事实的思维方式，成为具有民主和科学素养的人。可以说，对于“五四”后中国民主力量的成长，他是功不可没的。

冯顺弟（1873—1918），是一个普普通通的农民的女儿。17岁那年，经媒婆介绍，嫁给了比她大32岁的胡传，成了胡传的续弦。两年后，冯顺弟生了个儿子，也就是胡适。胡适的父亲是清末贡生，曾在东三省、广东及中国台湾任官职。然而天不假年，就在胡适不满四岁的时候，却传来了他父亲病死他乡的消息。就这样，23岁的冯顺弟就此成了寡妇。孤儿寡母没有办法，冯顺弟无奈中不得不带着胡适回到老家寻找生路，让孩子接受教育，她一心想把孩子培养成一个乡贤。

作为当家的后母，大女儿却比她大七岁，大儿子比她大两岁，双胞胎的二儿子和三儿子比她小四岁，要当好这个家实属不易。胡适他父亲死后剩下的存钱，可以勉强支撑全家不至于挨饿受冻。可偏偏大儿子从小败家，到处欠下烟债、赌债。每年的除夕夜总有一群讨债的，债主走后大儿子才敢回来。大儿子没出息，偏偏大媳妇和儿媳妇也不是省油的灯，总是指桑骂槐，冯顺弟从不计较，假装没听见，不愿弄得家庭不和。

但是，在教育培养胡适方面，冯顺弟是最好的榜样。每天天刚亮时，就把儿子喊醒。这时，胡适不知道她醒来多久了。看儿子清醒了，才对儿子说昨天做错了什么事，说错了什么话，要认错，要用功读书。她经常对胡适说他父亲的种种好处，天天嘱咐儿子：“你总要踏上你老子的脚步。我一生只晓得这一个完全的人，你要学他，不要跌他屁股（丢脸、出丑）。”

冯顺弟虽然对儿子管束很最严格，但很尊重孩子，从来不在别人面前骂孩子一句，打孩子一下。儿子做错了事，她只给孩子一个眼色就吓住了。犯的事小，她等到第二天早晨儿子睡醒时才教训。犯的事儿大，她等到晚上人静时关了房门，先责备，再行罚，还不许哭出声音来。她教育孩子不是借此出气让别人听的，真正让孩子知错改错。冯母这种即严厉又保护其自尊心的教育方式，使胡适从小就懂得了正经做人，爱惜名誉，这为他日后的不断上进奠定了基础。

在胡适的文章中有这样一个故事令人敬佩：有一个初秋的傍晚，我母亲的妹子玉英姨母怕我冷了，拿了一件小衫出来，叫我穿上。我不肯穿，随口回答："娘（凉），什么！老子都不老子呀。"我母亲听见了这句轻薄的话。晚上人静后，她罚我跪下："你没了老子，是多么得意的事！好用来说嘴！"她气得坐着发抖，也不许我上床去睡。我跪着哭，用手擦眼泪，不知擦进了什么微菌，后来足足害了一年多的眼翳病。医来医去，总医不好。我母亲心里又悔又急，听说眼翳可以用舌头舔去。有一夜她把我叫醒，她真用舌头舔我的病眼。

对于失去父亲的胡适，母亲冯顺弟寄予他所有希望，也坚信儿子只有依靠读书方可出头。胡适的私塾同学每年只花两元钱，胡适却从六元起，一直加到十二元。就这样，童年的胡适在故乡绩溪上庄完成了重要的九年基础教育。他先后读了《孝经》《诗经》《易经》等十几部经典，他的母亲要求他读书必求甚解，这使胡适在学习上比一般孩子更扎实。

胡适在《我的母亲》一文中回忆道："我母亲待人最仁慈，最温和，从来没有一句伤人感情的话。但她有时候也很有刚气，不受一点人格上的侮辱。我家五叔是个无正业的浪人，有一天在烟馆里发牢骚，说我母亲家中有事总请某人帮忙，大概总有什么好处给他。这句话传到了我母亲耳朵里，她气得大哭，请了几位本家来，把五叔喊来，她当面质问他，她给了某人什么好处。直到五叔当众认错赔罪，她才罢休。"

用胡适自己的话说：“我 14 岁就离开她了。在这广漠的人海里独自混了 20 多年，没有一个人管束过我。如果我学得了一丝一毫的好脾气，如果我学得了一点点待人接物的和气，如果我能宽恕人，体谅人，我都得感谢我的慈母。”

胡适没有辜负母亲的期望，1917 年 7 月，他从美国学成回国，并荣获 35 项美国博士桂冠，被北京大学校长蔡元培聘为教授。

感　悟

善良是我们主持正义的意志，是我们与丑恶斗争的武器，是我们造福社会的劳动。正如列宁所说：“善被理解为人的实践。”善良造福家人，惠及社会。踏上善良的轨道，幸福将与你形影相随。人生最有自主产权的也是最美好的东西之一就是善良，这是无私的爱。我们一旦遵循善良之道，那么我们的思维就一定会得到升华，直到永远。心术不可得罪于天地，言行要留好样与儿孙，母亲为我们起到了楷模作用。没有母亲无私的、自我牺牲的善良，子女的心灵将是一片荒漠。母亲教导子女懂得了善良，幸福的人生应以善良为根底。善良是人格美的根基，善良应该是我们人格最美丽的风景线。一个人存心不善，只能作恶或者伪善，就像树木从根部烂掉，水流从源头被污染。行善的人问心无愧，会拥有健康，会有很多的好朋友，更会给家人带来幸福。母亲用至善至美的心灵，守护着自己的家庭。善良是母亲做人的根基，善德是母亲一生的正能量，“善不可失，恶不可长”是她们行动的真实写照。她们的行动让我们明白了一个道理，善良，既在能帮助我们阻挡着一切外来的诱惑与袭击，也在警醒我们自己的自私与愚昧。

善良是最美的阳光，既照亮他人又温暖自己。善良是浇灌美丽种子最及时有效的甘美清泉。善良精神的光大是民族之大幸，善良的本质是对邪恶进行毫不妥协的斗争，它具有强大的力量。传承母亲的优秀基因，就会使子女广布善德，得到社会的信任和支持。“积善之家，必有余庆；积不善之家，必有馀殃”是母亲人生的根本遵循。她们是善良的代言人和主力军，传播至善的崇高德行，为社会做了卓著的善行而不自我夸耀，恩德广博而感化社会。做人应当像她们那样，常怀怜悯之情和仁爱之心，布施你的善良，散发你的热量，收获人生的阳光。像陶行知所说的那样“做个好人，身正心安魂梦稳；行些善事，天知地鉴鬼神钦。”能择善者而从之，看见善的行为就跟着去做，那美德自然会归于你。结交朋友，要选择那些端严高雅的人，如果不分良莠、不加选择地结交朋友，那么总有一天会后悔，而且时间长了就会发现你也同他一样了，一辈子再想成为善良的人也就不可能了。与善良背道而驰的人，往往是无视自然界的普遍规律，他们任意践踏着正义，让邪恶的烈火去焚烧那些握有正义之剑的人们所拥有的一切，从而来满足自己羞耻的私欲。因而他们无法逃脱从这个世界上消失的厄运。

善良，好像肥沃而广袤的大地，只有在这样的土壤之上，才能生出礼貌、关爱、乐于助人，善良是产生一切人格美的土壤，是人们道德修养的根基，也是人们最美的精神长相。传承母亲的善德，是践行社会主义核心价值观的精神食粮。比尔·盖茨说，自己在母亲那里得到的是“虔诚和善良”。善良的人，才是和社会、和成功摩擦最小的人，才是最容易成为人生赢家的人。布施善良的人，才能收获更多的人生幸福和生活快乐。凡是行为善良的人，多是有担当、能共患难的人。他们能在自己力所能及的影响范围内，感染身边的每一个人，从而焕发身边人的善良斗志。现实告诉人们，能让我们从意外、苦闷和恶意的袭击中全身而退的是善良。《菜根谭》曰：“为善不见其增，如草里冬瓜，自应暗长；为恶不见其损，如庭前春雪，当必潜消。”说的是，一个常常做好事的人虽然表面上看不到什么好处，但行善的人就像一个在草丛里的冬瓜，自然会在暗中一天天长大；一个常常做坏事的人，虽然表面上看不出有什么坏处，但作恶的人就像春天院子里的积雪，只要阳光一照自然就会融化消灭。

没有善良的人生，就谈不上成功和幸福。没有善良的情感就会导致铁石心肠、冷漠无情，就会丧失对自己身边人的亲和力。人们都不喜欢那些心地不善的人。如果你善良，你就不会苛责别人，也不会为难别人，更不会欺骗别人。只有充满善良的心，才能达到人人爱我，我爱众人的美好境界。正所谓“人为善，福虽未至，祸已远离；人为恶，祸虽未至，福已远离。”心一天不能怀有善念，那么邪恶之念就进去了。做人应当立志做利国利民的善事，克制自己的私欲，随缘济众。不要追名逐利，损人利己，自致祸端。不要去虐害别人以方便自己，不能为满足私欲而去损害他物，应以积累善事而成就自己的品德，幸福成功自然就得到了。善良就是真理，真理总是唯一的，真理总是站在正义的一边。善良就是智慧，智慧是我们灵魂的根源所在，应该看成是我们生命的同等物质。《菜根谭》有言：“不昧己心，不拂人情，不竭物力，三者可以为天地立心，为生命立命，为子孙造福。”说的是，不要蒙蔽自己的良心，不要做不近人情的事，不要过分浪费物力；假如能做到这三件事，就可以为天地树立善良的心性，为人民创造生生不息的命脉，而为子孙后代创造永恒的幸福。

司马光在家训中曾说：“积金以遗子孙，子孙未必能守；积书以遗子孙，子孙未必能读；不如积阴德于冥冥之中以为子孙长久之计。”为善不为人知道就是阴德，多积阴德各种福祉自然会到来，善教子孙后嗣昌大。家庭的兴衰取决于积善，所谓的积善就是在家孝顺父母、关爱兄弟，处事讲究仁义忠恕，凡是有助于他人、有助于社会、有助于民族、有助于国家的事都是积善。为人行事利益众生、顺其自然、不苛求、不强求是善良，多给奋斗者一点鼓励也是善良，给成功者一个微笑是善良。看到别人做好事做善事，心感欣慰也是善良。遇事谦和、不恼怒不怨恨同样是善良，走路时主动给别人让路是善良，与他人吃饭时懂礼尊仪、不浪费是善良，节省一滴水、捡起一片纸屑也是善良。学会倾听，不恶语伤人是善良。尊长爱幼、心怀祖国是善良，诚意、正心是善良。修身、齐家是善良，治国、平天下同样是善良。做了好事受到指责而仍坚持下去，这才是善良者的本色。善能矫正我们的精神、我们的良心、我们的情感和信念，以善良的眼光去看待他人，才能得到和谐发展条件下培养出来的情感。

荀子说过：“见善，修然必以自存也；见不善，愀然必以自省也。善在身，介然必以自好也；不善在身，菑然必以自恶也。”即见到善行，一定要恭谨自查，自己是否也有此善行；见到不善的行为，一定要警惕，反省自己是否也有此不善之行。好的品行在身，就会感到坚定自信，自己也必定喜欢；不好的品行在身，就会感到全身污浊，自己也必定讨厌。可以说，善良是一粒充满生机的种子，你若种下，你就会收获意想不到的果实。善良比智慧更有力量，狄更斯曾说过：“善良的人会把生活里的黑暗变成光明。”做人应当乐善好施，为民解愁，为国分忧。积善必能昌盛，作恶必会灭亡，这是人类发展的规律。《尚书》云：“作善降之百祥，作不善降之百殃。”人类的行为无时不在，随场景而变，随时机而变，但善良是人类行为的基本原理，也是年复一年你可以放心依赖的持久原则。善是一面镜子，通过这面镜子，你能看清你自己，也能知道如何对待别人，更知道对美好东西的追求。善良只有当它同真理、同人道、同对邪恶毫不妥协的精神融为一体的时候，才会显得高尚。

一个善良的人，在他身上总能感觉到一种追求美好生活的激情，他充满希望的力量总是不断地激励着人们向前奋进，他总是充满助人为乐的热情并且始终能保持一天开始时的热情，和他在一起我们很容易变成一个善良的人，他总是能找到需要帮助的朋友且不需报答，他总是远离那些狐朋狗友们的道德毒素，他总会让人们的心灵感受到阳光般的温暖，他总是让善良的灵魂得到雨露的滋润。英国有着“勇往直前的布朗”称谓的约翰·布朗船长曾经对爱默生说：“一个善良可信的人对社会的作用，抵得上一百个虚伪而不讲信用的人，同时也抵得上一千个没有品格的人。”善行的魅力和感染力对人们的影响是极其巨大的。他们的善良给社会带来了愉悦与幸福，让我们不去想那些卑鄙的事情。他们的行动能够让许多人去复制，善良地对待所有人。正如柏拉图所说：“真实的善是每个人的心灵所追求的，是每一个人作为他一切行为的目的的。”只有当一个人肯于扪心自问的时候，善良的思想才会在自己的心灵中树立起来。为了让善良永久地在心中安家落户，要从童年时期就开始培养自己的善良情怀。

箴　言

善良是幸福的第一源泉，善举是惟一不败的投资，只要天天行善积德就不必担心没有福祉，善恶一定是有因果的。

第5章 论吃亏

母亲语录

吃亏是福，难得糊涂。

心　语

在母亲看来，让人不算痴，事后是便宜。“吃亏是福”是郑板桥的名言，被视为世人的座右铭广为传颂。之所以说是福，是因为我们通过吃亏得到了智慧，智慧是用钱买不来的。虽然把利益或好处推给他人，对于一个有智慧的人来说，物质财富等外在的东西在他们看来如同草芥。而对于那些利益追求者来说，则会把物质利益看得很重。母亲认为，吃亏能使人得到智慧，能吃亏的人惠及子孙后代。《圣经》说：“从没有人发现智慧存在于什么地方，也没有人曾经进入过智慧的宝库。你想要得到智慧，就得去接受命运的考验。”她们记得古人说过的话，能吃亏的人能担当、有后福。仁者无敌说的也是这个道理。现实生活中，一个人如果能够考虑别人的利益，能够从别人的角度思考问题，那么他会赢得别人的合作和尊重，在遇到困难时人们便愿意帮助他。她们坚信，吃亏不算计的智慧，是保持高尚节操和独立人格的高贵品质。她们要让孩子懂得，吃亏是为了更好地生存，吃亏只是一时的，没有永远的，获得的智慧是一生都可以享用的。

她们明白，事有往来，只有一个便宜，如果你一心想要自己占便宜，让别人吃了亏，吃亏的人以后必将躲开你，不再和你来往。能够窒息私欲、不怕吃亏，能够做到所做事情都不是只为了使自己得利，足以成为母亲中的楷模。生活中的她们，宁愿别人占我的便益，不可我占别人的便益；宁愿我吃别人的亏，不要别人吃我的亏。她们看到，做人不怕吃亏，心甘情愿吃亏的人，终究吃不了亏。能吃亏的人，人缘必然好；人缘好，幸福的机会自然就多。爱占便宜的人，终究占不了便宜。如果一个人平时只关心自己的名利，对他人不管不问，只在乎自己，对他人无任何关爱和帮助，这样的人，虽然能够占到一些小便宜，但是永远成不了大器，他们在遇到困难的时候，是不会得到别人的帮助和合作的。她们要让孩子懂得，亏人是祸，饶人是福，天眼恢恢，报应甚速。俗语说得好："吃亏人常在，能忍者自安。"吃亏者先使自己明白，先受教育，亏得踏踏实实，不会轻易为外力所动摇。从另一角度讲，也隐喻了要成就事业必得经过吃亏的磨练。

她们坚信，会吃亏是睿智，能吃亏是境界，敢吃亏是智慧。《人物志》上说："贤惠的人知道吃亏受损实际上是有好处的，所以有一份功劳却可以得到双份的美誉；见识浅薄的人不知道自己占了便宜实际上却是一种损失，所以自夸其功，结果功劳和名誉一起损失了。"该吃亏的时候吃亏，能够受到尊重且名声远扬，不争夺名利的人实际上是名利双收。泰戈尔说过："你今天受的苦，吃的亏，担的责，忍的痛，到最后都会变成光，照亮你的路。"吃亏不是软弱，是为日后着想，是一种生活智慧，是教育培养孩子们的一种人生策略。她们的理念如同《围炉夜话》所言："十分不耐烦，乃为人大病；一味学吃亏，是处事良方。"对任何事情都抱着吃亏的态度是把事情处理好的唯一办法。经常想到天下的事情能够多忍受得了小气，就不至于受大气，吃得了小亏，就不至于吃大亏。能吃亏是做人的一种高尚境界，会吃亏是处事的一种韬光养晦。吃亏是福，难得糊涂是母亲生活的座右铭。她们要让孩子懂得，吃得亏中亏，方得福外福，有时在表面上看起来很吃亏的事，往往会变成对自己有利的事。正如哈佛大学在给学生家长的信中说："要让孩子懂得'吃亏是福，占便宜是祸'的道理。"

她们观察到，世界上的聪明人数不胜数，真正能成大事者却是少之又少，其关键原因就是不愿意吃亏。实际上，吃亏并不是示弱，而是态度上的低调和妥协。社会上很多事情都是从不愿意吃亏开始的，为了名利过于亢进，本来可以消灭在萌芽状态的事情，弄的越来越糟糕，两败俱伤。自古天下没有免费的午餐，不要总想着贪便宜。《围炉夜话》说过："打算精明，自谓得计，然败祖父之家声者，必此人也；朴实浑厚，初无甚奇，然培子孙之元气者，必此人也。"说的是，凡是精于算计，不肯吃亏，自以为占了便宜的人，必然败坏祖宗的门风；凡是忠厚老实，表面看不出有什么特别之处的人，事实上能够培养出子孙诚实的品质，最终使家门兴旺。她们要让孩子明白，一个人能够有吃亏忍辱的胸怀，在人生路途上自然会妙趣无穷，对前途事业也会有利无害。凡是善于吃亏的人，都是德泽深厚的人，其回报必然幸福美满。

她们领悟到，想要家庭和睦，凡事上宜吃亏三分，要养成多付出的习惯。她们记得《孔子家语》说过的话，能自我减损的人必有益于自己，而自我增益的人必有损于自己。母亲的吃亏心态是建立在爱子女、爱家庭、爱社会的基础上的。她们认为，故意吃亏不见得是吃亏，而是深谋远虑后的精明之举。能吃亏是生活的一种哲学，能收住自己的心，可以赢得人们的尊敬，还可以学到人生的大智慧。她们坚信，爱占便宜会败坏自己的名誉，所有的成功者都是懂得吃亏的人。俗语说得好，人有苦处，天有补处。可见如能抱定吃亏主义，实质上并不能损害自己。

经典传颂

老舍（1899—1966），中国现代小说家、著名作家、杰出的语言大师，新中国第一位获得“人民艺术家”称号的作家。代表作有《骆驼祥子》《四世同堂》《茶馆》等。

1953年当选为全国文联主席，作协副主席。1966年，文革中不忍屈辱，自沉于北京太平湖。1968年，获诺贝尔文学奖提名，且获投票第一，由于老舍已不在人世，此次诺奖遗憾颁于川端康成。1978年，老舍得以平反，恢复“人民艺术家”称号。

老舍的母亲出生在农村，勤俭诚实，过惯了穷日子，自然就不把吃亏当回事。他一岁半时，父亲就去世了，全仗母亲独立抚养了。用老舍自己的话说：“我的真正的老师，把性格传给我的，是我的母亲。母亲并不识字，她给我的是生命的教育。”

他的母亲是一位旧中国典型的劳动妇女，任劳任怨，勤劳持家，自立自强。从不与别人斤斤计较，宁肯吃亏也不去斗气，好像吃亏是应该的。为了一家人的衣食，他的母亲要给人家洗衣服，缝补或裁缝衣裳。母亲的手终年都是鲜红微肿的。他的母亲，做事永远丝毫不敷衍，就是屠户们送来的黑如铁的布袜，她也给洗得雪白。

他的母亲厚道勤恳，乐于助人，左邻右舍有什么事找到她，她都会有求必应，不打折扣。她会给婴儿洗三——穷朋友们可以因此少花一笔“请姥姥”的钱。她会刮痧，她会给孩子们剃头，她会给少妇们绞脸……凡是她能做的，都是在所不辞，全心全意。谁家有事需要搭把手，她总是主动热情跑在前头。

他的母亲待人热情、真诚，善待亲朋好友。老舍在一篇散文中写到，有客人来的时候，无论手头再怎么窘迫，他的母亲也要设法弄一点东西去款待。舅父与表哥们来做客时，往往是自己掏钱买酒肉食，这使她脸上羞得绯红，可是殷勤地给亲友温酒作面，又给她带来了喜悦。遇上亲友家中有喜丧事，母亲总是大褂洗得干干净净，亲自去贺吊——份礼也许只是两吊小钱。

老舍继承了他母亲的性格，用他自己的话说，到如今我的好客的习性，还未全改，尽管生活是这么清苦，因为自幼看惯了的事情是不易改掉的。他在重庆的时候，生活相当清贫，但是老友相逢，想方设法也要上一趟小酒馆盛情款待。晚年的老舍更加看重友情。逢年过节，他的家就会变得热热闹闹，欢天喜地，有的赏花论画，品茶饮酒，痛痛快快地乐呵一番。就连大名鼎鼎的赵树理，也会扯着嗓子“吼”他拿手的上党梆子，曹禺则会喝得酩酊大醉……

也有的时候，他的小院里会出现一些来自不同职业的客人，有的还领着个小孩儿，一见到老舍先生，他们就照旗人的规矩，一边作揖行礼，一边还大声吆喝着：“给大哥请安！”老舍会立马把他们扶起：“别……别这样！现如今不兴这一套了。快坐下，咱哥儿俩好好聊聊。”每到这个时候，老舍就会向朋友们解释，“这些都是几十年的老朋友了，当年有给行商当保镖的，有在天桥卖艺的，也有当过‘臭脚巡’（旧社会的巡警）的。你读过我的《我这一辈子》《断魂枪》《方珍珠》吗？他们就是作品中的模特儿啊！”

他的姑母跟他们一块儿住，喜欢摸纸牌，而且脾气极坏。老舍在散文《她那么看过我》中是这样说的：“姑母常闹脾气，她单在鸡蛋里找骨头。她是我家中的阎王。直到我入了中学，她才死去，我可是没有看见母亲反抗过。‘没受过婆婆的气，还不受大姑子的吗？命当如此！’母亲在非解释一下不足以平服别人的时候，才这样说。是的，命当如此。母亲活到老，穷到老，辛苦到老，全是命当如此。她最会吃亏。给亲友邻居帮忙，她总跑在前面；

但是吵嘴打架，永远没有她。她宁吃亏，不斗气。当姑母死去的时候，母亲似乎把一世的委屈都哭了出来，一直哭到坟地。不知道哪里来的一位侄子，声称有继承权。母亲便一声不响，叫他搬走那些破桌子烂板凳，而且把姑母养的一只肥母鸡也送给了他。”

实际上，老舍的母亲并不软弱。在那鬼子入侵的时候，满城都是血光火焰，她的母亲并不怕，她要在刺刀下，饥荒中，保护着儿女，还要加上一家人饮食的筹划，这对一个年老软弱的寡妇来说是相当不易的。在这种情况下，他的母亲横下一条心，不慌不哭，要从无办法中想出办法来。老舍说：“母亲这点软而硬的个性也传给了我。我对一切人和事，都以平和的态度，把吃亏当作当然的。在做人上，我有一定的宗旨和基本法则，什么都可将就，但不能超过自己划好的界限。我怕见生人，怕办杂事，怕出头露面。但是到了非我去不可的时候，我便不敢不去，正像我的母亲。”

1938年，在武汉成立“中华全国文艺界抗敌协会”时，老舍冲锋在前，舍生忘死，不计较个人得失，把祖国和人民的利益放在第一位。没有地方他出面去借，没有钱他出面去募捐。有人被捕了，他出面作揖向国民党政府要人，千方百计进行营救。

老舍曾经满怀深情地说：“生命是母亲给我的。我之能长大成人，是母亲的血汗灌养的。我之所以能成为一个不十分坏的人，是母亲感化的。我的性格，习惯，是母亲传给的。”

感 悟

肯吃亏，不怕吃亏是母亲的性格特征，也是母亲的优秀美德，更是教育子孙后代的宝贵智慧。肯吃亏不是痴人，敬君子方显有德，更何况亏而福报。《警世通言》上说：“吃一分亏，受无量福。”古时候有一位名叫林退斋的尚书，他一生福德颇多，子孙满堂。在他临终前，子孙跪在他面前请求他做最后一次训示，林退斋道："没有别的什么话，你们只要学会吃亏就行了。"他给我们的启示是，吃亏不抱怨必有福报。《菜根谭》上说："世事亏乃福，人情淡始长。"传承母亲的优秀基因，使子女用吃亏来勉励自己，用吃亏来督促自己，用吃亏赢得平安，能够给子女带来美名。生命的成长不光需要吃饭，更需要吃亏，两者都是成熟的营养素。一个敢于吃亏的人，即使吃粗食野菜也比吃山珍海味还要香甜，穿粗布棉袄也比穿貂皮大衣还要温暖。这是一种无私的大度，他们没有享受的欲望。相反，一个不愿意吃亏的人，连一文钱也要争夺。要想懂得吃亏的智慧，应该在贡献智慧的时候去领悟。走过的路，才知道有泥有坑。经过的事，才知道有悲有伤。品过的味，才知道有酸有苦。交过的人，才知道有羊有狼。

所谓吃亏是福，是因为赢得了人心。得人心者得成功，成功者得幸福。郑板桥说："满者损之机，亏者盈之渐。损于己则益于彼，外得人情之平。内得我心之安，即平且安，福在即是矣。"原先是郑板桥的弟弟因为自己家的一堵墙和邻居打官司，然后郑板桥一纸书信，劝其弟弟做人要大度，吃亏是福，最终使得两家重归于好。左宗棠曾说："与人共事，要学会吃亏。俗云：终身让畔，不失一段。"吃点亏不但可以赢得人们的景仰，还可以学到人生大智慧。肯吃亏的人，才配得上好运。管住自己的手，甘愿吃亏，有时候吃亏就是最大的便宜。能把吃亏当收获，你的生活就会感到无比宽慰，无比自在。财散人聚，当你吃亏的时候就会赢得别人。徐特立说过："做人宁可吃亏也不要占便宜，世界上没有便宜的事，谁想占便宜谁就会吃亏。"吃亏吃到再也吃不尽的时候，就会亏尽福来。敢于吃亏，机遇才会光顾。今天的吃亏，就是明天的收获。纵使有很难处理的事情，如抱着吃大亏的态度，事情也就好办了。这样不但自己心中畅快，又不会留下麻烦，实际上是占了大便宜，何乐而不为呢？终身吃亏，实际上就是终身得便宜。

所谓吃亏是福，是因为为成功做了铺垫。在人生的道路上，吃亏就是为成功埋下伏笔，吃亏就是成功的助长剂。有智慧的人，不会在乎表面上的吃亏，他们看重的是实质性的福利。肯吃亏的人，总有厚报的时候。爱占便宜的人，只是赢得了眼前微利，却失去了大贵。吃亏是福是流传千年的定律，往往机会留给敢于吃亏的人。人的一生能抓住一两次机会，再大的伤害，再大的损失，都不与人争，肯定能配得上好运，肯定会得到成功的福报。怕吃亏的人会永远吃亏，不怕吃亏的人永远都不会吃亏，这是社会普遍存在的事实。与人共事，自己主动吃点亏，往往能把棘手的问题解决好。如果两个人针尖对麦芒，谁都不肯吃亏，合作自然就无法展开了。在交往共事中，事事都要占便宜的人，迟早会变成孤家寡人。贪图眼前的利益，违背道义去占别人的便宜，虽然可能暂时获得一点好处，但到最后往往会丧失掉更大、更长远的利益，这样的人最多只能算是有点小聪明，是成不了大事的。在明处占一分便宜，就会在暗中多一分轻视。爱占便宜的人反而会失去便宜，这是千古定律。

所谓吃亏是福，是因为成熟了自己。真正的成熟在于看透，看透必须经过吃亏的洗礼和磨练，才能让我们的心智变得成熟坚定。每个人成熟的必然趋势在于失去，失去的过程必须经过吃亏的考验。肯吃亏，看轻得失，保持心神的安宁，才能养护生命之根。对所有的事最不应想去占便宜，这样才能坦荡处世，顺其自然。孔子曰："放于利而行多怨。"孔子的意思是说，专向对自己有利益的方面追求，必然招惹许多仇怨。能学会用吃亏来充实自己，就是圣贤克制自己的功夫。孙子兵法的《三十六计·李代桃僵》曰："势必有损，损阴以益阳。"即当局面一定出现亏损的时候，便应当舍弃局部的利益，以换取全局的利益。做人的可贵之处，就在于愿意吃亏，凡事宁可吃亏，让人一分什么事情都会过去。切莫做刻薄狭隘之人，莫要只图眼前的满足而给以后留下隐患，你先吃点亏往后就会有福报。美国石油巨头保罗·盖蒂说:

“做事最忌目光短浅，只见到眼前利益的人，从来不会发现隐藏的机会。”如果能在利益上谦让别人，满足别人的自尊心，懂得进行人脉投资，就一定会获得别人的真心帮助。

所谓吃亏是福，是因为能够品味人生的哲理。一个人只有在他努力使自己升华时，才能成为一个真正的人。王阳明曰：“经一蹶者长一智，今日之失，未必不为后日之得。”“吃一堑，长一智。”的经验和积累，能够使人把握舍与得的分寸，成就睿智人生。吃亏不一定有收获，但成功者必须要吃亏。智足以成事，吃亏悟出的智慧乃至于“一失足千古恨”的惨痛教训是成功不可或缺的宝贵经验。成功者应该有大智慧，而不能沾沾自喜于小聪明，应修炼大家风度、大雅风度，“糊涂”一点为好。应把吃亏当作求学的目的来看待，不断使自己的悟性得到扩充。每个人都不愿意去做吃亏的事情，人人都不愿意放弃自己的利益，这个时候一定要坚守自己的大道。爱默生曾说:“喂，你可曾听说才思也许能在青春年少时获得，智慧也许会在朽前成熟？”吃亏是顺其自然的，不是用来交往的，正道不被歪曲，吃亏必定是福。吃亏的最好心态就是减少欲望，寡欲清心。正所谓老子之言：“见素抱朴，少私寡欲。”

箴　言

吃亏是走向成熟的阶梯，不吃亏永远登不上智慧的顶峰。吃亏不一定得福，但一个幸福和成功的人必定是一个吃过亏的人。

第6章

论吃苦

母亲语录

吃得苦中苦，方为人上人。

心 语

在母亲看来，吃苦是人生的“家常饭”，吃苦是奋斗之本，吃苦受累才是人生常路，幸福和快乐需要一些苦难相随。在苦难中修炼，在苦海中历练，蜕变之后的自己才能实现成功的人生。正如英国的多纳所说：“苦难使人坚毅，苦难磨练人才。若是一个人能忍受得了苦难的折磨，那么，这个人终成大器。”她们深刻体会到，苦难并不邪恶，它是人们获得力量的最好源泉，因为苦难能让人顿悟，顿悟可以让未来的困难迎刃而解。成功就是在苦难之中诞生的。吃过黄连，才知糖甜。她们认准一个理，吃苦使人坚强，能吃苦的人可以名垂千古。做事不怕吃苦，遇到困难能够发奋自立，没有基础能白手起家，这才是真正有能力的人。世界上不仅仅是贫困的人才遭遇艰难困苦，天底下没有不经过苦难便可取得成功的人。她们要让孩子记住罗曼·罗兰说过的一句话："人生是艰苦的。对不甘于平庸凡俗的人那是一场无日无夜的斗争，往往是悲惨的、没有光华的、没有幸福的，在孤独与静寂中展开的斗争……他们只能依靠自己，可是有时连最强的人都不免在苦难中蹉跎。"

她们确信，一个人只有经过了苦难的教育，才能获得实际有用的人生智慧。唯有遭受了苦难而艰苦奋斗的人，才能成功到达胜利的彼岸。正如古罗马思想家奥古斯狄尼斯所言："在任何情况下，遭受的痛苦越深，随之而来的喜悦也就越大。"母亲养育孩子的哲理是，艰苦则筋骨渐强，人的一生充满了陡峭和险滩，生活中一切横逆困难是磨练子女心性的熔炉，只要能够接受这种锻炼，对子女的形体与精神都会有益处。她们坚信，"穷则变，变则通，通则久"，在教育子女的理念上始终坚持自古雄才多磨难，从来纨绔少伟男的信仰。她们会告诉孩子，"梅花香自苦寒来"，每一个想成功的人都必须经过苦难这一关，没有经过痛苦的人生是不存在的，只有当人生的目标实现了，痛苦的奋斗才算结束。他们要让孩子懂得，我们的人生和事业会由一株刚刚萌芽的小苗，历经风雨而成长为参天大树。那些成功者，无一不是历尽千辛万苦才成就了辉煌。正如英国的弥尔顿所言："谁最能忍受苦难，谁的能力也就最强。"

她们相信，儿女因为父母的辛劳而变得甜蜜，并能激起孩子们奋斗的勇气。她们天天为子女的幸福奔波劳碌，这对孩子来说是一笔宝贵的财富，能激励孩子们自力更生、艰苦奋斗。她们认定，快乐一定与痛苦拴在一起，直面痛苦远比获得快乐更重要。在苦难中寻找快乐，是对抗苦难的最好办法。生活使她们认识到，痛苦受罪真实不虚，它们径直登场，既不需要幻觉，也不需要期待。现实告诉她们，快乐是负面的，痛苦是正面的。在苦难中找到生活的意义，与身边的人缔结亲情的纽带。她们的快乐就是想方设法堵住痛苦的来路，把自己的索求限于生存，这样就有较大的把握赢得它。她们权衡自己的各种条件，尽量降低对生活的要求。她们预期的生活快乐就是子女健康成长，成为一个有出息的人。看见孩子们天天向上，更令她们坚强振作，充满了对未来的向往。她们要让孩子记住，母亲付出泪水和血汗是一种使儿女免受苦难的幸福。

她们懂得，人生一切的横逆、灾难和困苦都等于是锤炼英雄豪杰心性的烘炉和铁锤，能够接受这种锻炼对孩子的健康成长是大有益处的，不受其锻炼则身心俱损。一位哲人这样说过："如果你懂得苦难磨练出坚韧，坚韧孕育出骨气，骨气萌发出不懈的希望，那么苦难最终会给你带来幸福。"九死一生的绝境，才能造就泰然处之的淡定。一个人成功智慧的程度是由他受苦的程度决定的。培根曾说："奇迹多在厄运中出现。"成功的孩子都是先喝苦水，都是从艰难困苦的磨砺中走出来的。元代的白朴说过："从来好事天生俭，自古瓜儿苦后甜。"她们悟出的道理是，任何事都是先苦后甜，所有的成事者都要付出艰苦的努力，都是在布满了荆棘、嘲讽、摔打的路上爬出来的。她们记得《易经·坎卦》的《象专》说过，水流多历险地，经山崖为瀑布，经山谷为川流，经沟壑为江河，但历经艰险为胜利的行动和果实。她们要让孩子懂得，没有苦难，也就没有努力奋斗的需要。

她们在教育孩子上，始终遵循《治家格言》所倡导的，宁吃少来苦，不受老来贫。人在少壮时，没有不付出艰辛的劳动而能成就事业的。吃苦是到达成功的一条必经之路，正可谓"草木不经霜雪，则生意不固；吾人不经忧患，则德慧不成。"母亲是在不利与艰难的遭遇里百折不挠的伟大的化身。她们懂得，哪个父母都不可能终生跟随孩子，更不可能照顾孩子一辈子，今天你不舍得让孩子吃苦，孩子得到的知识和经验就少，将来吃苦的可能性就越大。苦难是一笔财富，而在苦难中奋起的孩子们，才是人生真正的拥有者，伟人多是在苦难中成长起来的。一个从贫穷中奋斗出来的人，一个深知生活来之不易的人，甚至苦得连读书的机会也没有的孩子，将来必能成就伟大的事业。

经典传颂

朱德（1886—1976），中国无产阶级革命家、政治家、军事家，中国共产党和中华人民共和国的主要领导人，中国人民解放军的主要创建人和领导人。新中国成立后，任中央人民政府副主席、人民革命军事委员会副主席、中国人民解放军总司令、中央纪委书记、中华人民共和国副主席、国防委员会副主席、中央军委副主席、全国人大常委会委员长。1955 年被授予中华人民共和国元帅军衔。

朱德的母亲，钟太夫人。钟氏在家庭中极能任劳任怨，吃苦耐劳，她性情和蔼，尽管孩子多，却从来不打骂孩子，常给孩子们唱山歌讲故事。她也没有同任何人吵过架，因此这个大家庭长幼伯叔妯娌相处都很和睦。钟氏同情穷苦人，虽然自己很穷，却常接济帮助和照顾比自己更穷的亲戚。钟氏对孩子都很爱护，管教很严。她与丈夫决心节衣缩食，培养出一个读书人来支撑门户。她的追悼会，毛泽东等亲自书写挽词。她的优秀品质被世人所敬仰，她——是伟大的。

朱德在《回忆我的母亲》中是这样叙述的：

我家是佃农。祖籍广东韶关，客籍人，在“湖广填四川”时迁移四川仪陇县马鞍场。世代为地主耕种，家境是贫苦的，和我们来往的朋友也都是老老实实的贫苦农民。

母亲一生共生了 13 个儿女。因为家境贫穷，无法全部养活，只留下了八个，以后再生下的被迫溺死了。这在母亲心里是多么惨痛悲哀和无可奈何的事情啊！母亲把八个孩子一手养大成人。可是她的时间大多半被家务和耕种农田占去了，没法多照顾孩子，只好让孩子们在地里爬着。

母亲是个好劳动的人。从我能记忆时起，总是天不亮就起床。全家20多口人，妇女们轮班煮饭，轮到就煮一年。母亲把饭煮了，还要种田、种菜、喂猪、养蚕，纺棉花。因为她身体高大结实，还能挑水挑粪。

母亲这样地整日劳碌着。我到四五岁时就很自然地在旁边帮她的忙，到八九岁时就不但能挑能背，还会种地了。记得那时我从私塾回家，常见母亲在灶上汗流满面地烧饭，我就悄悄把书一放，挑水或放牛去了。有的季节里，我上午读书，下午种地；一到农忙，便整日在地里跟着母亲劳动。这个时期母亲教给我许多生产知识。

佃户家庭的生活自然是艰苦的，可是由于母亲的聪明能干，也勉强过得下去。我们用桐子榨油来点灯，吃的是豌豆饭、茶饭、红薯饭、杂粮饭，把菜籽榨出的油放在饭里做调料。这类地主富人家看也不看的饭食，母亲却能做得使一家人吃起来有滋有味。赶上丰年，才能缝上一些新衣服，衣服也是自己生产出来的。母亲亲身纺出线，请人织成布，染了颜色，我们叫它“家织布”，有铜钱那样厚。一套衣服老大穿过了，老二老三接着穿还穿不烂。

母亲最大的特点是一生不曾脱离过劳动。母亲生我前一分钟还在灶上煮饭。虽到老年，仍然热爱生产……

我应该感谢母亲，她教给我与困难做斗争的经验。我在家庭中已经饱尝艰苦，这使我在30多年的军事生活和革命生活中再没感到过困难，没被困难吓倒。母亲又给我一个强健的身体，一个勤劳的习惯，使我从来没感到过劳累。

我应该感谢母亲，她教给我生产的知识和革命的意志，鼓励我以后走上革命的道路。在这条路上，我一天比一天更加认识：只有这种知识，这种意志，才是世界上最可宝贵的财产。

母亲是一个平凡的人，她只是中国千百万劳动人民中的一员，但是，正是这千百万人创造了和创造着中国的历史。

感悟

我们时常羡慕人们成功时的喜悦，却忽视了他们在成功路上的艰辛、痛苦和危险。人生苦难重重，战胜了苦难是财富，被苦难战胜了是屈辱。伏尔泰有言：“不经巨大的困难，不会有伟大的事业。”成功的人总是百折不回，而且不可阻挡，他们不在痛苦中绝望、沉沦，也不在痛苦中徘徊、停止，而是学会征服痛苦，并把与困难作斗争当作其乐无穷的事。屠格涅夫曾说：“你想成为幸福的人吗？但愿你首先学会吃得起苦。”人生最为严厉而又最为崇高的老师，就是艰难困苦和人世沧桑。一位哲人说过：“生前没有经历困难的人，他的生命是不完整的。”吃过苦的人，内心比普通人更强大。我们记得，即使生活在困苦中，母亲依然倾注所有热情教育子女。虽然生活贫困，但她们绝不抱怨所生存的环境。使我们懂得了苦难是为生活的强者而设，强者在诸多的困境面前，具有必胜的信心和力量。法国著名作家巴尔扎克说过：“苦难对于天才是一块垫脚石，对于能人是一笔财富，而对于弱者则是万丈深渊。苦难是人生的老师。”

越想成功、越想幸福就越要经受人生的不幸和磨难。如果因为苦难就耗尽我们的一切生机与意志，人生就会灰暗到底。磨难出智慧，正是因为我们能吃苦，所以我们才能创造幸福。歌德曾说过：“生活对于我们任何人来说都是苦难。”看看我们的母亲，为了子女，勤劳而智慧的母亲总是乘风破浪、顽强拼搏，冷静贡献着终身，无怨无悔……母亲之美在于“韧”，如同英国 19 世纪历史学家、作家卡莱尔所言：“从整体上说，坚持和力量完全是一回事。”为儿女、为家庭付出是母亲最美的模样，她们的可贵精神将永世长存。她们的伟大行动让我们明白，没有痛苦和不幸，也就不会受到忍耐的熏陶。她们在困境的挑战和抗争中锻炼自己的能力，充实自己的能量。俗语说得好：“铁经百炼始成钢，石历千雕方成玉。”母亲的吃苦在于其内心的心甘情愿和生活中的吃苦耐劳，她们是真正的吃苦在前、享受在后的人，而且是“哑子漫尝黄柏味，自家有苦自家知”。每一位母亲都是咽苦吐甘的人。母亲绝少分甘，啜菽饮水的品格，造就了儿女们单步负笈、卧薪尝胆的英雄气概，把儿女培养成为“先天下之忧而忧，后天下之乐而乐”的人。

成功的智慧源于与困苦作斗争并战胜它，许多最为辉煌、最有意义的事业都是在苦难中得以破茧成蝶。雪莱曾说：“最为不幸的人被苦难抚育成了诗人，他们把从苦难中学到的东西转而用诗歌教给了别人。”若要获得深邃的思想，或者取得更大的成功，都必须历经一段生死难忘的历程。雨果也说：“困苦能孕育灵魂和精神的力量。”传承母亲的优秀基因，用吃苦越过困境，把困境当成是成功的机会和切入点，是子女走向幸福的伟大力量。凡是大有作为的人，必须经过三种困境：一是在逆境中心志不衰，勤于探索；二是为了实现自己的理想，不畏千辛万苦，敢于牺牲；三是经过艰苦探索，豁然领悟，突破一点，终而成功。宋庆龄说过：“知识是从刻苦劳动中得来的，任何成就都是刻苦劳动的结果。”古人云：“不经一番寒彻骨，怎得梅花扑鼻香。”伟大与苦难成正比，伟人与苦难是同命兄弟。一个吃苦耐劳惯了的人就不可能不幸福，不可能不成功，“千淘万漉虽辛苦，吹尽狂沙始到金”。只有经历一番艰难辛苦的磨砺之后的人，才能够胜任和担当重大的责任。

苦难和贫穷，就好像是运动器械，可以锻炼人，使人的体格强健。苦练意志，穷则思变，困苦是人生发奋努力的动力源。卡耐基曾说：“一个年轻人最大的财富莫过于出生于贫穷之家。”家庭贫困出身的孩子，他们没有人可以依靠，没有贵人提拔，只有靠自己，为着自己的前途而努力。

在幸福中成长起来的富贵子弟往往有些浅薄轻浮，而在困苦家庭中造就的子孙却坚韧而执着。孔子吃粗食喝白水，而能乐在其中。颜回的生活清苦，身居陋巷也不改变他的乐趣。艰难、失望和贫穷，曾经造就了许多伟人。痛苦的刺激、挫折的激励、障碍和缺陷的阻挡，使他们产生一种勇往直前的力量，能够势不可挡地做出伟大的事业来。正所谓“有许多人一生的伟大，都从他们的危难中得来。”当你被命运击倒在最底层之后，再能够高高跃起就是令人敬畏的成功。在苦难面前，只有昂首向前，才能够为自己开辟出一条康庄大道。相反，低头就预示着失败，甚至是永远的失败。贝多芬这样说：“痛苦能够毁灭人，受苦的人也能够把痛苦毁灭，创造就需苦难，苦难是上帝的礼物，卓越的人一大优点是，在不利与艰难的遭遇里百折不挠。”

艰难困苦磨砺出来的意志和正能量是成功者的决定因素。罗曼·罗兰说：“我们应当敢于正视痛苦，尊敬痛苦！欢乐固然值得赞颂，痛苦又何尝不值得赞颂！这两位是姊妹，而且都是圣者，她们锻炼人类开展伟大的心魂，她们是力，是生，是神，凡是不能兼爱欢乐与痛苦的人，便是既不爱欢乐，亦不爱痛苦，凡能体味她们的，方懂得人生的价值和离开人生时的甜蜜。”越是出类拔萃的人，越能咬住牙关，把握成功的规律和成就事业的智慧，实现自己的伟大目标。西晋时期的杜预的《守弱学》中说：“勿失仁者终富，天酬焉。莫道苦者终盛，人敬矣。”即不失仁心的人终会富贵，这就是上天的酬报。不叫苦诉难的人终会盛达，赢得别人的尊敬。一个人可贵的是在艰难困苦中不失其正，坚守文明之德，不随波逐流，不怨天尤人，洁身自守。这样自然就能够在事业上得到多助，在人缘上广结良缘，在道业上深养厚积。拿破仑也说过：“患难困苦，是磨练人格、意志的最高学府。”拿破仑的父亲曾经告诫他：“人的一生中，遇到这样或那样的困难是很平常的，在困难面前畏缩不前或萎靡不振的人是懦夫；只有遇事不退缩，临渊思策，积极奋进，才能扭转被动局面，最终跃上成功的巅峰。”在人生路上，艰难困苦就是你的“加油站”，努力拼搏是自然法则，始终保持火一般的热情，就能创造不一般的人生价值和精彩辉煌的人生。

箴　言

每一个成功者都是在艰难困苦中站起来的，每一个伟人都是在讥讽、凌辱、欺侮中成长起来的，每一个幸福的人都一定是吃过苦的人。

第7章
论受屈

母亲语录

忍常人不能忍，得常人不可得。

心 语

在母亲看来，生活中的心酸和委屈是人生常态，只有经受住委屈，才能消化了脾气，才能够将委屈转化为成长和进步的养料，才能够成得了大器，才能够捍卫自己的尊严，实现自己的崇高目标。她们认为，热情地面对委屈是一种快乐，在快乐中体会一些人生的哲理是一种智慧。经得起委屈，才能成就自己的德行和本能，人生之路才能畅通自如。每一个社会人，都得有足够的能力经受实际生活的折磨和考验。她们坚信，能受屈使人强大，能受屈的人必成伟业，那些能够把弯曲作为伸展，谦让当作取得，软弱当作刚强的人，没有不成功和不幸福的人。她们的准则是，宁愿我受别人的气，不要别人受我的气。即使自己有理，也应留有余地。她们的理念是，受屈不同于吃苦，受屈是学会低头做人，低调处世，把自己的锋芒收敛起来。母亲们的不屈和顽强是任何一个民族都无法比拟的，她们能在委屈中愈挫愈强。她们深知，那些高山、峡谷、险滩、阴霾只增添了沿途的风景，让人生之旅更加充实，生活路上的苦难与风浪是必不可少的，没有它也就没有了生活的过程。她们要让孩子懂得，酸甜苦辣自己尝，自己的委屈自己扛。

她们认为，人的一生，委屈在所难免，消化了就是成长的动力，委屈可以磨练和产生出高尚的品格。应珍惜生活赋予我们的一切，因为生活绚丽多彩，可以让我们更完美地适应这个世界。委屈自己，听从他人的意见，放下自己的执着，才能对事物有全面的了解，才不会被各种见解所迷惑，才能理性的保护好自己，才能成就德品和功业。英国的杰勒米·泰勒在《神圣的生与死》一书中说道："悲惨的事情和痛苦的境况，是一所培养美德的学校，它会使人神志清醒、遇事慎重，它会使人改变举止轻浮、冒失逞能和太过于自信的恶习。"之所以说母亲都是能受委屈的人，那是因为她们总是把委屈的泪水吞到肚子里，甚至把委屈看成是生活的乐趣，不管遇到什么事情都让自己勇敢地面对生活的一切。母亲们之所以有不可思议的成就，把委屈往肚子里装是她们不可战胜的精神支柱，她们将这种坚实而有力的支柱当作自己生命圣殿的支柱。她们要让孩子明白，当力量薄弱的时候，应当隐忍待机，切忌妄动。

在母亲看来，面对误解、委屈和不公正，不去计较并不是软弱和糊涂，是一种放长线钓大鱼的大度。不能因为一点点委屈就发脾气，要学会一笑了之。用这种精神教育子女能超越他人，用这种力量激励子女能步入强人的行列。她们认为，应当让孩子在曲折、碰撞中成长，磨练孩子非凡的勇气和胆量。让孩子了解社会的艰难和黑暗面，学会自我保护。让孩子多受些委屈，长大后就会少受委屈。要让孩子懂得，任何人总是要屈服于比他们更加强大的人。受过委屈的人能够冷静地对待生活，任何有所成就的人都曾经受过委屈。如果没有受过委屈，那么人们那些最优秀的品质就不会显现出来。忍辱退让、保存实力是人生的攻略，也是人生博弈的智慧。让孩子受屈是对孩子最好的心态锻炼，这样能够培养孩子的抗挫折能力，让受屈变成前进的动力，使孩子抓大放小、着眼长远目标、谋划发展大格局，集中精力、忍辱负重，成就更加辉煌的人生。她们要让孩子明白，真正强大的人都善于隐藏难过与心酸。

她们坚信，只有受屈的人才有智慧。要使自己的生命获得极值和辉煌，就不能太在乎委屈。坚韧不屈的智慧力量，能够抵御一切打击与伤害，能够应对一切灾难和挫折。这是因为，受屈的压力让你的思维把自己投射到未来的信仰当中，某天，我会成功的。她们不会被负面情绪占据自己的大脑、控制自己的情绪和状态。坚贞不屈的做事方式诠释了母爱的强大内涵力量，这种力量终身鼓励子女们同各种曲折勇敢做斗争，去勇敢面对各种磨难，去做自己认准的事情，并最终取得成功。她们懂得，人生之路崎岖无比，甚至布满了绝路，我们唯一的办法就是：“山重水复疑无路，柳暗花明又一村。”鲁迅也说过：“什么是路？就是说从没路的地方践踏出来的，从只有荆棘的地方开辟出来的。”母亲要让孩子懂得，铸就人类拥有抗争精神和健康心态的途径，是磨难，是逆境。人们只有在极其困难的关头，才能更好地展现其品格和天才的力量，征服困难往往是人们取得更大进步的直接动力。不管在任何时候，人都不能向命运屈服，只有顽强地拼搏，你才有改变命运的机会。

能受屈的母亲都是精明的家务管理者，她们对家中的各种大小事物精打细算，并按照自己的原则处理所有家务。她们都具备勤奋努力、道德培养能力、远见卓识的眼光。她们珍惜生命中的一分一秒，时刻为孩子们带来充实的精神享受。她们因为能吃屈而信任自己，并且认为自己有能力获得成功与幸福。她们因为能吃屈而能消除一切阻碍，能将生命中的最高、最好的基因发挥出来。她们要让孩子清楚，任何人的起点都是一样的，但是只要能够奋发进取，自强不息，弱小的终究会变得强大起来。她们要让孩子懂得，要真正体会生活、驾驭生活，就不能仅仅只从格言、榜样那里得到启发，只有经历了曲折的磨砺、失败的考验，才能真正深刻体会到生活的真谛。她们要让孩子懂得，一个人越是成功，他所遭受的委屈也就越多。锋芒毕露易于遭受祸患，甘受委屈可以使自己的聪明才智得以发挥，做一个有益于社会的高尚的人。

经典传颂

曾宪梓，1934年出生于广东梅县，幼年丧父，与勤劳善良、吃苦耐劳的母亲相依为命，靠新中国的助学金以优异成绩考入中山大学，1961年毕业于中山大学生物系，1963年前往泰国定居，1968年移居香港。他与夫人黄丽群女士一道，靠一把剪刀艰苦创业，创立了享誉世界的“金利来”品牌，享有“领带大王”之美誉。

曾宪梓是一个非常爱国的实业家，早在1992年，他就曾捐资1亿港元设立了“曾宪梓教育基金会”，2003年又捐资1亿港元设立“曾宪梓航天科技发展基金”。改革开放以来，曾宪梓先后捐助国家的航天、教育、文化、体育、卫生等公益事业的捐款达6.3亿元。

根据曾宪梓先生对社会所做的卓著贡献，经国际小行星命名协会审议，1998年，紫金山天文台将发现的3388号小行星命名为曾宪梓星。

曾宪梓有着不幸的童年和贫困潦倒的青年，幸运的是他有个坚强、能干、善良、严格的母亲，一直陪伴着他，感化着他，使他能于苦难中站起，最终成为生活的强者!

曾宪梓深有感触地说：“从母亲带着我们的艰辛生活中，在我幼小的心灵里，我深深感受到穷苦人家不可言传的那种疾苦。我心里面便有一股强烈的志气，那就是我长大后一定要好好做人，一定要改变这种贫穷的生活。”他确实做到了，是母亲勇于改变命运的精神激励着他，母亲是改造命运的勇者。

曾宪梓的名字是他的父亲给取的，相传曾家是春秋时代孔子的学生曾参的后裔，传到这一代是“宪”子辈。他的父亲曾荣发，是一个极其典型的勤劳朴实的人。但是，过度的劳累使父亲于1938年4月永远地倒下了。父亲去世后，年仅32岁的母亲带着9岁的宪概、4岁的宪梓，半饥半饱地度过了他们艰难困苦的岁月。

曾宪梓的母亲蓝优妹是一位贤良淑贞、勤俭刻苦的妇女典型。面对艰难的生存环境，他的母亲精打细算，既当娘又当爹，干其他母亲不能干的活，吃其他母亲不能吃的苦。为了孩子们，她不能改嫁，儿子是支撑她活下去、奋斗下去的唯一希望。

即使在当时的社会，贫苦人家的孤儿寡母是备受他人轻视的。但母亲不会在乎，穷苦人家自有穷苦人家的生存办法。她知道，只要拼命干下去，就会有活路，就一定能熬出头来。

在那青黄不接的日子，一家大小只能靠旱地里的番薯充饥，生活完全没有来源。为了活下去，母亲不得不用柔弱的肩膀，一大担一大担地替人家挑石灰。那个时候的房子不是用水泥做的，而是用石灰做的。母亲像男人一样，一大担一大担地挑，然后主家也像对待男人一样，按担子计数，给母亲工钱。母亲赚的工钱用来购买一家人的口粮和食盐。

20世纪30年代末期的中国，正是国民党统治时期，货币贬值非常厉害。母亲一口气不歇地挑整整一个上午，所赚的钱只可以买到一斤盐。母亲没有去买，她顾不得吃饭，继续挑了一个下午，当她拖着疲惫的躯体拿着一天的工钱，再去买盐的时候，还是只能买到一斤盐。

挑石灰的工作不是每天都有，为了生活下去，母亲安顿好两个小兄弟之后，决定跟着盐商雇佣的挑盐的队伍，从梅县挑到江西去卖，并且也像男人一样挑着满满一大担盐，遇山爬山、遇水涉水。

这是一件连男人都不轻易做的苦差事，因为只有等到挑一担盐到达江西后，盐担必须完好无损，刻薄的盐商才会记工算钱。母亲通常一去就是十来天，在泥巴里玩累了的小宪梓，常常用他泥乎乎的小手托着他的小脸蛋儿，坐在家的门槛上，眼巴巴地盼着他的妈妈回来。

在母亲离开的日子里，兄弟俩每天只吃一顿盐味捞的杂菜粥，哥哥告诉宪梓是因为妈妈去江西送盐还没回来，怕家里的粮食不够吃，所以必须节省些口粮。到了下午，小宪梓的肚子总是饿得咕咕直叫。

一天下午，正当小宪梓饿得难以忍受的时候，偏偏这时候村里面传来了卖"味酵饭"的吆喝声，并有诱人的香味儿扑鼻而来。"酵饭"是客家男女老少都十分喜爱的风味儿小食,小宪梓看见村里的孩子们争先恐后地买来吃，他盯着慢慢消失的美食，想起妈妈曾经告诉过他的："孩子，我们虽穷，但穷得要有志气，不能偷人家的东西，小时候偷针，长大了就会去偷金。"

母亲还告诉他："就是人家给的，也不能随便要，而且人家吃东西的时候，不应该看。有志气的孩子就是不会给人家瞧不起。"小宪梓灵机一动，只要我不给人家看见，人家就不会说我没志气，瞧不起我。于是，小宪梓躲在土墙的后面，一边看着其他小朋友吃，一边直咽口水。

这时候，同村一位叔母路过小宪梓身边，正好看见了馋涎欲滴的小宪梓。好心的叔母非常心疼这个苦孩子，就去买了一个"味酵饭"，一边塞给小宪梓一边说："孩子，你吃吧，我请你吃一个。"

小宪梓想着妈妈的话，尽管他非常想吃，但他迅速地将一双小手藏在身后，并涨红着小脸儿说："叔母自己吃吧，我不饿，不要。"叔母知道平日里宪梓的妈妈对小宪梓的管教，就很认真地告诉宪梓道："叔母是自家人，叔母给的东西可以吃。"最后小宪梓还是吃了这个"味酵饭"。

母亲回来后，得知此事后专门表扬了小宪梓。母亲安慰的话语和"酵饭"，并且这种甜丝丝、香喷喷的感觉从此永远地留在他儿时的记忆里。

曾宪梓谈起成功的时候，经常提起小时候的一些经历：

那是一个天寒地冻的冬日，母亲由于经常赤脚下田，双脚生了冻疮，并裂开一个个露出红肉的口子，再赤脚下田的时候，钻心的疼。如果用胶布贴在伤口上，下田时一沾水就会掉，而且她也不舍得花钱买胶布，但她想到第二天还得下田，如果不处理，裂口会越来越宽，于是就决定用铁针和棉线来缝合它。她将双脚泡进热水里，等裂口上的皮肤泡软之后，再咬着牙一针一针地将裂口缝起来，每缝一针，鲜血直流，小宪梓在一旁看得眼泪直流，母亲忍痛安慰儿子："傻孩子，不缝好怎么办呢，裂口会更大更痛的，没事的，忍一忍就过去啦！"

一天，她挑着一担装有米和菜的担子，拉着两个儿子，硬着头皮走进全村唯一的小学，为她的儿子求得一个上学读书的机会。

蓝优妹拉着儿子给学校的先生磕了几个响头，她说道："先生，收下我的儿子吧。我没有文化，我的儿子不能没有文化呀。他们什么都会做，可以给您烧火做饭，我每隔几天就给您送米送菜，求您收下他们吧！"

这一天，曾家之人开心兴奋的心情溢于言表。晚上，母亲在父亲的坟前第一次没有流泪，第一次怀着无限的幸福，深情地告诉"遥远"的丈夫："曾家有望了。曾家的孩子可以上学读书啦！"

那些难忘的经历，给曾宪梓留下了深刻的记忆。他感激母亲当初不顾家庭贫寒送他们上学的决定，要是没有母亲这个抉择，也许就不会有今天的"领带大王"曾宪梓。

感　悟

能受委屈，受得住委屈，是一个伟大人物的心灵，是成功者的高贵品质。受屈的力量就是智慧的力量，成功的力量。哈佛大学心理学博士岳晓东说："具有良好心理素质的人，大多能屈能伸，受得住委屈，吃得了苦。"当我们不得不低头的时候，能忍气、能忍辱就能为自己撑起了一把特殊的保护伞。这是一颗只有极少数伟大人物才具有的安宁和畅的心灵，为的是让我们改造自己，创造更美好的自己。那些有着优越条件和良好教育机会而不好好利用的人，往往在他艰难曲折的奋斗历程面前会感到无地自容。传承母亲的优秀基因，使子女懂得从奋斗到成功之间，是一条“屈”线，只有懂得勇于经受委屈才能到达成功的终点。母亲曾经的委屈启迪着子女，温暖着子女，给子女以力量，给子女以智慧。母亲所有饱受的屈辱、泪水、心酸，每一笔都会增加子女未来成功的光彩。正是一代又一代优秀的中华母亲在长期的实践中培育、继承、壮大起来的伟大民族精神，让中华民族历磨难而不屈，让伟大的祖国经考验而不衰。

受得住委屈，能在生活和成长中把不利当作磨练，把劣势当作转机，永远生活在希望之中。只要我们心里明白，暂时的屈就是为了长远的利益，那么一时的委屈又何足挂齿呢？只有忍于受屈，才能把握环境和际遇，才能创造成功的条件。学会咽下，才能驾驭人生。经常退一步想，那么没有什么境地不能越过，没有什么人不能相处。不忍不耐，小事难成。成功之道，贵在能伸能屈，得忍且忍。即使是遭到别人的讥讽、谴责，也都可以置之不顾。到了心气浮动之时，再反过来自我反省一会，委屈自己的意念，自认一句不是，自己就显得更加得体。特别是对横逆的人暂时地服软，也有可能化敌为友，不也是很好吗？当你以谦卑打消了别人对你的提防和警惕时，你就可以养精蓄锐，蓄势待发了。人生在世，难免要受些委屈和伤害，与其耿耿于怀郁郁寡欢，倒不如坦坦荡荡泰然处之。只有经受住东来西往的难为和狂风暴雨的洗礼，才能练就一颗淡定的心。一个主动去承担委屈的人，他会突破自己的事业结局，不会使自己糟糕，因为承担委屈也会开阔我们的人生格局。

任何一个人在实现目标、追求成功的过程中，不可能一帆风顺，总会遇到昏暗笼罩、才华被压抑的情况。当前进的路上出现阻碍的时候，必须明白，如果能够以屈为伸，以让为得，以弱为强就会很顺利的。应当选择趋利避害的思维方式，屈身自保，以摆脱困境。老子曾说过："曲则全，枉则直。"说的是，委曲反能保全，屈就反能伸展。可以说，成功者的胸怀是由各种各样的委屈撑出来的，时机成熟，则水到渠成。宋代的吕本中说过："不与人争者，常得利多，退一步者，常进百步。"凡想有所成就的人，必须有勇气面对成功之前的一次又一次的失败。失败能教会我们该做什么、不做什么，教会我们有所为、有所不为。实践证明，委屈和痛苦是人们获得成功必不可少的条件，也是刺激人们的才能发育成熟的必不可少的手段。人生中有很多坎，委屈才能求全。刚柔相济、相辅相成，百炼成钢绕指柔，才会变得更强大。要懂得取舍，学会拐弯，虚怀若谷，才智内蕴，稳扎稳打，始终不停地前进在实现目标的路上。

《周易》的《系辞》中引用了孔子之言："天下何思何虑？日往则月来，月往则日来，日月相推而明生焉。寒往则暑来，暑往则寒来，寒暑相推而岁成焉。往者屈也，来者信也，屈信相感而利生焉。尺蠖之屈，以求信也；龙蛇之蛰，以存身也。精义入神，以致用也；利用安身，以崇德也。"说的是，天下万物思索什么又考虑什么？日往则月来，月往则日来，日月互相推移而光明自然产生。寒往则暑来，暑往则寒来，寒暑互相推移而一年自然形成。前往的要屈缩，来到的要伸展，屈缩与伸展互相感应就会出现有利情况。尺蠖这种小虫屈缩起来，是为了向前伸展；龙与蛇蛰伏起来，是为了保存自身。探究精微义理到神秘的地步，是为了应用在生活上；通过各种途径安顿自已，是为了提升道德。孔子特别发挥了屈伸（信）的道理告诫人们，只有沉潜得越深刻，才能越恒久而广泛地加以应用。虽然有时行走出没在偏僻幽暗的路上，但那为的是振兴民族、成就大业，就好像走在山林中没有笔直的路、拯救溺水的人不能不沾湿双脚一样。坚持到底，到达目的地就是胜利者。

敢于受屈耐劳者，身上有一种神秘而刚强的力量，能使他的人生增添智慧而更加绚丽多彩。一个人的名誉是从屈辱中取得的，德行器量是在受屈中培养光大的。马云说：“男人的胸怀是委屈撑大的，多一点委屈，少一些脾气，你会更快乐。”经受住委屈者，会感觉到世界变得更加广阔，人生更加快乐。他们不管这个世界在苦闷时期显得多么艰难困苦，都能振作起来为美好的人生而努力奋斗。他们无论碰到各种各样的麻烦事，总是把生活过得像平常一样，没有任何的无助和沮丧。他们总是保持沉默，他们没有灰心、气馁，在挑战面前坚守不败的哲学，连续的挫折更能坚定他们的决心。他们经过一次又一次的历练，锻造了一流的能力，学到了一流的知识，积累了开创一流事业的资本。正如罗曼·罗兰所言：“累累的创伤，就是生命给你的最好的东西，因为在每个创伤上面都标志着前进的一步。”受屈能成为鞭策自己的力量，所有的吃屈、所有的付出、所有的行动都是在忠于自己的人生规则，实现自己的人生目标，让自己成为伟大的赢家。

箴　言

暂时的屈从是为了日后的伸展，暂时的弯曲是为了日后的挺直。如果能够做到能屈能伸地遵循客观发展规律，就一定能傲立于世，必定能开拓出属于自己的新天地。

第8章 论宽容

母亲语录

眼宽容事，心宽容人。

心　语

在母亲看来，惟宽可以容人，惟厚可以载物，宽容而不纵容他人，能够升华自己的道德修养。生活像一片汪洋，宽容是扁舟，泛舟于汪洋之上，才知大海的宽阔。她们认为，宽容别人，人生才会永远快乐。庄子曰：“行不崖异之谓宽。”庄子说：“行为不偏执，不怪异，不追求与众不同，这就叫作宽。”每个人都有他做不到的事情，所以在情理上可以宽容，不应该求全责备。她们认定，在宽容的家庭中，孩子的个性表现得谦虚、乐观、亲切。应该让孩子懂得，为人尽量宽容，行为敦厚，这是待人处世之道。她们深知，屋宽不如心宽，能容人是大器。宽容他人的冒犯是一种荣耀，显示出来的是自己的高风亮节。对人对事不够宽容、心胸过于狭隘是无知的行为。人不能求全责备，生活应当严于律己，宽容待人。别人有做得不够好的地方，可以按人情去宽容他。无端的指责、无中生有的猜疑，如果我们因为不懂得宽容，事事争强，必然会活得心累至极。她们要让孩子记住，人的一生免不了与人交往，我们应该尽可能做到宽容和自律，避免与人争论和口角，放眼前途，容忍异己，这样我们的一生将获益良多。学会宽容他人，事情往往会顿释前嫌，化险为夷。对一切人来说，相处中最好的一条就是，相互关爱，彼此宽容。当然，宽容是有底线的，那就是道德和法律。

她们明白，宽容就是放下怨恨。为了自己内心的安宁，我们必须去遗忘和原谅。宽容是一种豁达和挚爱，可以化冲突为祥和，化干戈为玉帛。不能宽容他人的人，也就无人亲近。拿破仑·希尔这样说过："宽容为我们开启一扇门来迎接变革，如同握手诞生友谊，它吸引人们互相包容，而拒绝相互排斥，它会聚集资源而非分散资源。"宽容别人实际上是给自己的心灵松绑，也就放下悲痛。她们坚信，当我们学会在生活中宽容待人，我们不但自己能体会到快乐，还会让他人感动，从而真诚地对待我们。对别人的宽容就是对自己的宽容，宽容是团队合作的交流技能。宽容体现了一个人积极的人生态度，富有宽容心的孩子往往心地善良、性格温和、受人爱护。营造宽容的家庭氛围，有利于孩子情感的健康发展，这样养育的孩子就会养成宽容的品质。她们认为，一定要教育孩子不要斤斤计较，要学会看别人的优点，要学会欣赏他人的长处，要善待弱者、宽容强者。要让孩子懂得，如果能够宽容一点，我们的生活会变得更加和谐美好。在指导孩子的时候，多容忍，少责备，教孩子避免产生矛盾的方法和解决矛盾的途径。宽容可以为孩子提供更多的发展合群性的机会，让他们开眼界、长知识，养成礼貌待人的良好习惯。她们教育孩子，要成为一个"受到侮辱却不侮辱别人，听到诽谤却不反击"的人。对待不喜欢的人甚至仇人，最好的办法就是宽容、宽容、再宽容。

她们认定，宽容能让你的心态保持平衡，宽容能让你在社会上站稳脚跟。

为人处世的睿智，更显容忍的光辉。她们的宽容是依礼而行，不随便取悦于人，不僭越节度，不因喜欢而亲近显得不庄重。“近恕笃行，所以接人。”为人处世要宽容大方，行为要老实敦厚，这便是她们的待人处世之道。《原毁》云：“古之君子，其责己也重以周，其待人也轻以约。”说的是，古代的君子，他要求自己严格而全面，对待别人宽容而简要。她们要求自己，能容言容事容人才是一个贤良的母亲。她们懂得，母亲是儿女所敬仰而赖以生活的人，自己能宽容纯厚而不苛刻刚愎，儿女就会顺服并快乐。母亲宽容的标准是，自己都不愿意接受的事情，不能强加于人。母亲的做法是，与人相处，必须有我来宽容别人的想法，不要求被别人所容忍的念想。生活中如果宽容退让，则可以妥善地解决好很多问题，它让我们在生活中避免许多纷争，尤其在遇到矛盾时，宽容往往比报复更有效。要让孩子明白，金无足赤，人无完人，能够轻易原谅自己，就应该试着去原谅别人。宽容别人的无意冒犯，宽容别人的缺点与不足，同时也是宽容了自己。心如太阳，光彩照人，宽容待人，能营造成功者的大格局。凡是能创大事业的人一定要有宽容的度量，正如古人所言：“容得几个小人，耐得几桩逆事，过后颇觉心胸开阔，眉目清秀，正如人吃橄榄，当下不无酸涩，然回味时满口清凉。”

她们认为，能宽容别人的人是高尚的，能得到别人宽容的人是幸福的。美国作家哈伯德说：“宽容和受宽容的难以言喻的快乐，是连神明都会为之羡慕的极大乐事。”宽容别人，无论走到哪里都会带去一片和煦的春风。多一分宽容，就多一分感动。一个善于宽容、体谅他人的人，他就不会妒忌别人，也不会遭人妒忌。宽容的人不会引来怨恨，能容忍的人不至于受欺辱。世事让三分，天高地阔。能够宽容地待人处世，不后悔往事之非，不后悔前言之失。她们熟记清代的山阴金之言：“度量如海涵春雨，应接如行云流水。”即自身的度量，要像大海一样，能够包容万物，要像春天一样，可以养育一切。处世必须有宽容的度量，仁德才会宏伟。一个个家庭相互宽容，整个社会都会兴起宽容之风。宽容恭顺则家族兴隆，宽容饶人就会使祸患自消。只有宽容可以培养一个人应有的良好品德，有所宽容，德才算是宏大。她们要让孩子懂得，人不宽容，势力越大越倒霉；人不宽容，财富越多越危险；人不宽容，地位越高摔得越重。俄罗斯的斯宾诺莎说过，“人心不是靠武力征服，而是靠爱和宽容征服。”宽容的品质能营造一个良好的生活环境，能将不利因素转化为幸福快乐的引子。应当宽容而有节制，因为它可以治愈不幸，甚至灾难，应当举止从容不失中和。

她们懂得，做到宽容需要将自己的兴趣、态度和想法暂时放在一边。宽容是母亲的恩爱，它像一把保护伞帮助孩子在雨中前行。她们要让孩子记住，生活中每个人必须理性地宽容他人和克制自己，如果自身不具备宽容的习惯，其他家人就无法遵守这一法则。她们坚持做到，宽容就是包容别人不合理的行为和各种不顺心的事情。她们认为，宽容而不纵容，是在遵守一定规则下的体谅。宽容是给孩子更多的独立空间，鼓励孩子向他人学习。宽容子女要比苛刻的指责或惩罚有更好的教育效果，因为这样会使子女们不感到窘迫，更不会使子女感到羞辱或者是被贬低。正如法国十九世纪文学大师雨果所言：“宽容就像清凉的甘露，浇灌了干涸的心灵；宽容就像温暖的壁炉，温暖了冰冷麻木的心；宽容就像不熄的火把，点燃了冰山下将要熄灭的火种；宽容就像一只魔笛，把沉睡在黑暗中的人叫醒。”母亲的宽容是温暖的，是一种伟大的仁慈。母亲的宽容是亲切的，是一种大智慧的鼓励，能让儿女们满怀信心地成长。她们使孩子们明白了一个哲理，宽容和接受曾经伤害过你的人，才是最好地待人之道。多一分宽容，就多一次让别人重新看待你的机会。她们要求孩子，原谅别人的过错，量人先量己，解脱自己的心，修一颗宽容的心，养一张宽容之嘴。

她们认定，宽容是一种虚怀若谷的人生态度。宽容犹如冬日正午的阳光，常常会令冰冷的心墙渐渐融化。宽容别人，就是最好地成就自己。美国哲人玛丽·福利说过："宽容是内在的美德。它要求我们不要对某个人或某个观点随便做出结论，只有这样，我们才不会错过任何学习的机会。"如果一个人想问心无愧、平平安安地度过一生，不仅要在小事上进行自我克制和宽容，而且在大事上也要如此。饶人不是痴，过后得便宜。宽容关爱是孕育幸福家庭的土壤。宽容是母亲的一种特有的涵养，宽容是母亲的一种高尚的境界。母亲的宽容是一种建立在明辨是非基础上的包容和宽心。生活中，她们宁愿我让人，而不是要别人让我；她们宁愿我容人，而不是要别人容我。她们深深懂得"处世让一步为高，退步即进步的根本；待人宽一分是福，利人是利己的根基。"母亲的宽容使儿女们学会了生活，懂得了做人，更加体会到了人生的幸福。母亲用一颗博爱的心去宽容孩子，得到儿女们的信任与感激，主动地承认错误并加以纠正，使儿女们更加奋发向上。母亲的宽容，给孩子们爱的力量，犹如阳光赐给万物的能量。母亲的宽容，是一种无声的教育，影响儿女们的一生。

经典传颂

莫言的母亲，虽是一个农村妇女，识不了几个大字，但在教育子女上却很有一套。特别是她的温暖、宽容、大气对莫言一生的影响很大，成就了莫言的优秀品格和作品，成为中国第一诺贝尔文学人。

莫言，原名管谟业，1955 年 2 月 17 日出生于山东高密，是第一个获得诺贝尔文学奖的中国籍作家。他从 1981 年开始发表作品《春夜雨霏霏》，1984 年，因《透明的红萝卜》而一举成名。2011 年，莫言凭借小说《蛙》荣获茅盾文学奖。

2012 年获得诺贝尔文学奖。获奖理由是：通过幻觉现实主义将民间故事、历史与当代社会融合在一起。据不完全统计，莫言的作品至少已经被翻译成

40种语言。

他的作品分别获得了美国纽曼华语文学奖、法国儒尔·巴泰庸外国文学奖、意大利诺尼诺国际文学奖、韩国万海文学奖、日本福冈亚洲文化奖，等等。

他的小说《红高粱》由张艺谋导演，姜文、巩俐主演，1988年获柏林国际电影节金熊奖；《白狗秋千架》改编为电影《暖》，由霍建起导演，香川照之（日本）、郭小冬、李倩主演，获第15届东京国际电影节最佳影片金麒麟奖，男主角香川照之获最佳男主角奖；第12届金鸡百花奖最佳故事片和最佳编剧奖。

莫言自1980年以来以一系列乡土作品崛起，充满着“怀乡”以及“怨乡”的复杂情感，被归类为“寻根文学作家”。在莫言的小说中，可以很容易发现西方现代主义文学的影响，实现了文学从“现代主义在中国”到“现代主义中国化”的飞跃。

2016年12月，莫言当选为中国作家协会第九届全国委员会副主席。

莫言当年站在世界瞩目的诺贝尔文学奖台上，并未像许多人预期的那样谈文论志、吟古颂今，却不惜娓娓长篇讲述着自己贫穷的、裹了小脚的、不识字的母亲。没有振振有词的大道理，只有平实朴素的小故事。莫言的母亲，正像那个年代的全中国千千万万个母亲一样，不识字，没有读过书，更没有系统地学习过教育学、心理学，但这不妨碍这位母亲成为一名成功的智慧母亲。

莫言在《影响我一生的母亲》中讲述的那些普通的故事，不仅使我们认识到了人性的最低标准，也使我们看透了母亲的智慧本质，体现了母亲的伟大。

莫言说：“母亲教会我什么是宽容和理解。”我记忆中最痛苦的一件事，就是跟着母亲去地里拣麦穗，看守麦田的人来了，拣麦穗的人纷纷逃跑，我母亲是小脚，跑不快，被捉住，那个身材高大的看守人扇了她一个耳光，她摇晃着身体跌倒在地，看守人没收了我们拣到的麦穗，吹着口哨扬长而去。

我母亲嘴角流血，坐在地上，脸上那种绝望的神情我终生难忘。多年之后，当那个看守麦田的人成为一个白发苍苍的老人，在集市上与我相逢，我冲上去想找他报仇，母亲拉住了我，平静地对我说："儿子，那个打我的人，与这个老人，并不是一个人。"

在母亲看来，这个人曾经春风得意才会对我们恶语相向，但如今他已经落魄，我早就已经不再记恨他了，就算我曾经恨过曾经那个他，但如今这个惨淡生活的人，已经与从前那个我恨的人不是同一个人了。简单地说，这是母亲有气量，更重要的是母亲宽容的智慧。

莫言说，只要是我因为看书耽误了干活，母亲从不会批评我。我母亲不识字，但对识字的人十分敬重。我们家生活困难，曾经吃了上顿没下顿。但只要我对她提出买书买文具的要求，她总是会满足我。她是个勤劳的人，讨厌懒惰的孩子，但只要是我因为看书耽误了干活，她从来没有批评过我。

有一段时间，集市上来了一个说书人。我偷偷地跑去听书，忘记了她分配给我的活儿。为此，母亲批评了我，晚上当她就着一盏小油灯为家人赶制棉衣时，我忍不住把白天从说书人听来的故事复述给她听，起初她有些不耐烦，因为在她心中说书人都是油嘴滑舌，不务正业的人，从他们嘴里冒不出好话来。但我复述的故事渐渐地吸引了她，以后每逢集日，她便不再给我排活儿，默许我去集上听书。为了报答母亲的恩情，也为了向她炫耀我的记忆力，我会把白天听到的故事，绘声绘色地讲给她听。

母亲的这种方式，孕育了莫言的文学才华，让他把握了文学的灵魂，获得了创作的宝贵资源。

感 悟

一个人立身处世，应该心存宽厚，从大局着眼，长远着想，谋求发展，成就自己的未来。没有宽广博大的胸怀，就无法包容世界之万物，不能包容万事万物就是在堵自己的路。国学《时务论》曰：“宽以得众，君之体也；含垢藏疾，君之体也。”《时务论》上说：“以宽容取得众人拥戴，是为君的根本；容忍羞辱、埋藏痛苦，是为君的根本。”在人生的道路上，总会遇到一些形形色色的人和各种各样的事，只有学会宽容，能够容纳不同的意见，才能够塑造自己的良好品质。应以宽阔的心来容纳社会的事情，世界上没有自己和别人都认为顺心满意的人。气度宏大可以修养品德，宽容别人可以修身养性。为人处世，应该有容忍庸俗的气度和宽容他人的雅量。荀子曰：“群子贤而能容墨，知而能容愚，博而能容浅，粹而能容杂。”说的是，君子贤而能容纳无能的人，聪明而能容纳愚昧的人，知识渊博而能容纳孤陋寡闻的人，道德纯洁而能容纳品行驳杂的人。唐宋八大家之一的韩愈在家训中说：“退一步自然优雅，让三分何等清闲。忍几句无忧自在，耐一时快乐神仙。”宽容是知识渊博、见多识广的表现，宽容能使人变得冷静、理智。宽容处世，能够赢得友谊，得到朋友，帮你赢得成功。

宽容是需要操练、修行才能达到的境界。虽然有些人伤害了我们，但我们要继续生活，拥抱未来，如果一直生活在过去，那就太愚蠢了。祝别人好运，也就是祝我们自己好运。宽容是慷慨的爱心，应做到最大限度地为对方着想，而不是以自我为中心去考虑问题。开阔我们的胸襟，广大我们的情怀。不要斤斤计较以往的过错，也不要有地域的偏见。以发展的眼光看待人和事，给人以发展的空间，实现双赢。清朝的金缨说过：“彼之理是，我之理非，我让之；彼之理非，我之理是，我容之。”说的是别人有理，我没有理，我要让人；别人没理，我有理，我要包容人。又说：“持己当从无过中求有过，待人当从有过中求无过。”意思是，对待自己要严格，即使没有过错也要查找细小的错误；对待别人要宽容，即使有过错也要看好的一面。宽容的策略在母亲那里永远是长期记忆，她们对待儿女从不采取报复行为。母亲的善行告诉我们，宽容确实是处理好人际关系的获胜因素。从来没有见过一个宽容的人会没有吸引力，也从来没有听说过一个自私自利的人能够赢得别人的尊重。《菜根谭》云：“无责人，自修之第一要道；能体人，养量之第一要法。”说的是，不要苛责人，这是自我修养的第一要道；能宽容人，这是修养涵量的第一要法。能做到这样宽容，便是一种至高境界了。

宽容的受益人不只是被宽容者，宽容别人就是解放了自己，不会搞得自己伤痕累累，不为他人的错误而惩罚自己。莎士比亚曾说：“宽容就像天上的细雨滋润着大地。赐福于宽容的人，也赐福于被宽容的人。”宽容不是针锋相对，一报还一报，而针锋相对是一个强劲的策略。传承母亲的宽容，有助于减少我们在生活中产生报复的不良行为。采取宽容的态度，它虽不能控制发展走向，却拥有更高的稳定性。不是发自内心的宽容就不会长久，好的品行自身不能理解就无法树立，唯有宽容可以让人养成美好的品德。人最大的毛病莫过于不珍惜别人的宽容，最大的耻辱莫过于不知羞耻。房玄龄在《晋书》说：“人有不及，可以情恕。”宽容是人间最伟大的爱，能够宽容，德行就会盛大。俗语说得好：“大丈夫应当宽容别人，而不要被别人所宽容。”宽容如春风，舒适沉醉，宽容是获得快乐的源泉。这样，别人才会觉得你平易近人。要成为一个使人愉快的人，你必须有宽容大度的心胸。大智者必谦和，大善者必宽容，唯有小智者才咄咄逼人，小善者才斤斤计较。宽容他人，假以时日，会让人看出你的真心所在，从而自惭形秽，敬畏你。与人交往最理智的办法是坚持待人宽容如待已的原则。

宽容是成功者的必备素质，宽容让痛苦变为伟大。雨果说过，“最高贵的复仇是宽容”。用天下人的眼睛看视，用天下人的耳朵倾听，就会用天下人的智慧来思考。英国哲人约翰逊曾说：“随着一个人的年龄和阅历的增长，他会越来越成熟，经验也会越来越丰富，然而，他的能力品质却取决于自己宽容性格的广度和深度。”拥有宽容的品质，它会唤起你其他有利于成功的品质，它会帮你赢得别人的支持，扩大你幸福的空间。我们远离嫉妒与怨恨，就是远离了痛苦和迫害。容言，好话、孬话、刺耳话，什么话都能听得进，才能广开言路，集思广益。容事，好事、苦事、窝囊事，凡事皆能装心中，都能稳妥地去办好。容人，常人、能人、有功过之人，均能一视同仁，容人者才能为他人所容。母亲宽容如水的温柔，诠释了宽容的博大，达到了至高的境界，她们不仅表现在日常生活某一件事情的处理上，而是升华为一种对宇宙的胸襟。《易经》上记载的“宽以居之”，告诉人们，察人有过于己，恕而容人，是为能容，必多福安。不要吝啬自己的宽容，不要挑剔别人的过错，成就更加受人敬仰的人生。“梅不争春品自高”，宽容是对愤怒最好的回答。

宽容的智慧助长成功。宽容并非懦弱，而是明智，是力量的象征。一位哲人这样说过：“宽容是在荆棘丛中长出来的谷粒”。宽容也是一种温和的爱，勇于示弱也是一种勇气。哈佛大学教授杰西卡·斯特恩曾说过：“只有勇敢的人才懂得宽容，懦夫绝不会宽容，这不是他的本性。”能够成事的人，必定有包容万物、宽待众生的胸怀。宽容的母亲让孩子们懂得，欲成事者必要宽容于人，进而为人们所容纳、赞赏、钦佩，这正是人能立世的根基。宽容的人是讲道德、有修养的人。这样做，人生是不会孤单的，一定会有同自己志同道合的朋友来做伴。宽容的含义不仅限于人与人的包涵与关爱，而且包括内心对于天地间一切生命产生的旷达与博爱。宽容让我们每个人的心灵获得自由，获得释放。事业的成功，应当有包容万事万物的度量。无论别人是否对我宽厚，也不能以牙还牙。应当像山那样宽阔，做到无所不能容。像谷那样虚心，做到无所不能受。宽容做人，赢得的是一世。正所谓“知足不辱，知止不殆，可以长久。”即知道满足你不会受辱，适可而止便不会遭殃，这样才可以保持长久。宽容待人、化敌为友才是真正的为人处世之道。不再记恨别人以前犯过的错误，是仁爱。用理智控制感情，是智慧。

懂得宽容和自我克制的人，总是尽量避免滋生坏的脾气、尖酸刻薄地挖苦人的习惯。西方哲人西德尼·史密斯这样说：“生活中有许多这样的场合，你打算用愤恨去实现的目标，完全可能由宽容去实现。”国学《增广贤文》说：“忍一言，息一怒；饶一著，退一步。”即说话的时候忍让一句，有怒气的时候平息一些，做事情时对别人宽容一些，退让一步，就会海阔天空。一个人的心境是可以由自己来决定的，指责别人的错误也许非常重要，然而，适时原谅别人的错误，才是更高一层的境界。宽恕别人的过错就等于善待自己。传承母亲的宽容基因，能使子女永远带着热情去生活，能浇灭心头燃烧的怒火，更容易看到别人的优点，能够享受更加丰富而和谐的人际关系，从而成为子女成长和成功的动力。儿女们应当像母亲那样，注重内心修养，效法大道，宽容负重，宽厚大度，以谦卑、含蓄为原则，埋头苦干，不贪功自傲，持之以恒，谋求事业的成功。那种心胸狭窄、吝啬小气的人永远不会招人喜爱，将自己困守在一个狭小的圈子里，他们在社会当中永远无法处于有利地位，会让众人排斥，可谓是与人为难就是与己为难。应当做到“自出洞来无敌手，得饶人处且饶人”。

宽容是一种巨大的人格力量。生活就像一座山峰，宽容是小径，循径而上，才知山的高大和巍峨。如果你是一个宽容的人，你就得拥有高风亮节的人格，拥有博大的胸怀，遵循自然法则，并合乎秩序、规律、道德，只要这样做了，你想努力做什么，就能实现什么。英国的朱莉娅·韦奇伍德夫人曾这样说过：“在所有精神礼物当中，最珍贵的礼物便是理性的宽容。我们一定要相信那些自己无法预见的困难，并对它们抱以宽容和理解的心态，这就是道德的真谛。”我们应当传承母亲的宽容，对待别人的误解不妨真诚地一笑，让时间去印证。不能够自认为正直、诚实，使别人有难受的感觉。即使自己做得完全对，没有一点无道理的地方，还是可以宽容对方，何况自己哪里能够做得十全十美呢？古语说得好："即使一辈子为别人让路，也不会失去一寸之地。"老子以"让"为处世之宝，这是于人于己都有利的。在老子看来，人应该宽容，让心胸如水一样虚静深远，包容一切，也能化解一切。宽容待人，就是说做人要心胸宽广，善于忍耐。这样的人，在顺利的时候可以与之共同奋斗，在困难的时候人们也会去帮助他。所以说，自古以来，宽容忍让足以消除无穷的灾祸与悔恨。所以，还是宽容一点好，留一条路给大家走。

伟大人物总是具有善于宽容和宽大为怀的品质。凡是伟人自然就会虚心，虚心就会宽容，宽容就会有博大的胸怀。老聃曰："知其雄，守其雌，为天下谿；知其白，守其辱，为天下谷。"意思是说："虽然知道存在着那刚强的一面，却守着那柔弱的一面，甘愿做天下的沟溪而容纳一切；虽然知道存在着荣华外露的一面，却守着那卑辱的一面，甘愿做天下的山谷来容纳一切。"没有厚度，便不能够积累。没有宽容，便不能成材，宽容是成功者的胸怀。黎巴嫩诗人纪伯伦曾说："一个伟大的人有两颗心，一颗心流血，一颗心宽容。"如果缺失了宽容之心，我们的灵魂就会脱离本真。一位哲人这样说过："谁想在厄运时得到援助，就应该在平时宽以待人。"宽容则海阔天空，宽容方能赢得天下，应该强而能柔和容人，忍而能刚正处事。心有多大，命有多好，成功有多大。正如英国诗人华兹华斯所言"宽容是我们最完美的所作所为"。人生应当内心宽阔，宽容才能走正道。善待身边的亲人，关心身边的朋友，宽恕那些伤害你的人。退一步给对方留足情面，让三分握手言和，心量广大，智慧丰饶。拥有一个宽容的心态，可以让我们保持理性和清醒。特别是当贪婪欲望席卷内心之时，更需要我们这种顺其自然、知足常乐的宽容的冲刷和洗涤。宽容礼让，会让一个人的度量越来越大，胸怀如同山谷一样深广，可以容纳一切。惟此，人生方能赢得朋友，赢得良好的发展环境。

如果我们不能宽容和原谅别人，不能宽厚待人，别人也会以同样的态度对待我们。英国作家乔治·赫伯特说：“不能宽容的人将会损坏他自己必须去过的桥”。不懂得宽容便不会得到别人的敬仰，而且那些心胸狭隘、不知宽容为何物的人也无法成为一个能做到正确思考的人。《淮南子》中讲：“圣人之道，宽而栗，严而温，柔而直，猛而仁。”意思是，做人应当宽容而庄重，柔和而能干，正直而平易近人，具备这些优点就是有福之人。宽容、温和与平易近人是处理好人际关系的基本原则，舍此便不可能与他人友好相处。庄重、能干、正直，是做人的正确立场，舍此就不可能赢得他人的尊重和友谊。不遵循宽容之道的人，往往行为过激，举止粗鲁，无视他人利益，不管在何处人们都会厌恶他们、鄙视他们。这是因为他们播种了自私和可耻的思想种子。宽容是博大而明智的，应该允许别人的反对，不计较他人的态度，充分看到他人的长处，善于从他人身上汲取营养，肯定和承认他人对自己的帮助。应该像《菜根谭》说的那样，“人之过误宜恕，而在己则不可恕；己之困辱宜忍，而在人则不可忍。”即别人的错误和过失应该多加宽恕，可是自己有过失和错误却不可以宽恕；自己受到屈辱时应该尽量忍受，可是别人受到屈辱就要设法帮他消解。

要做到宽容，首先必须从小事做起。心胸宽广的人，不会计较他人的小缺点。宁肯被人欺侮，不要欺侮别人。宁肯被人辜负，不要辜负别人。星云法师说过：“忍一句，祸根从此无生处；饶一着，切莫与人争强弱；耐一时，火坑变作白莲池；退一步，便是人生修行路。”天下没有不能计算利益的人，而那些不去琐屑计较的人，只不过是宽容大度罢了。不要因为很小的嫌隙而疏远最亲的人，不要因为新结的仇怨而忘记旧时的恩德。与人相处，不应当凭恃自己的长处，先应该宽容别人的短处。要率先宽容别人的缺陷，不打击，不伤害。这是因为，人没有品德全面的，也没有才能全面的，做到了宽容也就不会去苛求别人。但如果你心胸狭窄，你将无法处理好人际关系，往往会陷入孤独而忧郁或痛苦之中，处处都有怨言，造成永远的伤害。宽容他人，可以少动肝火，控制情绪。人生最大的智慧，就是驾驭自己的情绪。学会宽容，心态开朗，保持乐观，身体才能强健，体力才能充沛，精神才能健旺，才能战胜忧愁。容人之量，宽以待人，处处都是春天。心若宽容，路宽心宽万事兴，只有宽容才能够培养人的高尚品德。虚怀若谷才能具有容人的雅量，豁达大度就一定能控制自己狭隘的心理，不为繁杂小事缠身就能成为妥善处理问题的赢家，能容天下的人才能为天下所容。

箴 言

能够做到宽容而忍受强者的欺负就无所忧患，能够宽容忍让弱者的不满就一定不会失败，做人的原则应是宽容待人，严于律己。

第9章 论尊重

母亲语录

人敬我一尺，我敬人一丈。

心　语

在母亲看来，人是有感情的动物，尊重是第一精神需求。平等、民主与信任，要求受到别人的尊重和自己具有内在的自尊心。真正体现一个人教养的，不在于学历，不在于贫富，不在于职业，不在于出身，而在于尊重，对不幸的尊重，对劳动的尊重，对生命平等的尊重，对不同人生的尊重。尊重能够使每个人的心理得到满足感，要想取得别人的信任与支持，就得保持一颗尊敬的心，尊重他人是做人的基本准则。她们认为，尊重融合了仁、义、礼等道德规范，把人们的观念与行动紧密地结合起来。西方哲人马尔登曾说："要获得别人的尊敬，须有种种好的品行，自私、小气、嫉妒的人，是不可能获得尊敬的。"能成功地运用鼓励、安慰、赞美的人，必定拥有一种较好的人际关系。与人相处，一切的一切都始于相互尊重，一个面带微笑、尊敬他人的人随时随地都会受欢迎。自尊是每个人的内心需求，自尊心受到伤害所造成的身心危害是难以估量的。她们深刻体会到，孩子的自尊心就像一朵娇嫩的花朵，只要稍不留意就可能受到伤害，会产生难以预料的后果。只有那些爱意融融、互相尊重的家庭里，家庭成员才会有享不尽的快乐和幸福。

她们认为，如果我们想与人友好相处并得到他人的尊重，我们就应该尊重他人的人格。卡耐基曾说："对别人的意见要表示尊重，千万别说：'你错了！'"做人最基本的教养，像尊重自己一样尊重别人。正所谓"若要人重我，无过我重人。"如果想要别人尊重自己，自己首先要以礼待人，没有比这个更重要的。尊重是母亲善用的一种无形的力量，尊重是家庭的灵魂，互敬是创造幸福家庭氛围的守则。她们坚信，尊重你的孩子，就是教会孩子怎样尊重他人。懂得尊重，是一个人、家庭和民族的幸福之源。对待亲人、孩子，只有尊重才能信任。她们要求自己，要用宽广的胸怀和博大的爱心去接纳别人的孩子，为孩子树立榜样，让孩子学会接纳别人，尊重别人，用爱心和诚心去换别人的友谊和尊重。她们要让孩子学会，最简单的尊重，从一句"您好""谢谢"和一个"微笑"开始。特别是微笑，如果我们对他人微笑，对方也会回报以友好的笑，使对方感觉到自己是一个值得他人尊重的人。在母亲看来，在所有的礼貌规矩中，含有深刻的内在的本质的就是对别人的尊重。能够以尊敬的态度对待他人，就要善于报之以"请"。骄傲自大、轻视他人，必定得不到众人的支持。

她们看到，生活中总有一些人凭借自己浅薄的认知，自高自大、目中无人，显摆自己的优势，最不懂得尊重那些真正有教养的人。正如莎士比亚所说："傲慢是最大的无知。"她们坚信，高傲是无能的表现，被别人尊重是人际交往最好的礼物。她们总是以实际行动让孩子明白，一个人无论他多么聪明，多么努力，只要他不会尊重别人，绝不会获得超过自己能力的成就。

她们教育孩子，要尊重自己的长辈，体谅长辈的辛苦，珍惜长辈的劳动成果和对自己的爱护。她们要使孩子明白，一个人只有懂得尊重他人，才会有感恩之心。教孩子学会感恩，感恩他人是最好的尊重。教孩子学会赞美，赞美他人是最好的尊敬。要让孩子做到，只要从内心里尊重身边的每一个人，你才能够获得他人的帮助。要让孩子懂得，在生活中一定要学会赞扬他人、鼓励他人，这样既对别人表示出你的尊重，也会使别人乐于帮助你。学会调整自己的心态和举止，消除对别人的敌意和轻视，能够谦和、恭敬谨慎地去待人接物，这样才会处理好与别人的交往问题。顺应人需要尊重的本性，尊重人的个性，珍惜人的独特性，就能够使他人顺服。

她们明白，尊重是关爱和团结的基础，尊重就是相信人身上有真善美的因素。友谊的基础是尊重，朋友可以给予彼此智慧和勇气，朋友可以相互肯定彼此的优点。真正的团结是把人与人之间应当存在的相互尊重表达出来。一个人的自尊感能让他在没有别人帮助的情况下养活自己和家人。每一个家庭成员都应该首先自重，朱熹说过："自敬，则人敬之；自慢，则人慢之。"说的是，自己尊敬自己，那么别人就会尊敬你；自己轻慢自己，那么他人也会轻慢你。一个人懂得了自重，才能尊重他人，尊重才能相互体贴。每一个家庭成员都是自己世界的中心，对家人的尊重，有利于和睦相处，形成融洽的家庭氛围。应当教育子女在年幼时就知道敬爱别人，长大后就会自觉地敬重别人。她们的尊重，不是要想着法子哄孩子们开心，而是在坚持理性的基础上从人的品格方面来尊重孩子。她们要让孩子懂得，尊重是成功的最重要资本，无礼必然招致别人的反感。尊重别人，让别人快乐，给别人阳光，自己就会有阳光，阳光就是幸福的力量。凡是不尊重他人的人是不配有尊严的。苏霍姆林斯基是这样说的："不善于尊重人，你就如同一个对着大海那美丽的波浪吐着唾沫的浪子。大海还是那般雄伟而且美妙，你的唾沫，丝毫玷污不了它，而只会玷污你自己。"

她们懂得，尊重到深处，会永远避免和别人发生正面的冲突。任何人的失败和不幸都不会影响到其他人的自尊，不能因为自尊在社交中犯错误，尊重和被尊重都是属于自尊的范畴，贬低别人的同时也贬低了自己。在她们看来，有智慧的人总是能克制自己、尊敬他人，并能及时反省自己。古人云："慢其所敬者凶"，怠慢、轻侮应该受到尊敬的人，一定会招致凶险之祸。血都是红的，没有贵贱之分，都应该受到尊重。尊敬是一个人的品德之首，重礼是尊敬行为的基本要求。尊重他人的品格，是一个人要获得最高尚的荣誉所要加冠的一顶无形的礼仪之帽。要让孩子懂得，别人是别人，不是你。你尊重别人，别人才会尊重你。《穷查理宝典》中说："人自爱，必无敌。"想要强迫别人接受你自己先入为主的观念，那是作茧自缚的行为。要教育孩子懂得自尊，如果你没有自尊，也将无法尊重别人。应当主动给人以尊重，尽可能去接近具有积极个性与美德的人。很多成功的事例说明，对孩子的尊重教育越早越好，这样孩子就会逐渐成为有修养的人了。要让孩子明白，尊重别人，会给自己拓宽发展空间。做一个会尊重人的人，别人看我们顺眼，我们就会在世界上游刃有余。

她们认为，尊重首先要尊重他人特别是孩子的权利，尊重他们的意见和选择。永远像珍惜自己的权利一样配合他人行事，才能处处受欢迎，事事得顺利。能做到这样，就能使对手变为尊重你的人了。每个人都有自己的人生目标和性格特征，我们在与他人相处时，就应该是容忍和尊重他人的处世方式。应该让孩子懂得，尊重他人，首先应该尊重他人的远大目标、伟大的思想和纯洁的心灵。应当相信孩子的观察与判断力，不以自己的经验取代孩子的感受。尊重孩子对世界和未来的看法，自己首先要以身作则尊重子女，尊重自己的亲人，从而推广到尊重别人的亲人。相互尊重才会谦让，就不会发生争吵打斗。尊重是文明的先导，尊重可以消除邪恶，完善人的品德，举措符合正道。母亲的尊重是同情心的最高境界，也是最神圣的一种精神，更是教育子女的一种巨大力量，无论何时何地儿女们都需要它。她们所遵循的原则是“老吾老，以及人之老；幼吾幼，以及人之幼”。她们要让孩子学会，我们可以用尊重去感染他人。

她们认为，尊重是礼仪的纲领，尊重是行动的根本，尊重产生敬仰。把尊重和礼貌相结合，实是智慧的杰作。没有尊重就失去了敬畏，失去了敬畏就失去了礼节，没有礼节便寸步难行。如果不想招致屈辱，最好遵循道德，以礼仪尊重他人。做人必须以恭敬少言为上策，始终把尊重人作为第一行为准则。尊重别人就是要关注别人、信任别人、敬仰别人。尊重别人就要像尊敬贵宾一样，爱护别人如同爱护自己，这样才能共同快乐。如果不懂得尊重，不管是人与人之间，还是个人与团队之间，就不会有信用、不会有真诚、不会有信任，更不会有合作与发展。所以她们坚信，是否具有尊重敬爱的品德，会得到被人尊重和被人厌恶两种结果。正如管子所言：“讲求恭敬、敬爱、谦让、宽容少怨、与人无争，这样与人互相对待，就不会失去人心。”在母亲看来，应将孩子视为个体，平等对待，相互尊重。要让孩子懂得，尊重别人才能重视自我，重视自我才能增强自尊。不要对他人有尖刻的评论、过激的言辞和辛辣的讽刺。她们要让孩子谨记，尊重别人，打动别人，让别人心里快乐，实际上是为自己说话，是双赢。

她们深知，自尊方能自信，自信是一个人成功的基础力量，而贬低会摧毁孩子的自尊和自信，影响他们健康成长。她们要让孩子明白，不懂得尊重的孩子，就不可能尊重真理，因为尊重本身就是真理，是世界通用的真理。尊严不是天赐的，是自己享用的精神产品，每个人的尊严都属于他自己的。明代的江端友说：“即不自重，必为有识所轻。人而为人所轻，无不自取之也。汝等志之！”说的是，自己不尊重自己的人格，必然会被一些有卓识远见的人轻视。一个人被他人所轻视，没有不是自取的。你们一定要记住这些。母亲认为，尊重子女才能使他们懂得荣誉，关爱孩子从尊重开始。即便孩子们有这样或那样的缺点和不足，也不能随便训斥，甚至把孩子说得一无是处，那样会使孩子自暴自弃。孩子也有尊严，尊重孩子更能使孩子主动把自己犯的错误告诉母亲，让孩子加深对问题的认识，增强改正缺点的决心。尊重孩子的关键是增强孩子的自尊，教会孩子相信他们的决定，激励孩子去寻找自己的人生目标。不受尊重的生活，会使孩子们不愉快，成长不快乐，而且成功者少。尊重儿女能提高他们的觉悟和品行，能培养他们的思考能力和自制力，能给他们性格的成功赋予力量。

她们坚信，溺爱是换不来尊重的。要尊重孩子，就要对他严格要求。对待孩子应不厌烦、不打击、不贬抑、不纵容，让孩子自律成长。母亲对儿女们的尊重不是无原则的，这种尊重本质上来源于一种共鸣，当儿女们需要做出决定时，她们总是立刻伸出援助之手，是真正意义上的对儿女们的帮助与呵护，会想办法去安慰儿女们，减轻儿女们的痛苦。母亲的尊重是从理性的教育中体现出来的，她们是智者的朋友，平凡人的榜样，母亲的言传身教给子女们树立了很好的表率。她们要让孩子懂得，尊重是有原则的，是正能量的力量。该让孩子吃的苦就得吃，该让孩子干的事就得干，这是从能力上的尊重。只有让孩子懂得做人做事的艰辛，才会认真对待自己的人生。教育孩子应该注重培养他们独立的意志品格，不能娇生惯养，因为溺爱会生害。孩子只有依靠自己的努力掌握立足于社会的本领，才能成为独立的个体，受到社会的尊重并且能展翅高飞。她们要让孩子记住，尊重是中华民族的精神财富，是我们生活的伟大智慧。无论你成为什么人物或将来成为什么人物，你必须懂得尊重他人。

她们懂得，尊重孩子首先要尊重孩子的选择，要让孩子从小懂得维护自己的尊严，增强对人生的自强、自立、自信的思想意识。在孩子的成长过程中，应当尊重他们的发展需求，即使孩子的行为没有全部被我们所理解，也不要急于对他们做出这样或那样的评判，我们也应尊重。让孩子们从爱中懂得尊重和尊敬，学会主动自觉地发挥自己的聪明才智。她们坚信，母亲教子成功的秘密在于尊重关爱孩子，这是素质教育的最佳选择。她们要让孩子明白，受人尊重取决于德行、学识等自身的优秀品质，尊重给人的感觉永远都是愉快的，爱与尊重是相互联系的。所有的孩子都是为了美好的将来而奋斗，所以一定要尊重孩子的选择，成全孩子的未来。通过尊重把母子之间紧密地联系起来，这是孩子事业成功的基础，是事业成功的阶梯。

经典传颂

徐霞客的母亲，尊重儿子、支持儿子，成就了一代奇才——千古名人徐霞客。

徐霞客（1587—1641），名弘祖，字振之，号霞客。明代地理学家、旅行家和文学家，他经 30 年考察撰成的 60 万字地理名著《徐霞客游记》，被称为“千古奇人”。《徐霞客游记》开篇之日（5 月 19 日）被定为中国旅游日。

徐霞客十九岁时，父亲去世。徐霞客生来有奇癖，很想外出探寻名山大川的奥秘，而且想以绘天下名山胜水为志向，但因为有年迈的母亲，不忍成行。

徐霞客的母亲，心胸豁达，通情达理，与父亲的“志行纯洁”比起来，母亲的“勤勉达观”对徐霞客的影响更直接，“弘祖之奇，孺人成之”，她尊重儿子对事业和未来的选择，积极鼓励徐霞客成就自已的志向。徐霞客的母亲眼光独到，胸襟宽阔，具有远见卓识，对儿子的理想充满信心。徐霞客的父亲不事稼穑，徐家得以复兴，主要得力于徐母。她精于纺织，织出的布匹“能与丝绸媲美”，能卖出丝绸的价格。她行事干练。带着家中女仆，开起手工作坊，用那与丝绸一样细密的布匹挽救着徐家的命运，成就了儿子的伟大梦想。

徐霞客的父亲去世时，徐母已年过花甲，而徐霞客才19岁，按封建社会“父母在，不远游”和“孝子不登高，不临深渊”等礼数，以及徐霞客早年丧妻，留下一个三岁儿子需要照顾这些情况，即使徐霞客的出游愿望再强烈，也不好向母亲开口。然而，徐母却鼓励他离家远行，去完成遍游神州壮丽河山的宏愿。她激励儿子说：“身为男子，志在四方，羁留家园，一如篱内小鸡，车辕小马。”徐霞客得到母亲的尊重、支持，坚定了他旅行考察的决心。22岁那年他第一次出游太湖。

临行前，母亲为他整理行装，还特意为他缝制了一顶“远游冠”。如果说，徐母的贤达明理、乐善好施、勤俭谦让等尚属传统“妇道妇德”，那么，在对待徐霞客远游这件事上，徐母所表现出来的开阔胸襟至今令人敬仰。

徐霞客与母亲约定，在春草初萌时出游，在秋叶染霜时归来，20年间，足迹几遍天下而无不如期而返。徐霞客每次归来，都以琪花瑶草，碧藕雪桃之类作为礼物送给母亲，并为母亲讲天地之广大、流水之奇险，以及土风之异，灵怪窟宅之妙，听的人都吓得张口结舌，直冒冷汗，徐母却反而感到非常愉快，煮蒲烹茶，为儿子庆贺，并鼓励儿子要不畏艰险，继续前进。其实，母亲是十分思念只身在外的儿子的，也希望儿子能留在自己身边。曾有一次，徐母听到儿子夜归叫门之声，竟高兴得顾不上点灯，乱束腰裙，急忙去开门。

1624年，徐母已80高龄，为了减轻儿子出游时对她的挂念，还特地陪同儿子一道游览了荆溪和勾曲。并且总是走在儿子前面，用行动表明她还康健，无须牵挂，让儿子放心出门。两年后，徐母与世长辞。

徐霞客的游历，并不是单纯为了寻奇访胜，更重要的是为了探索大自然的奥秘，寻找大自然的规律。他在山脉、水道、地质和地貌等方面的调查和研究都取得了超越前人的成就。徐霞客对许多河流的水道源进行了探索，像广西的左右江，云南南北二盘江及长江，等等，其中以长江最为深入。长江的发源地在哪儿，很长时间都是个谜。在他以后很长时间内也没有人找到，直到 1978 年，国家派出考察队才确认长江的正源是唐古拉山的主峰格拉丹冬的沱沱河。

徐霞客还是世界上对石灰岩地貌进行考察的先驱。他去世后的 100 多年，欧洲人才开始考察石灰岩地貌，徐霞客称得上世界最早的石灰岩地貌学者。他是中国，也是世界上最早对石灰岩地貌进行系统考察的地理学家。

徐霞客在地理科学上的贡献很多，不仅对火山、温泉等地热现象都有考察研究，而且对气候的变化，对植物因地势高度不同而变化等自然现象，都做了认真的描述和考察。他对农业、手工业、交通的状况，对各地的名胜古迹演变和少数民族的风土人情也都有生动的描述和记载。

他的游记，既是地理学上珍贵的文献，又是笔法精湛的游记文学。他的游记，与他描述的大自然一样质朴而迤逦，有人称赞它是“世间真文字，大文字，奇文字”，在国内外具有深远的影响。

英国剑桥大学教授李约瑟指出：“《徐霞客游记》读来并不像 17 世纪的学者所写的东西，倒像是一位 20 世纪的野外勘探家所写的考察记录。”

毛泽东曾两次盛赞徐霞客及其《游记》。

感 悟

任何人都是有尊严地活着，尊重是帮助他人维护自己尊严的最好方式。尊重是我们做好一切事情最重要的前提，自我尊重首先要尊重别人，尊重是成功的先导力量。尊重不仅会让你的话更有说服力，而且其影响将到达所接触到的每个人的灵魂深处。人们最深切的渴望就是得到别人的尊重，一切行为准则应以“敬”为基础，态度应端庄持重，说话应恭敬。这样，才会让人人都感到喜悦。把尊重的根基打好，才能让人信服，将来才能建功立业。一个人最大的智慧，就是学会尊重不同的文化，不同的价值观，尊重所有当敬的人。尊重是人的本能，每一个人都以尊重自己为先，尊重自己的身体、自己的思想、自己的志向。尊重自己是尊敬别人的基础，是提高自尊的第一步。英国的爱德华王子有句座右铭:“要想赢得他人的尊重，就要有崇高的精神和虔诚待人的品质。”失去对他人的尊重，就是在剥夺自己做人的尊严。《围炉夜话》说过：“敬他人，即是敬自己。”要让别人尊重自己并接受自己，就必须以尊重别人的方式为人处世。《战国策·韩策》曰：“贵其所以贵者，贵。”即尊重应该尊重的，就会受到别人的尊重。尊重的基本表现形式是谦和，谦和的力量是无比的。日本企业家松下幸之助说：“谦和的态度，常会使别人难以拒绝你的要求，这也是一个人无往不胜的要诀。”

学会自我尊重和相互尊重是成功的基础，相互尊重能够得到共同美好的情感和真正的尊严。没有足够的尊重，任何伟大的目标和事业不可能得以实现。任何一个人，因为不自尊，他人才敢来轻视你。你希望别人怎样对待你，你就应该怎样对待别人。《庄子》曰：“以贤临人，未有得人者也；以贤下人，未有不得人者也。”庄子说：“以贤人自居而且凌驾于他人之上，不会获得人们的拥戴；以贤人之名而又能谦恭待人，不会得不到人们的拥戴。”没有尊重就无法团结别人，善于处世的人，应当了解和尊重人的自然之情。尊重是相互的，相互尊重是共同的修养和品质，相互的尊重能够增加感情的充实度。子女的幸福和成功来源于母亲的尊重，特别是子女处在成长期或叛逆期的时候，母亲的尊重使子女懂得了重视荣誉，给子女的健康成长产生了正能量，使荣誉、自信之心从小就进入他们的心田。儿女把这种精神带到社会上，在与他人的相处中互相尊重而又没有嫉妒，达到和谐共勉的效果。懂得尊重人的人，总是不表现自己分量十足，不自以为已经满足，不自以为自己已达到很高的标准，不会表现为调子太高。《易经》告诉我们：“谦虚就会得到益处，自满就会招致损害。”所有的事情都是这个道理，时时刻刻庄重拘谨，懂得尊重就不会危殆，就不会受到侮辱。尊重的最大作用是化敌为友，变负能量为正能量。

尊重胜过任何优雅可人的行动，尊重是一条通往美好的路。《素书》有言：“略己而责人者不治，自厚而薄人者弃废。”说的是，不懂得责怪自己，只知道责怪别人的人是没有办法变好的，而只知道自夸而又瞧不起别人的人，是不值得我们结交的。传承母亲的尊重教育，使子女从小养成尊重自己、尊重别人的习惯，能使子女认识到自己的缺点，认识到自己的力量，做自己会做的事情。母亲的尊重力量会终生鼓励子女们努力克服困难，排除障碍，去争取成功。母亲的尊重以礼为先，我们应当像她们那样，以孝敬父兄、慈爱和顺来奉养亲属和对待他人。做到贫不越贵，少不欺长，疏不间亲，小不越大，放荡不破坏礼仪。做到了按礼仪行事，就知道了什么是尊重。孟子曰：“君子以仁存心，以礼存心。仁者爱人，有礼者敬人。爱人者，人恒爱之；敬人者，人恒敬之。”孟子说：“君子把仁放在心上，也把礼放在心上。仁爱的人爱别人，有礼的人尊敬别人。爱别人的人，别人会持久地爱他；尊敬别人的人，别人也会持久不变地尊敬他。”做到了以礼相敬，乱事就不会产生，祸患也就会远离我们。《左传》有言：“对人尊敬，是积德。如果能尊敬别人，一定就有德。”

尊重没有区别，尊重胜过懈怠。尊重要做到热忱，你怎样对待人家，人家就照样回报你。元代的许名奎在《劝忍百箴》中说：“出门时要恭敬礼貌，待人如同见长者，领导民众如同身临祭祀一般。应当以尊重为主，礼一天也不能废除。”传承母亲的尊重品格，使我们懂得了不要瞧不起任何人，不要瞧不起身边的小人物，小人物也能给你很大的助益，那个最不起眼的人可能就是你人生中最需要的人。《礼记·曲礼》也说：“不要不尊敬”。更要尊重那些生活遇到不幸的人，把他们的忧愁当作自己的忧愁，通过尊重关爱为他们分忧解愁。有教养的人，总是遵循礼仪而尊重不同的人。五代时期的刘昫说：“不敬他人，是自不敬也。”不尊敬他人，就是自己不尊敬自己。尊重造就环境，环境营造和谐，和谐产生情感，情感就是力量，力量成就功业。你有多大的尊重，就有多大的成功力量，你的品格就能走向伟大。为人处事应当用恭敬来对待他人，用公正合理来实行礼节，用谦逊来避免争吵，用礼仪来戒备冲动。懂得尊重人的人，能够摆脱以自我为中心的情绪，带着真挚的心和他人相处，绝不会去揭别人的伤疤。他们的一切行为都是慎重而友善的，将人们那种严苛、残酷、自私的一面完全清除掉，在一片宏伟而壮阔的领地打造起自己的影响力。

尊重别人的生活，更不要打听别人的私生活。尊重是一种积极的心态和生活态度，它能让大脑与自己希望得到的事物相联系，尊重能给人以更为真实的满足。不同的生活方式有不同的文化礼仪，尊重别人的生活习惯就是尊重别人的文化修养。古人有子说：“恭敬合乎礼仪，能避开耻辱。”是说待人应恭敬，并且要合乎礼节，这样就能免除耻辱了。人生处世，不懂得尊重别人的生活习惯，别人又怎么会尊重你呢？只有你懂得对人彬彬有礼，别人方会以礼待你；你能正手拱立以礼待人，别人才会以和顺谦恭的态度作回报。也就是说你尊敬别人的生活等于在尊敬自己的习惯，你随意贬损他人也等于在贬损自己。为人傲慢，看不起别人，就会导致亲人、善人离散，必然使人生怨。修身严肃认真，就会受到尊重。讲究礼仪，是尊重的标准。应当尊重别人的隐私，不散布，不笑话。尊重别人的劳动，不糟蹋，不藐视。尊重别人的选择，不干涉，不评论。尊重别人的习惯，不改变，不强制。把尊重养成习惯，爱护别人不可侵犯的权利，就会成为一个永远受尊重的人。尊重的人会把奸佞之人变成和平之友，变消极力量为积极力量。特别是对那些“冰柱”性格的人，用敬若神明的尊重软化他们的逆反心理。

尊重别人是获得友情和坚固友情的重要保障。他人的友情是最好的激励，友情能带来精神上的支持，能带来发展的智谋，能驱走发展的压力，协力帮助你奔向理想的终点。俗话说得好：“赢人心者，必有人帮衬；被认同者，自然招来好运。”尊重是情感的需要，情感需要关注给予，而不是接受。一个人能够以尊重他人为重，必能得到好运，赢得朋友。康德说过：“我尊敬任何一个独立的灵魂，虽然有些我并不认可，但我可以尽可能地去理解。”想要获得别人的尊重之礼，就要用尊重换取尊重。尊重是一种需求，应尽可能满足他人的需求，你肯定会被别人视为知心朋友。如果你能坚持这样做，你的朋友将会遍布天下。相反，你总是喜欢千方百计地挑剔别人，提升你自己懦弱的自尊，将会导致你陷入孤独。能够懂得尊重人就会原谅别人，就能接受别人的人性缺点。原谅了别人就是尊重了别人，就会成就了你自己，将会使你逢凶化吉。如果你养成了尊重别人的习惯，那你肯定会是一个成功者。不要放弃属于你自己的权利，它是你应得的资产，尊重是你成功的技巧、获得友谊的保障，不要浪费掉。做不到尊重他人，将会为自己的成功制造障碍。当你学会用尊重的眼光来看待别人时，其他人肯定会对你充满了感激之情。尊重别人的回报胜于尊重自己的快乐，这种对别人的尊重将使你感到幸福。生活的称心如意的是那些会尊重人的人，要想自己天天快乐，最简单的做法就是通过尊重来获得。

尊重的内涵是谦恭谦逊，这是一种无形的力量。自满会招致失败，谦恭才会增加美德。学会做个谦逊的人，能够防止自己放肆无礼、惹人讨厌。《孔子家语》说：“温良恭敬，谨慎培养谦逊之美德，会使人仰慕；能以柔弱示人，谦卑居下，任谁都无法超越。”当你的事业一帆风顺时，一定要有谦让三分的胸襟和美德。古人说得好，以谦让姿态对待他人者，会得到贤能之士；以谦让姿态对待敌人者，会得到朋友；以谦让姿态对待群众者能得到荣誉。子曰：“德言盛，礼言恭，谦也者，致恭以存其位者也。”意思是说：“德行要讲求盛美，礼仪要讲求恭敬，而谦卑正是使人恭敬从而保存自己地位的坦途。”富兰克林也说：“对上司谦逊，是一种责任；对同事谦逊，是一种礼遇；对部属谦逊，是一种尊贵。”谦恭谦逊的核心是谦虚。谦虚是情绪的调节器，是性格特征中一种美好的待人接物的态度，养成谦虚的品性将受益一生。谦虚的人总是努力不懈，积极进取，锐意奋进。谦虚的人总是既看到自己的优点和长处，又看到自己的缺点和短处。更可贵的是，谦虚的人善于发现别人的优点和长处，随时向别人请教，并懂得尊重别人。曾国藩说过：“谦卑含容是贵相。”《菜根谭》告诫世人，你有多谦卑，你就有多高贵。《易经》64卦中，每一卦都有吉有凶，唯独只有“谦卦”全是吉利的。俯仰天地，心存谦卑，必有厚报。谦恭谦虚的人生是简单而不平凡的人生，是伟大的人生。

尊重别人的人格重在礼仪。不尊重别人的人格是一种过错。如果尊重别人却得不到别人的尊敬，那就说明自己的礼仪不到位。孔子曰：“不知礼，无以立也。”意思是说：“不知道礼仪，就不能立身处世。”礼的精神在于克制自己而尊重别人。曾子曰：“夫行也者，行礼之谓也；夫礼，贵者敬焉，老者孝焉，幼者慈焉，小者友焉，贱者惠焉，此礼也。”意思是说：“所谓行，就是实践礼的意思。礼就是对尊贵之人要恭敬，对老人要孝顺，对小孩要慈爱，对年轻人要友爱，对贫贱之人要施恩惠。这些都是礼的表现。”一个人真正的尊重礼仪，就是表现在对他人的人格尊重上。对待别人要和蔼、温和，如同春天滋润万物的太阳，应把正义放在首位，把个人利害放在次要位置。如果希望别人帮助自己，就要首先从尊重做起。要想赢得别人的美好赞誉，我们就要时刻注意自己的行为举止。热情友好、彬彬有礼的言谈举止，无疑会使得人们感到尊重的愉悦。尊重会使自己的人生之路越走越宽，人脉也会越积越多。那些态度生硬、举止粗鲁、不懂得尊重人格的人，只会让人产生厌恶、憎恨之情。温和有礼、谦恭待人的尊重礼仪，虽是一项简单的表现形式，既尊重了别人又尊重了我们自己。尊重的代价是低廉的，产生的力量是巨大的。人生最廉价的礼品是尊重，人生最为昂贵的奢侈品就是蛮横无理。做到尊重别人并不困难，困难的是做到对他们真正的有礼貌，能够保持礼仪的人才是最强大的人。

箴言

尊重能让我们的内心感到自我价值和仁爱的满足，像尊重自己一样尊重别人，就会形成人生幸福和事业成功的磁场，他将是笑到最后的人生赢家。

第 10 章
论理解

母亲语录

己所不欲，勿施于人。

心　语

在母亲看来，生活的最高境界是理解，理解是生活的和谐之本，能够赢得属于自己的机遇和尊重。千头万绪的矛盾，千丝万缕的纠葛，都是由误解造成的。人与人之间，若能相互理解，无论是我们的小家庭还是社会大家庭将会更加繁荣、更加安定。如果每个人都能强调道德，推行仁爱，用怜悯体恤别人的心情，用同情心、谦让心去理解别人，正确对待自己的缺点和别人的优点，就会大事化小、小事化了。她们认为，要教育孩子善于理解和感觉身边的人，要善于理解他人的心，要善于理解他人的痛楚和弱点，要善于从他人的眼睛里看到他那复杂的精神世界，理解可以去解释你的人际关系和周围的人。她们深有体会，当孩子感受到大人们理解他的时候，他会成为一个温和的人。假如大人们不能够理解孩子，对他心中的活动、情感，有时甚至是慷慨激昂的心情采取不管不问的态度，孩子就会变得暴躁、不讲道理，还有可能有意违规违章。母亲确信，在生活中的指责、责备、委屈、愤怒、斥责和毫不妥协等这些情感都会影响孩子的性格。只要从道德上引导、从情感上去理解，热情诚恳地去安抚和抚爱孩子，就会避免孩子的心灵被刺伤。如果大人们都能聪明地、敏锐地、严谨地理解和关心孩子的成长，他们的心里始终会有一股健康向上的激情。在关爱中渗透着深刻理解，理解又能激发起热情、激情和爱戴，激情焕发青春活力并充满阳光。

她们坚信，理解是一种心智模式，善于理解他人的人会通过自己的智慧努力地解决他能解决的问题，逐渐把自己同超出能力范围外的问题联系在一起，从而总是保持积极的心态。理解是人生必不可少的品质和技能，是幸福人生不可缺少的支撑。理解是从信任中开出的鲜花，是人与人之间关爱的光环。如果孩子长大成人后，不能够养成理解他人的习惯，就不能够与他人达成良好的合作关系，那么即使他是一个三头六臂的超人，也不会顺利地做好每一件事情，只会为自己设下许多无法逾越的障碍。她们认为，能够理解他人是与人交往的最基本素质，理解是一种沟通的力量，能让他人心悦诚服。生活中，就是要能够做到设身处地为别人着想，为别人的方方面面着想。对于自己所爱的人，要能够分辨出其短处。对于不喜欢的人，要能够看出他的长处。只有这样，孩子才有可能成为一个综合性人才。她们认定，要教会孩子们去观察和理解生活，首要的条件就是让孩子理解并感受到生活的温暖，产生幸福的感悟。要让孩子真正理解生活和人生的快乐，理解人在社会上应付出的每一份努力，正确地对待人生，引起情感上的共鸣，唤起良好的愿望。

她们要让孩子懂得，理解是与他人友好相处的最佳途径，是赢得辉煌人生的重要力量。这是因为，没有人可以通晓一切，由于事物之间都是普遍联系的，基于理解思维会让你成为更出色的思考者。理解是最重要的感情沟通，是家人情感和生活紧密联系的纽带，特别是当家人心头有痛苦的时候就特别需要理解和关心。千万别用不理解的眼光和看法去伤害自己的亲人，也别用偏执的无端指责去误解亲情。她们认为，做心胸宽广之人，不在于争，而在于守，面对外在的世界，理解就能静守住一方天空。人们的相处和交际需要依靠相互理解而加深，与他人相处是建立在理解的基础上的。成功的家庭沟通能摆脱把自己限制在狭小的自我之中，理解能够产生共鸣。凡是自己不愿接受的事情，不要强加于他人之身。一定要理解别人的选择并原谅别人的不足，不要相互指责对方的无意识行为。学会己所不欲、勿施于人，赢得的不只是名誉，还会赢得朋友，理所当然地会赢得别人的信任。做到不违背自然法则，不损伤人的性情，没有比理解人更高明的了。她们要让孩子做到，学会在不责备对方的情况下表达你的感受，学会用一种开放的、非防御性的方式倾听他人说话。以对待自己之心来要求别人，用考虑自己的心来为他人着想。要学会首先去考虑对方，清楚自己是出于无私、利他的考虑，你就能逐渐把自私的目的消除掉。

她们坚信，理解是对别人的一种无言的赞美。理解能让误会释怀，能让矛盾化解，理解能唤起相互信任的情感，使人亲密友好，彼此之间能敞开心扉。法国有一句俗语：“理解一切，便会宽恕一切。”理解他人是高尚的美德，能够理解别人的思想，能够体会别人的情感，得到的回报是共同的快乐人生。理解是爱心的交融，能够避免狭隘与不恭带来的麻烦，能够减轻他人的痛苦与烦恼。理解是家庭成员平等相处的基础，能够替他人分忧和担当。理解能使家庭成员之间的隔阂溶化，增强家庭凝聚力和向心力。为了生活幸福和家业成功，家庭里的每一个成员都必须意识到理解与合作有多么重要。无限宽宏的理解有利于儿女的成长，理解是母子间心与心的痛惜与懂得，是对子女一生的谅解和牵挂，多一分理解就多一分温暖。她们确信，理解儿女的心，就要用爱去换取。理解的行为能让儿女感到温暖，理解是母子生活的和谐之本。她们要让孩子懂得，生活中最基本的交流技巧是理解，最好的理解是不需要解释的，好的沟通是理解出来的。她们相信，站在孩子的角度去考虑事情往往是有道理的，理解思维会让你成为更优秀的母亲，不能独自面对自己思想的人最不可能成为成功的母亲。

她们认为，如果没有人与人之间的相互理解，每个人都固执地从自己的角度出发，认为自己永远是对的，而别人总是错误的，这样便不能与他人达成良好的人际关系。很多人往往只考虑自己的学科知识，认为不管干什么，他们都能解决所有生活问题，这对他们自己和他人都可能是很危险的想法。应该给别人和自己一些空间，别人所憎恶的，不强加于人，别人所向往的，不去阻止他们。如果没有这个空间，理解之花便不会盛开。她们坚信，理解是真诚的关爱，理解是真挚的培育，理解是沟通的重要技能和生活的本能。特别是孩子如果倾诉一些挫折或失意的事，父母都应该表示出相应的理解，这样可以使孩子不快乐的心情得到安慰。理解孩子就是欣赏孩子，儿女的坦白需要父母的理解，更有利于帮助孩子形成稳定的心理特征。营造宽松且相互理解的家庭环境使子女更容易成功，母亲把每一个儿女都理解为是一个具有个人特点的，具有自己志向的，具有自己智慧和性格的孩子的时候，她们会更加热爱儿女、尊重儿女。理解就是亲子沟通、培育沟通，理解就是对儿女的体谅，从这样的母爱中走出来的孩子，更容易收获丰厚的报酬。理解就是接纳，理解就是对儿女的支持，这样可以胜过用积极的语言评价孩子，让孩子在理解中不断提升，使孩子在成长的过程中发挥到极致。

她们认为，理解是一种换位思考。理解要求父母孩子双方能够设身处地地替别人思考遇到的问题，以及替别人思考如何化解矛盾、分歧、隔阂，掌握他人已经充分理解的事物的道理，这样能够避免矛盾进一步激化和不必要的经济损失。母亲们总是只怕自身的行为不善，而不怕别人不理解自己。在她们看来，处理问题的最佳途径，就是采取理解的方式，应该学会用理解欣赏的眼光去看对方，而不是以自以为是的关心去管对方。她们之所以能在言行上受到人们的敬仰，是因为她们能够换位思考，将心比心，处处理解别人的感受，站在对方的角度上去思考别人的感情与利益。在她们看来，理解的品格就是自己的良心，一个人如果能将自己的理解之心置于生活之中，言谈举止之中，那么他就会赢得他人的理解与支持。母亲的理解是理性的，不是为了讨人欢心，而是为了共同的美好愿望。目的是能够珍视荣誉、藐视耻辱，并且善于控制自己的情绪而给他人留足情面，这样才能悦人悦己。她们会尽自己的一切努力去争取到别人的理解与支持，但并不是变着戏法阿谀奉承、曲意逢迎他人，她们是真正能够掌握自己命运航向的舵手。

她们坚信，能够理解他人是与人相处的基本准则。理解是友谊的结晶，能让社会充满温暖和关爱。太多的人认为自己的工作或事情很难，而别人做的事却很容易。如果大家都能够站在对方的角度去思考问题，相互信任和理解，就不会有那么多的瞻前不顾后、为己不顾人的险恶行为。应以自己之心去体悟别人的合理要求，不要违背别人的合理情意，不能执着于自己的意愿与利益。18 世纪著名的荷兰哲学家斯宾诺莎曾说：“我们对于情感的理解愈多，则我们愈能控制情感，而心灵感受情感的痛苦也愈少。”理解是培育儿女成长的土壤，关怀体谅的理解有利于孩子们的全面发展。如果一个孩子从小在家庭中养成了与家庭成员相互理解的品质，当他走入社会时，他就很会理解他人。母亲对孩子的理解主要是通过感情来获得的，有了母爱的理解，孩子的个性会表现得谦虚、有礼貌、自信、乐观，可以说理解是爱的代名词。母亲的理解就是在儿女和自己的意见不一致的时候不再勉强，支持儿女们的选择，去理解儿女的需求，这种理解就是儿女成长的殷殷期盼。她们的理解是对人生的一种领悟，是对孩子成长的一种鼓舞和激励。她们始终理解亲人的絮叨，而且不厌烦、不逃避。她们认定，理解就是接纳、认同，在一定程度上是积极的支持，是激励的力量，是孩子成功的桥梁。

经典传颂

丁玲之母蒋胜眉，非常理解、体贴儿女，在丁玲的人生选择、成长与事业发展上鼎力支持，并在生活上从理解中去关爱女儿。她的母亲十分重视对孩子的教育，亲自教她读《三字经》《道德经》《诗经》《论语》《孟子》等国学书籍。在母亲的教育培养下，丁玲从儿时就懂得了做人的道理，胸怀参加革命的理想，也打下了深厚而扎实的文学基础。丁玲一生的成长与成功和母亲的理解支持是分不开的。丁玲的母亲，是一位坚强的女性，伟大的女性。

丁玲（1904—1986），原名蒋伟，字冰之，又名蒋炜、蒋玮、丁冰之，笔名彬芷、从喧等，湖南临澧人，毕业于上海大学中国文学系，中国共产党员，著名作家、社会活动家。毛泽东曾称赞她为“昨天文小姐，今日武将军”。她是第一个到达延安的作家，在中国现代文学史上做出了无可替代的贡献。

丁玲的母亲余曼贞（1878—1953），字慕唐，号似梅、心梅。后随夫姓，改名蒋胜眉。少年入私塾读书，喜诗词、爱绘画。32 岁入常德女子师范速成班学习。1911 年，入湖南省立女子第一师范学堂（今湖南一师）学习。1913 年到桃源县教书。她致力于妇女解放运动，提倡男女平等。积极参加抗战和新中国建设，为后人留下了一部 64 年的回忆录和百余首古体诗。1953 年 5 月 4 日逝世于北京，享年 75 岁。

1918 年夏，丁玲以优异成绩从小学毕业。为了使女儿丁玲继续读书，望女成凤的母亲，把她送到桃源县报考第二女子师范学校。没有钱缴纳学生保证金，母亲便留下一枚金戒指，拜托学校的女管理员帮她变卖。女管理员把交保证金余下的两元多钱交给丁玲，说：“你妈妈生活很艰苦，这钱可不能乱花。”此时的丁玲，眼泪刷刷地流了下来，深感母女俩的生活是那么艰难。她非常认真小心地把钱放在箱子里，一直到寒假回常德时才用了几角钱做路费。

1919 年 5 月 4 日，一场彻底反对帝国主义和反对封建主义的爱国运动爆发了。丁玲也和同学们一起上街示威游行，投入了这场“五四风雷”斗争。她从小在母亲叛逆精神的影响下，与时俱进，带头把发辫剪了。她积极参加学生会举办的贫民夜校，并在夜校教珠算，由于她年龄是最小的，所以学生们都管她叫“崽崽先生”。

暑假回来的时候，舅妈见她剪短了头发，很不以为然地说：“身体发肤，受之父母，不可毁伤。”丁玲理直气壮地回答：“既然不可毁伤，人的耳朵为何要穿眼儿，你的脚为什么要变得像个粽子？你那是束缚，我这是解放。”

在家里，丁玲十分高兴地向母亲汇报学校的事情，讲述自己的学习收获。母亲听后，十分满意，特别是女儿在思想上的进步，对正确人生上的认识，深感自豪。母亲告诉她，在“五四”爱国运动中，她也领着学生游行示威、高呼革命口号，积极参加各种活动，并且已经辞去省立女子高小管理员职位，专办妇女俭德会附属小学。眼下她除了继续创办妇女俭德会女子附属小学以外，又在东门外为贫苦女孩儿办了一个小小的“工读互助团”，学生可以不交学费学文化，还可以得到点工钱帮补家庭。母亲还告诉她，向警予给她寄来了鼓励的书信和文章，自己经常阅读《新青年》等进步书刊，竭尽全力参加推动社会进步的各种事情。丁玲看见母亲虽已 40 多岁，却仍然对革命充满激情，斗志昂扬，是非分明，从心里感到由衷的高兴。

暑假过去了，为了使自己有一个好的发展，丁玲向母亲表示，希望转学到长沙周南女子中学去。因为，这所女子中学是湖南的名校，向警予、蔡畅都是这个学校出来的学生。母亲始终是理解、信任和支持女儿的，这样可以将女儿培养成对祖国和人民有用的人才。但是，这所学校是私立的，需要缴纳学费、膳宿费、书籍纸张费等费用，这在自己微薄的薪金中是一笔不小的支出。母亲从女儿的前途着想，依然答应了女儿的要求，并亲自送女儿去长沙。丁玲在周南读完二年级，因不堪校长阻碍学生参加社会活动，被迫转学到了岳云中学。

1922年春节，丁玲和有识之士王剑虹约定，准备去陈独秀、李达等创办的上海平民女校学习。然而，舅舅出面粗暴干涉，他要求丁玲，再过半年毕业后与表哥结婚。这是她外婆临终时包办的婚姻，把她许配给三舅的儿子余伯强。丁玲自始至终反对这门婚事。几天以后，三舅专门请了一次客，千方百计想把丁玲留住。但是，母亲却支持女儿走自己的路，应该有选择自己未来幸福的权利，她认为孩子求知识、奔前程，要学最好的学问是非常必要和正确的。她母亲对这个问题明确表态："既然我们的思想不一样，就没有什么好谈的了。婚姻问题也好办。"三舅问："你说怎么办？"她母亲说："婚约可以解除嘛，这件事他们自己是小孩子，也不知道，是我们大人包办的。"最终，丁玲摆脱了包办婚约和其他纠缠，放弃了即将拿到手的毕业文凭，于1922年春天来到了上海，在这里开始接受中国共产党的教育，认识到自己的应该怎样选择。于是，她把名字改为冰之，废姓以蔑视封建传统意识，与资产阶级彻底决裂。

1923年暑假，丁玲在上海见到了向警予。向警予同丁玲谈起她母亲时说："你母亲是一个非凡的人，是一个有理想、有毅力的妇女。她非常困苦，为环境所固，不容易有大的作为，她是把全部希望寄托在你身上的。"向警予的这一番话，深深地打动了丁玲的心，始终激励着她奋发向上。同年，经瞿秋白等介绍，丁玲进入中国共产党创办的上海大学中国文学系学习。

1930年，丁玲参加了中国左翼作家联盟，和左翼作家胡也频结了婚，一起从事"左联"的文艺活动。1931年，胡也频被国民党反动派杀害，两个年幼的儿女无人抚养，她的母亲毫不犹豫地承担起这个艰巨的任务。1932年，她加入了中国共产党。1933年，被国民党囚禁于南京，母亲冒着生命危险，只身一人前往探视。1936年，在鲁迅等人的营救下脱离虎口，之后她奔赴延安，受到毛泽东、周恩来等领导同志的欢迎，从此走上了革命道路。

丁玲在《我母亲的生平》一文中写道："母亲一生的奋斗，对我也是最好的教育。她是一个坚强、热情、勤奋、努力、能吃苦而又豁达的妇女，是一个伟大的母亲。"正是在母亲潜移默化的影响和孜孜不倦的教育下，她从一个小资产阶级的知识分子，锻炼成长为一个具有共产主义远大理想的无产阶级作家，"一个对党对革命忠实的共产党员"。

感　悟

理解是和善之本，是心灵的感悟，能够拉近人与人之间的距离而减少摩擦，能给别人以快乐和关爱，能给绝望的人以最大的鼓励。人生在世，理解是成就幸福人生的润滑剂，有了理解，生活矛盾就会减少，人际关系就会融洽，邻里关系就会和睦，社会关系就会和谐。我们每一个人都应该能够深入理解他人的内心深处，理解每一个人的价值所在，更要理解道德的伟大价值，做一个有思想、有情感的人。正确理解的途径是多种多样的，其目的就是对人与人之间真正的爱护和关怀，对思想和情感上高尚品格的关怀，对精神上纯洁和忠诚事业上的关怀。谁真正理解这一事物的本质，谁就会看到自己的举动都会触及人的心灵。沟通人与人之间关系的最好的桥梁是理解，理解既是向他人伸出友谊之手，也是把温馨辐射传递出去。罗曼·罗兰说过："应当细心地观察，为的是理解；应当努力地理解，为的是行动。"我们可以学着将心智切换成他人的思考方式，更好地理解他人。理解是真情沟通的基础，沟通是智慧和心灵上的支持。任何一个用观察自身的方法来理解别人的人都是成功者。只有理解别人才能更清楚地了解自己，知己知彼，百战百胜。

理解是一种精神上的关怀，情感需要用理解去呵护。很多人的感情不融洽都是因为不能理解对方的精神需求，由于缺乏理解的沟通而造成认同感不一致。有了理解，友情之树才能长青。因而要学会观察社会，学会观察生活并投入到生活中去，把精神需求视同物质需求。要学会观察别人的生活智慧，要了解和感受到人们中间的美，把自己与看得到的、理解到的对比分析，把握其实质。真正的理解应该像《论语·雍也》上说的那样：“己欲立而立人，己欲达而达人。”意思是说自己要站得住，同时也要使别人站得住。自己要事事行得通，同时也要使别人事事行得通。理解是沟通的纽带，儿女的心声，母亲最懂得。母亲能够理解儿女的选择和思维的发展，就会从思想上大大减轻对儿女的束缚，由智慧构成的自由将会在儿女的思维中建立，给予孩子们一种永不倦怠的爱，增强孩子们成功的勇气，独自支撑孩子们以自己的理想塑造他们向往的世界。理解他人、关爱他人的人，都有一颗包容的、仁慈的心。这样的人充满了正能量，实际上等于给自己创造了发展的机会。理解了别人的思维和心理立场，你就能从烦恼乃至痛苦之中解放出来。理解是人的思想、感情需求，心理上的满足，人的本能的要求，享受美好精神生活的基础，是相对于人的物质生活愿望在感情和思想领域的精神体现。

理解是一种成功的力量，能够以柔克刚，将顽石击穿。愚昧无知的人不能够理解他人的心态，也不能感受到他人的状况，他能把盐撒在他人心灵的伤口上。我们必须从细微的细节中理解他人的痛苦和烦恼，处理自己能够理解的事情，理解可以影响和感化周围的人们，使我们的生活更美好，更能使我们的事业取得惊天动地的业绩。不要以自己的行为举止去使他人痛苦、受辱和心情沉痛。理解是富有同情心的美德，同情打动人心就会产生力量。《未知》的作者佘大斌说：“婴儿的语言，母亲最懂得；赤子的心声，祖国最理解。”传承母亲的理解品格，将会鼓励儿女们去追求美好的事情，而且这种追求是通过对命运的思考而做出的。在社会中没有一个人是十全十美的，因此，做到人与人之间的互相理解，会使社会和谐融洽。理解别人，善待别人，你的生活将会在你的积极创造下变得更加美好。当我们的理想与他人之间有一道鸿沟的时候，要想跨越这道鸿沟，一定要与他人沟通，方可获得别人的谅解与支持。理解能够把气愤的心境转化为柔和，把柔和的心境转化为爱。传承母亲的优秀品德，把理解当作幸福的润滑剂，通过理解给别人带去幸福。马克思说过："当我们得到理解的时候，智慧是不会枯竭的；智慧同智慧的相撞，就迸出无数的火花。"通过理解这扇大门，任何人都会轻易地共同进入一个纯意识的宁静空间，打破原来那种陈旧的思维模式。理解是真正的关爱，它会给每个人一种令人安慰的认同感，并让你与别人团结。没有错觉，没有冲突，只有真实的朋友，只有友爱。

在人生的成长中，理解是信任的基础。被理解，可以在别人的善意与友好面前放下包袱，冰释前嫌，忘却仇恨，化解矛盾，重拾信心，重燃激情。每个人都渴望被理解，但生活中却存在着很多的误解。这是因为，一个人往往能够清醒地看到别人的缺点和不足，却对自己的不足之处视若无睹。不能够理解他人的人，是一个冷漠而且精神上麻木不仁的人。我们应当主动地理解他人的行为举止，要善于支持、帮助、鼓励有痛苦的人，提高心灵上那种高尚的道德敏锐性，弄清他人的情感。美国第 28 任总统威尔逊曾说："理解绝对是养育一切友情之果的土壤。"用感恩的心态去理解亲情，才会用更深的爱去回报。用无私的心态去理解友情，才会体现真正的关切。用真诚的心态去理解他人的误解，才会用热情去化解矛盾。理解是相互的，只有首先去理解别人，才会被别人理解。与人相处，请让明智的理解相随。学会理解，最终是在善待我们自己。要善于站在他人的角度，感同身受，推己及人。子曰："不患人之不己知，患不知人也。"意思是说："只要德才兼备，出类拔萃，就不怕人家不知道自己，就怕自己德才不备，没有特长不被人家知道。"在了解别人的过程中，也使别人了解自己。让我们的理解减少抱怨，让我们的理解化解伤害，让我们的理解增加友爱。只要相互理解了，任何人不会拒绝相互支持与合作。

做到理解别人，就要与别人平等相处。法制社会，人人都在追求平等，都在倡导平等，平等对待他人本身就是理解。懂得平等待人，是最伟大最真正的品质。《庄子》曰："行莫若缘，情莫若率。"意思是说："对人对事，态度要随和，情感要率真，要做到坦诚相知，真诚以待。"理解贵在平等相待，让彼此的心透明，成为共同的呼声。养成聆听别人谈话的习惯，要关注别人的所思所想，让我们的心灵能够感受到别人内心深处没有显露出来的东西。没弄懂别人的话，就不知别人内心的隐秘。不懂别人的内心，就不知道别人的志向。所以，我们必须运用脑力去认识自己和了解别人的内心活动，从理性上去理解别人的意志和生活，诸如痛苦、不幸、灾难等。别人的不幸就是你的不幸，每个人都会遭遇不幸，多为别人着想，不幸将会离你越来越远。想要过快乐的生活，你必须能够真真实实地展现你自己，你必须有自知之明，真诚地理解别人，与他人同乐。即使别人做了过头的事，也不要过分责备他们。英格兰作家阿道司·赫胥黎曾说过："在宇宙中只有一个角落，你一定能够加以改进的——那就是你自己。"正确地改变自己，快乐地理解别人，你的生活和事业必定会取得胜利。相反，如果不理解别人，在一定程度上，就会成为局外人，很容易与别人不协调或被人拒绝，会使生活或工作变得困难。仁是人与人之间的相互亲爱，理解是人们所应遵守的规范。做不到理解他人，其结局就是成为孤家寡人。

一个善于理解别人的人，他们的原则是恪守自然定律，随顺事物道理。只要你能按照既有智慧又有仁德的要求，认同他人的思维，就没有人能与你争论，你也就不会与他人发生冲突。世界上没有和你一样的人，理想主义阻碍每个人成功，任何人都会遭遇失败。过分地要求别人只会增加自己的压力，用微笑代替傲慢可以收到意想不到的效果。他们明白，许多看来似乎很不快乐或是充满敌意的人，实际上是他们对自己不够了解，对自己不够了解的结果致使他们不能理解别人。他们懂得，那些外表看来最冷漠的人其实是最心软的人，当你真诚理解他们、一心只想着帮助他们的时候，每个人的内心深处都会体验着幸福的感觉。他们在任何情况下，总是尽量去礼貌地对待任何人，把别人看成是自己的老师，所有的出发点、落脚点都是理解。人人都有他的难处和不同的信仰，每个人立身处世都有自己的原则和立场，站在他人的角度去真诚地理解别人，就没有理解不了的问题和完成不了的事情，理解永远是明智的选择。

箴　言

理解可以成就生命的坚韧与不屈，通过我们彼此的理解可以谱写生命的华丽篇章，更能够铸造我们心灵的浩然之气。理解是我们生命的血脉，人生的幸福与快乐必须有理解相随。

第11章 论和睦

母亲语录

子孝双亲乐，家和万事成。

心 语

在母亲看来，和谐的教育要比父母在精神上友爱对孩子的影响重要得多，家庭和睦是根本，财富是枝梢。和是中华民族的传统美德，人人都渴望拥有一个和睦的家庭。和睦而又同心同德的家庭关系是一个家庭幸福的标志，人与人之间亲密和睦的关系让我们感受到了生活的甜美。她们认为，和睦的家庭就是父子亲爱笃厚，兄弟和睦相处，夫妇和顺敬爱，关心慈爱晚辈，待人接物彬彬有礼。在一个充满温情的和谐环境里，我们自然会有一份好心情、好状态，心灵的和谐是一种最高级的幸福。她们确信，一百个男人能建立一个营地，但要建立一个和睦的家庭非得有一个女人不可。这是因为，家庭要和睦离不开个人的角色定位，如果发生角色错位，则会影响家庭温馨和睦的氛围。她们确信，自己是家庭的核心，自己活着就是为了使家庭更美好。美好的生活源自和睦的家庭，和睦是所有美好和幸福存在的前提，知道什么是不和谐比聪明更有用，不犯傻通常就是最大的聪明，应该长养大家的和睦之心。她们要让孩子永远记住，以和谐的态度待人就会赢得众人的信任。

她们坚信，如果人人都能以身作则，而不是苛求别人，建成和谐社会便是指日可待。她们善于营造宁静、温馨、舒适的家庭气氛，她们喜欢在这样的气氛中生育、抚养儿女。歌德说过："无论是国王还是农夫，家庭和睦是最幸福的。"建立一个自由而和睦的家庭，这是家庭成功的第一条件。和睦是家庭温暖的根基，温暖的家庭会使孩子变得活泼聪明。她们要让孩子懂得，和睦的家庭，能使寒冷变温暖，使痛苦得到缓解，使悲伤化为愉快和欢乐。和睦让人们变得团结，可以让人们感到温暖和光明，各个民族以和睦相处促进社会和谐。如果大家都能够时时以礼相让、以宾相待，无论做什么事情，就会顺畅和谐，就不会有那么多的阻力和内耗。因为有和谐，所以天地人及万物而不失其本性，都会沿着自然规律健康发展。美国著名现实主义作家德莱赛这样说："和谐的家庭空气是世界上的一种花朵，没有东西比它更温柔，没有东西比它更适宜于把一家人的天性培养得坚强、正直。"古语说得好："各得其和以生，各得其养以成。"和谐的哲理为中华民族带来了稳定祥和。

她们明白，和睦是人类健康的源泉，健康是成功的命脉。达到和谐之美就是身体、道德、美学的完整统一。一个人四肢完好灵活，肌肤丰满润泽，就会形成健康的心态，展现出良好的精神面貌。家庭的和睦，会对孩子的健康成长和品德产生巨大的影响，那里面有最真诚和最欢乐的启迪与抚慰。母亲的和谐责任，就是一味协调全家的味道。宋代典籍《省心杂言》有言："内睦者家道昌，外睦者人事济。"说的是，家庭和睦家道就会昌盛，与外人和睦相处，做事情就容易成功。家庭内部和睦如春，家庭不仅可以长久，更能促进孩子智力和体力的发育成长。父子之间、兄弟之间都能亲密无间，家道就会兴旺繁盛。父母慈爱、儿子孝顺、兄长友善、弟弟恭敬，家庭的基础就能得到坚固。俗话说得好："家有一心，有钱买金。家有二心，无钱买针。"日本的知名人士池田大作也说过："理想的幸福的家庭既不遥远，也不会自天而降。它应靠自己的力量去求得，靠全家人齐心协力去建立。"她们教育孩子从小就要做一个善于营造家庭和谐氛围的人，将来走向社会，也是一个富有大同之心和富有自我牺牲精神的人。

她们认定，和睦理家是根本宗旨。一个家庭由于不和睦，别人才敢来使坏，祸起萧墙之内就是这个道理。家人不和睦会造成时势逆转，时势逆转则会与仁爱相悖，违背仁爱而希望家庭兴旺这是不可能的事情。端正其根本，万事都可治理好。和睦治家一团和气，使人耳聪目明，心存谦让而无怨恨，良善的风俗随之潜移默化而蔚然形成。听和谐之音而看美德之事，人人都喜欢就能达到和睦。和谐而不偏离礼仪，人们就能够互相亲爱而不凶暴。《塔木德》有言："家庭是一个神圣的地方，从和睦友爱的家庭中走出的孩子，更容易获得成功和收获丰厚的报酬。"一个家庭，贵在安宁和睦。家是心的归宿，家是人们最牵挂的地方，互爱是和谐的支柱，应当营造一种和睦相处的良好家庭氛围。她们认为，自己作为和睦一家的吉祥使者，和顺是家庭主妇的基本要求。家庭和不和睦，取决于女人的贤和不贤。贤的首要标志是知礼守礼，以礼相让是维系家庭和睦的纽带，以礼关爱是孕育和谐家庭的土壤。她们认定，家庭是否安乐、是否安静、是否兴旺发达，自己的作用是非常重要的。作为家庭主妇应该带头遵循家规，使家人各司其职、各尽其责，和睦同心，共建幸福之家。居里夫人说过："一家人能够互相密切合作，才是世界上唯一真正的幸福。"

她们认为，和谐是幸福快乐的根基。《诗》曰："妻子好和，如鼓瑟琴；兄弟既翕，和乐且湛；宜尔室家；宜尔妻帑。"意思是说："与妻子相亲相爱，就像弹奏琴瑟一样；兄弟相处和睦，和气而且感情深厚。你的家庭和顺，妻子和儿女幸福无忧。”一个家庭最大的忧患就是存心不善，不好好在家过日子。和睦温馨，家庭必然一天比一天富足，家人必然一天比一天安乐。在温馨和睦的家庭里，孩子过着的是无忧无虑的幸福生活。家人内心和睦，使孩子们感受到的是美好与幸福，他们会积极面对生活，快乐健康成长。父母应该为孩子创造一个温馨和睦的家庭，为他们茁壮成长创造条件。《礼记》有言：“四体既正，肤革充盈，人之肥也。父子笃，兄弟睦，夫妇和，家之肥也。大臣法，小臣廉，官职相序，君臣相正，国之肥也。天子以德为车，以乐为御，诸侯以礼相与，大夫以法相序，士以信相考，百姓以睦相守，天下之肥也。”告诫人们，家庭和睦，万事可兴。主妇应该对公婆孝顺，对丈夫恭敬，待家人温和，对子孙恩爱。在她们看来，贫困并不值得担忧害怕，只有和睦才是最可贵的。和睦的家庭，往往先从母亲那里发源，这样就能维持家庭的团结、和睦。她们对自己的要求是温柔和顺，忠贞纯洁，谨守内外的区别，努力做到恭敬对待他人，始终如一。她们希望全家上下关系和睦，努力使姻亲间友好相处，力争家庭亲朋没有不和谐的。她们坚信，和睦团结才能生活安定，生活安定才能幸福快乐。通过和谐地融合各种不同的思想，人的健康便能得到保证。

她们认定，和睦是中华民族共处的金钥匙。自古以来，人们一直不停地追求和谐。治国治家，做人做事都要依靠和睦之道，无论是一个人的自身发展还是社会的进步，和谐是最重要的推动力量。每个人只有心态和谐才能与外界保持一致，人与人之间最大的信赖就是和睦相处。任何一个家庭，只有气氛和谐才能教出性格平和的孩子。她们特别重视兄弟间和睦与家族间团结的传统。她们坚信一个道理，人生幸福的根本是家庭和睦及可贵的亲情。家庭和睦，如同肌肤之会、筋骸之束对人的作用一样，使家人更能团结地生活。母亲所遵循的中华优秀的和睦文化，源于伟大的《诗经》。《诗经》云：“桃之夭夭，其叶蓁蓁；之子于归，宜其家人。宜兄宜弟。宜兄宜弟，而后可以教国人。”《诗经》说的是：“桃花婉媚妖娆，枝叶茂盛碧绿，这个姑娘出嫁了，全家老少喜盈盈。家庭之中感情融洽，兄弟之间团结友爱。只有先使一个家庭和睦共处，才能教化普天之下的百姓。只有先使一个家族兄弟和睦相处，团结友爱，而后才能教化普天之下的百姓。”

她们坚信，和谐是博爱的花朵。爱是沟通人与人心灵的黏合剂，你真诚地爱着别人，别人也会同样对待你，这样的生活将更加和谐，人与人之间将更加融洽。只有和谐的心灵，才能追求和享受充满爱的生活。家庭和睦是每个人最开心的事，和睦能够带来家庭的稳定与幸福。美国作家德莱塞说过：“人生真正的幸福和欢乐，浸透在亲密无间的家庭关系中。”一个个家庭仁爱和睦，整个社会都会兴起仁爱之风。仁爱之风盛行，社会就会安定和谐。一个家庭最宝贵的东西是和睦，追求和睦是母亲的本能，她们的目标是把家庭建设成爱和欢乐的殿堂。她们坚信，自然和就能产生美，生命和就能达到健康，家庭和就会得到福祉，社会和就会实现安定，国家和就会强大。和为贵，睦为美，和谐始于家庭，家庭是社会和谐的基础，不能与人融洽和睦相处就很难舒心。母亲所倡导的家庭和睦，是在不为占有，只求奉献的精神主导下的生活，她们从不奢求回报，而只在于付出爱心和勤劳，她们的目的是让整个家庭更幸福，让亲朋好友更快乐。她们要让孩子明白，坚持和谐的哲学，所承担的使命和事业就一定能够成功并源远流长。《菜根谭》说过：“天地之气，暖则生，寒则杀。故性气清冷者，受享亦凉薄。惟和气热心之人，其福必厚，其泽亦长。”

她们相信，和睦的基础是和顺。曾国藩曾说过：“和字能守几分，未有不兴；不和未有不败者。”即一个家庭，如果能够坚持和睦相处，则不可能不兴旺发达；反之，则必定衰败。她们总是敬重有德有识的长辈，思谋决策家政总是以和睦为准则。她们秉承的理念如同老子所言：“知和曰常，知常曰明”，即知晓了和谐的道理，可谓知晓了道的常规；知晓了道的常规可谓明智。她们在生活中始终坚信荀子说的“万物各得其和以生”。她们坚信一个哲理，父子忠厚纯正，兄弟和睦相处，夫妻恩爱有加，是建立和睦家庭、保持家族兴旺发达的唯一途径。亲人不和睦，家族就不会兴旺。和睦产生治家的力量，和睦创造家族的幸福。家庭是学习举止礼貌的好场所，为孩子们创造一个和睦的成长环境，会使儿女们的生活更加惬意舒适。和睦之乐犹如一首歌，和睦之美犹如一幅画，和睦有着巨大的凝聚力，从和睦恩爱的家庭中走出的孩子更容易获得成功。

经典传颂

冰心的母亲杨福慈，生于 1871 年。19 岁时，也就是 1890 年 1 月 3 日，她和福建的一位爱国海军军官谢葆璋结婚。十年后的 10 月 5 日，长女冰心降临人间，随后，冰心的三个弟弟接踵而来，组成了一个温馨和睦的小家庭。她母亲和睦的人生观对自己的人生成功起到了积极促成作用，她一生的幸福与母亲的和睦熏陶是分不开的。她有这样一句名言：“因着母亲，使我承认了世间一切其他的爱，又冷淡了世间一切其他的爱。”她们的事迹告诉世人一个哲理，幸福是什么，幸福就是有一个温馨和睦的家，没有争吵，只有和谐。

在冰心的眼里，母亲杨福慈还是一位十分坚强刚烈的女性。母亲自小身体多病，十分羸弱，而父亲是一位海军军官，常出海远征，几个月难得回家一次。母亲一方面要忍受与丈夫别离的痛苦，一方面要用孱弱的身体坚强地支撑着这个家。冰心记得最清楚的是祖父讲的一个故事。那时冰心还未出生，震惊中外的中日甲午海战爆发。父亲谢葆璋在威远舰上任枪炮二副，在同日本侵略军的浴血奋战中，威远舰不幸被击沉，父亲泅水到了岸上，赤着脚走到刘公岛，再从那里赶回福州老家。此时留在家里的母亲正忧心如焚，“因为海军里福州人很多，阵亡的也不少，因此我们住在这条街上，今天是这家糊上了白纸门联，明天又是那家糊上白纸门联。母亲感到这副白纸门联总有一天会糊到我们家的门上！她悄悄地买了一盒鸦片烟膏，藏在身上。准备一旦得到父亲阵亡的消息，她就服毒自尽。”这件事在冰心幼小的心灵里产生了巨大的震撼，母亲对父亲那至死不渝的爱深深感动了她。后来她才恍然大悟，自己童年时代为什么一直穿着男装，而且常穿海军制服。因为母亲把对丈夫的爱寄托在孩子身上，希望冰心像父亲那样具有军人般坚强的意志。

在冰心的眼里，母亲又是一位极为温柔娴静的女性。她从不打骂孩子，总是用温言软语劝说孩子，用讲故事的方法启发孩子。冰心是这个家庭唯一的女儿，母亲更视她为掌上明珠。母女俩常常依偎在一起，悄悄地说着知心话。小冰心最喜欢听母亲讲述家世，母亲说：“孩子，你比我有福气多了，我 14 岁便没了母亲。你外祖母得了痨病，那年 9 月 9 日起卧床，就没有起来。到了腊月初八就去世了……从那时起，我便是没娘的孩子了。”小冰心总为母亲的悲惨身世而流泪，也为自己有这样善良的母亲感到庆幸。

母亲总是沉思起来凝神遥望窗外，小冰心看到母亲这种神态，总是抱着母亲，摇着她的身体，焦急地喊着：“妈妈！妈妈！”缓过神来的母亲才露出笑容。有时候母亲想和女儿亲近，就故意凝神不动。在一旁玩耍的小冰心发现了，总会像小鸟依人般飞入母亲的怀里。这一幕母女亲爱图，冰心终生不会忘。直到成年，冰心还用诗一般的语言赞美她：“母亲，你是大海，我只是刹那间溅跃的浪花，虽暂时在最低的空间上，幻出种种闪光，而在最短的时间中，即又飞进母亲的怀抱里。”

母亲慈爱的关怀，犹如点点春雨滋润着冰心童年时代的心田，积淀成绵绵不尽的情愫，以后每当她提笔行文，这情愫就如淙淙清泉汩汩流淌，形成了一篇篇、一首首母爱的赞美诗！

在冰心眼里，母亲更是一位十分热爱读书、思想进步的女性。母亲看书的特点是广而博。小说、弹词，杂志、报纸、新的、旧的，创作的、译述的，她都爱看。平时做完活计后，她总是看书，常常看到晚上十一二点才睡。第二天，一家人都在安睡，她就起来了，忙完家务，书又上手了，她的针线筐里总是放有书。

母亲最爱看的是同盟会刊物《天讨》，那上面刊登着许多激烈的反清言论。当时看这类书籍刊物，要冒着掉脑袋的危险。由于冰心几个舅舅都是同盟会成员，常偷偷地带些这类书刊给母亲看，母亲看完之后，又将这些书籍经过伪装寄给其他同盟会成员。于是母亲又成了同盟会传递消息、收发信件的义务联络员。冰心记得她8岁的一个大雪夜里，她帮母亲把几十本《天讨》一卷卷地装进肉松筒里，又用红纸条将筒口封起来，寄了出去，不久就收到各地的来信说："肉松收到，到底是家制的，美味无穷！"冰心天真地问："那不是书吗？"母亲轻轻捏了她一把，俯在她耳边说："你不要说出去。"冰心懂事地点了点头，也偷偷地阅读起这些书籍，虽然不能全懂，但一种朦胧的革命意识不知不觉地渗入她幼小的心田。后来爆发了辛亥革命，那时冰心才11岁。母亲如饥似渴地阅读《申报》，激动地把革命消息告诉冰心和家人。母亲又将仅有的一点首饰换成洋钱，捐给了起义的军队。受母亲的影响，冰心将自己多年积攒起来的10元压岁钱也捐给了起义军队。母亲就这样用自己的言行影响着冰心，使她逐渐成长为一个思想进步的青年。

回首往事，冰心由衷地赞美母亲说："她是一个典型的贤妻良母，是丈夫和子女的匡护者。"

冰心（1900—1999），原名谢婉莹，福建长乐人，中国民主促进会（民进）成员。中国诗人，现代作家，翻译家，儿童文学作家，社会活动家，散文家。历任中国作家协会第二、第三届理事会理事和书记处书记、顾问，中国文学艺术界联合会第二至四届全国委员会委员和副主席，中国民主促进会中央委员会副主席，全国人民代表大会第一至五届代表，中国人民政治协商会第五至第七届全国委员会常委和第八、九届全国委员会委员，全国少年儿童福利基金会副会长，中国妇女联合会常委等职。她为中国的文学事业、妇女儿童事业的发展，为坚持和完善中国共产党领导的多党合作和政治协商制度都做出了贡献。

中国文联对她的评价是，二十世纪中国走出的文学大师，忠诚的爱国主义者，著名的社会活动家，中国共产党的亲密战友。

冰心说过："世界上若没有女人，这世界至少要失去十分之五的真，十分之六的善，十分之七的美。""女人固是懦弱，但母亲是伟大的。"

感悟

小到个人，大到国家，营造一个和谐的环境是每个人的使命。为亲人家庭、为国家、为社会、为自然创造一个和谐的空间和美好的家园，是中华民族的优秀美德。家庭和睦是社会和谐的基础，在家从小养成和睦的习惯，走向社会必定是一个和谐的人，必定是一个热爱社会、热爱民族、热爱祖国的人。孔子在《论语》中讲道："礼之用，和为贵，先王之道，斯为美。"说的是，礼的应用，以和谐为贵，先王之道是以和谐为美。和睦，会激发出我们体内的一种神秘能量，在身体和心理上尽自己一切努力去配合他人。和谐之道是心理健康之道，遵循母亲的教诲，在家应和睦庄重，在外应谦恭温良。在家能够和睦与家人相处，在外就能与他人友好合作、团结协作。和睦，在很大程度上意味着一个人必须与他人建立起友好合作的关系。和睦相处，融洽曳乐。家庭和睦，家人齐心，其利断金。由母亲的和睦推而广之，家里和睦则家外和谐，一个家庭和睦则推及至社会和谐，社会和谐则推及至国家和谐，一个国家和谐则全国的各个民族就会紧密地团结在一起了。和谐团结就能聚合人缘，聚合人缘就能相互协调，相互协调就能造就良好的发展环境。

和谐的哲理告诉人们，一个人的努力是加法，和谐团队的努力是乘法。和谐的环境，不仅是每个人安身立命之本，也是每个人事业成功的土壤甚至是你事业成功的指归。要成就一番事业，必须有同志者的帮助扶持。歌德说过："不管努力的目标是什么，不管他干什么，他单枪匹马总是没有力量的。合群永远是一切善良思想的人的最高需要。"在任何场合中，如果一群人的思想能在和谐的氛围中彼此发生联系的话，他们彼此能得到心灵的补给，彼此都能注入新的力量。和谐是大自然的法则之一，没有它，任何一种形式的生命都将不复存在。我们现在正生活在一个团结合作的时代，团结合作能使两种不同的能量形式在和谐的氛围中齐头并进，彼此间合二为一，不存芥蒂。如果两个或两个以上的人能够在和谐氛围下秉承合作的精神共同努力的话，那么他们就能融会出一股看不见的力量，帮助他们生发出更强大的能量去完成自己的事业。

中国的和谐是从家庭抓起的，从小培养孩子与社会和谐相处的公德。国家主席习近平在 2015 年春节团拜会上指出："不论时代发生多大变化，不论生活格局发生多大变化，我们都要重视家庭建设。"注重家庭、注重家教、注重家风，紧密结合培育和弘扬社会主义核心价值观，发扬光大中华民族传统家庭美德，促进家庭和睦，促进亲人相亲相爱，促进下一代健康成长，促进老年人老有所养，"使千千万万个家庭成为国家发展、民族进步、社会和谐的重要基点"。每个人在侍奉父母亲人的过程中建立起自己的仁爱之心，在与长者恭敬相处的过程中建立起自己的敬畏之心，这样爱敬之风起始于家庭，最终扩展到社会，和谐、融洽之风将通达于国家。树无根不立，人无家不立，家庭无和睦不立。如果家族之间不和睦，就谈不上发展，社会也就失去和睦的基础。《颜氏家训》曾经说过，兄弟之间不和睦，侄子侄女就不会亲近。侄子侄女不亲近，那么同族的人就关系疏远，感情淡薄。关系疏远，感情淡薄，那么家中其他的人也就像仇敌一样了。由此推及至社会也就无和谐之谈了。每个人对自己的亲人、朋友都是有爱心的，如果能够把这种爱心进行扩展，对社会所有的人都能一样地去爱他们，那么整个国家就会像一个大家庭一般融洽和谐。从大的方面讲，和谐就是全世界人民是一家的情怀和理念，能将全世界的人民团结起来。

中华民族的优秀传统表明，治家的方法合于道，家庭就和睦。合于德，家庭就团结。道，是为德所尊崇的。家庭，是德借以发出光辉的地方。一个家庭，要想精神宁静就要达到内气平和，要想精神舒畅就必须心气和顺。和睦团结才能行动协调，协调一致才能同心同德。《周易》曰：“二人同心，其利断金；同心之言，其臭如兰。”在当今的家庭中，如果能恪守谨记，定能越来越幸福，富贵自来。做人应当内刚外柔，外抱柔和之姿，上下左右祥和，团结一致。只有这样，才能产生出超过自己的无穷力量和智慧。和睦友好地相处，会四方播放正能量，帮助人们生发出更强大的能量去完成自己的事业。一个有修养有素质的人，他们成功的一个重要原则就是能够做到与人和睦相处。他们为了获得与他人的合作机会，始终把和睦这一原则变成自己的生活习惯。这是因为，幸福和成功，首先要有一个和睦的人际关系与和谐的成长环境。这个环境，就是一个人群彼此间团结协作，将各自的能力、智慧以及人生经验融合到一起，在一种非常和谐友好的环境中发出来的共同心声。积力之所举，则无不胜也。众智之所为，则无不成也。

和谐是一种文化，一种诚敬笃让之心表现出来的文明，不论礼存在于内还是形之于外，都必能使人的心灵达到和谐的境地。伏尔泰说过：“必有一种事物使我们在任何时候都能找到愉悦，原因在于人本身憎恶分裂和对立，渴望和谐和统一；现在我必须说——不要抗拒与生俱来的本性。”传承母亲的基因，遵循母亲的道和德，通过人格的和谐与灵魂的升华为自己的人生发展创造条件并建立自己的行为准则。正如冰心所言："美的真谛应该是和谐。这种和谐体现在人身上，就造就了人的美；表现在物上，就造就了物的美；融合在环境中，就造就了环境的美。"《周易》的《系辞传》中说："履，和而至""履以和行"，履是指履卦，讲的是履卦让人和谐而有成，履卦用来和谐行动。告诉人们，社会上应有的秩序、人与人之间的关系等都能和谐，才能把各种智慧集中起来，各种力量凝聚起来。和是阴阳消长平衡的结果，无论是整个自然界或是生活中的具体事物，都是运用着这条自然规律在这种动荡的调节中维系和支撑着自身的平衡和发展。和是行动的宗旨。爱而不和，是家庭和社会的大敌。如果没有和谐这一基本要素的话，家庭与事业也将不复存在。成功，很大程度上意味着一个人必须与他人建立起和谐友好的关系，人们和谐相处、互相帮助，就一定能成功。

和谐从与人友好相处和互相帮助做起，互相帮助能让整个社会更加和谐。与人相处，如果只看到他的缺点而看不到优点，那么就很难共处下去。应戒伤人之恶言，是搞好人际关系、与别人和睦相处的重要法则。荀子说过："伤人之言，深于矛戟。"意思是说，伤害别人的语言，比用尖锐的长矛和战戟刺人的肉体还要厉害。如果经常想着他人的优点而忘掉其缺点，那么一辈子都能够和睦相处。恭敬对待他人就会和谐，诚心团结亲朋就会喜悦。管子说过："善气迎人，亲如兄弟；恶气迎人，害于戈兵。"意思是，能够和气待人，便能够换得别人兄弟般的亲近，恶语相迎，就会使得兵戈相向。为人处世应当以平和的心境与人和睦相处，做事收敛，能让则让，让自己在和谐的氛围中赢得最大的发展空间。没有人愿意与有着敌意的人合作，没有人愿意与热情度不高、对任何事情反应淡漠的人合作，更不会有人愿意与没有自控能力的人合作。和谐是团队精神的基础，通过制订制度，便可以自发或是强制地达到和谐的目的。在和谐共处的情况下，通过两种或多种思想进行融会贯通，可以帮助团队创造出更为强大的管理能力和执行力，把事情做得更好。

和谐是人生成功的重要力量。和谐就能使人团结，团结就能增强凝聚力，凝聚的力量就能形成成功的活力。和谐能够发挥大家的聪明才智，利用大家的智慧就没有不能克服的困难，什么任务都能完成。比尔·盖茨说："单靠个人或者少数人的力量已经不行了，个人英雄主义的时代已经结束了。"一个人的力量总是有限的，团队合作才是事业成功的保证，也是个人成功的前提。荀子曰："和则一，一则多力，多力则强，强则胜物。"即和睦协调，便能够团结统一。团结统一就能够发挥出强大的力量。力量强大后，就能够变得强盛。强盛之后，就可以战胜任何困难。和睦的力量，是同心力聚合起来的所向无敌的力量。能够与他人和睦相处、打成一片的人，他们会感觉到自己身上蕴藏的能量在不断地迸发出来，这就是和谐的交流与融合产生了新的思想、新的力量。任何一个人，只要播下和谐、高尚的思想种子，他就会表现出一副和蔼可亲、自信豁达的笑脸，在他们的人生征途中就能达到最完美的和谐。和谐就是要以团结合作为基础，彼此间敞开心扉，互相给出自己的想法和建议。任何一个兼具知识与能力的人，只要他善于在和谐的氛围下与他人合作，那么无论他从事的是什么行业，最终都能走向成功。

不和谐的人，核心是缺乏和谐的品德修养，关键是没有端正自己的心态。这是因为，他们自身有所怨恨，内心就不能端正。自身有所偏私，态度就不能端正。自身有所享乐，内心就不能端正。自身有所畏惧，内心就不能端正。自身有所忧患，内心就不能端正。每一种不和谐，不管是痛苦、贫困、失败与不幸，究其原因，都是由于播种了不和谐的思想种子。不和谐的思想是偏激的思想，各种不和谐的思想将给人们带来可怕的痛苦，给我们造成耻辱和窘迫，甚至带来难以弥补的伤害。每一个人都要学会赶走扰乱我们情绪的敌人，因为它会剥夺我们的和谐、幸福与成功。应把不和谐的思想拒之于心灵的大门之外，每天进行自省，反省能让人在为人处世上做得更好。不能做到和谐共处的话，就不能成为一个团队的核心，更不能成为一个有远见、有影响的领袖。不和谐就容易与别人产生无端的猜疑和争端，消耗了力量，损失了资源，最终会一事无成。对待不和谐的人，不要同流合污，不要丧失原则，要顺着他的心意，加以引导，使他逐步纠正，让心灵在德行和谐的环境中自由自在地遨游。

一个和谐的人，能够很自然地与人相处，他们不会对任何人有反感。他们的思维总是能与社会、与朋友、与家人、与同事的思想相生相融、和谐发展。通过和谐的思维整合，思想间的化学反应就会催生出更多的正能量。他们的和谐思想能够一直友好和谐地作用于其他人，通过和谐思维的调整，多方的友人逐步走向和谐，最终达到一种和谐的状态。所有的和谐思想都可能被称为一个电场。所有的和谐者都有独特的一套方法来提高自己的凝聚力，让追随者们紧紧团结在他们的周围，建立起和谐、信任的氛围，让所有的人能够和谐共处、团结协作，起到事半功倍的效果。成功源于我们对事物的各种认识融合，源于我们和谐团结的不懈努力。正如哲学家、心理学家威廉·詹姆士所言：“如果你能够使别人乐意合作，不论做任何事情，你都可以无往不胜。”

箴　言

和谐谦逊能够带来吉祥，骄横傲慢就会招来祸患。在态度上应天天表现出亲和的姿态，在心态上应时刻保持严格的自律。

第二部分

志存高远

第 12 章
论志向

母亲语录

有志者，事竟成。

心　语

在母亲看来，成就大事者无不有大志向。不怕路远，就怕志短，胸无大志，枉活一世。一个人如果少年不能够立志，人生将是竹篮打水一场空。她们确信，志向不同于愿望，志向鼓舞人，志向对自己有约束力，一个人从幼年起就应当提出自己的志向。诸葛亮说过："夫志当存高远。"墨子也说过："志不强者智不达。"她们坚信，人生做事须先立志，立志方能鞭策自己，鞭策自律才能成就大事。正如朱棣所言："人须立志，志立则功成。天下古今之人，未有无志而建功。"要达到品行高明、功业宏伟，不在于别的，在于设立志向而已。志向是成功的向导，是生命奇迹的源泉。《了凡四训》说过，一个人有远大的志向，就像树木有根一样，人立定了这种伟大的志向，就能做到虚怀若谷，即使碰到像灰尘一样的琐事也要方便他人。她们要让孩子记住，人生在世，最怕没有志向，没有志向就不会有远大的理想和崇高的抱负，就干不出一番经天纬地的事业。志向决定一个人能飞多高，志向高远的人总是能为获得远方更大的目标而拼搏。她们明白，自己的一个重要任务就是要把祖国和民族的崇高理想和目标灌输给孩子并成为他们的志向和理想。

她们认定，成功的人生必须有坚定的志向，应当有一种志向推动着自己。母亲要教育孩子从他的童年时期起就要确定伟大的志向，那就是要有一种顶天立地、不屈不挠的人生精神。曾国藩说过：“志之所向，金石为开，谁能御之。”说的是，只要志向能够坚定，连金石都是可以裂开的，谁可以阻挡得了呢？任何一个人做任何事情，首先把确立志向、选择好前进的方向作为实现成功的出发点。家族要兴旺，儿女首先要确立自己未来的志向且永远不改变。她们认为，教育子女，首先要帮助他们树雄心、立壮志，培养他们干大事、创奇迹的才能，鼓励他们胸怀征服和改造世界的思想和勇气，立志成为国家和民族的栋梁之才。要让孩子明白，一个人如果没有志向，就不能算是堂堂正正的人，如同清末民初时期的周岐山所言：“如铁无钢，又如无舵之船，无衔之马，飘荡奔逸，何所底止。”也就是说，一个人若无志向，就像是铁里不含钢的成分，就像没有舵的船，就像没有戴上缰绳的马一样，四处飘荡，没有目标。要让孩子永远记住，做一个思想上有志向的人，志向是少年心灵中最神圣的东西，要珍惜它并绝不动摇。

她们认为，应把伟大的志向植入内心并成为脑海中的定海神针，全心全意践行自己的志向并沿着志向指定的目标披荆斩棘、扭转乾坤。有人说：“精力集中在一点上能成就万事，志向确定在一件事情上，并全心全力投入上去，不避险阻，不辞艰苦，不计患难，不计得失，不计生死，这样就是前面有移山倒海的大困难，也能妥善解决。”母亲应教育引导孩子，内心要谨小慎微而志向要远大，立志要做的事，就在心里发誓做好，始终不二。孙中山说过：

“君志所向，一往无前，愈挫愈奋，再接再厉。”人只要立志高远，并努力突破一切阻力和障碍，就一定能实现自己的远大理想。古人吕坤也说过：“贫不足羞，可羞是贫而无志。”诸生为学，必先立志，不能立志诸事难成。立志是人生第一件事，是成功的第一步。志高品高，志下品下，立志成事是对父母最好的报答。要让孩子明白，想超越众人，就要做高尚的事情，无论花费多少精力，无论面前有多少障碍，决不能放弃成功的希望和志向。要让孩子坚信，成功之人，最明显的标识就是他们有明确的志向。有了明确的志向且不气馁，就已经在通往成功的路上了。

她们坚信，非凡的志向成就非凡的人生。文天祥有一句名言：“男儿千年志，吾生未有涯。”志向决定人生，志向是成就一切的关键。《尚书》上说：“功崇惟志，业广惟勤。”说的是，取得伟大的功业，是由于有伟大的志向；完成伟大的功业，在于辛勤不懈地工作。母亲的志向是用生命去换取儿女们未来要做成的事情，让儿女替代自己去实现远大的目标。她们教育子女的准则如嵇康所言：“人无志，非人也。”即人不能够立志，不能算是人。她们懂得应该把儿女培养成什么样的人，她们有周密的家教方法。她们所希望的儿女是要担负起社会和民族的责任，不能只为自己着想。如同宋代刘炎所说：“君子志于泽天下，小人志于荣其身。”君子的志向是让天下人受到恩泽，小人的志向只顾自己得到荣耀，这就是她们今天依然要奉行的至理名言。她们要让孩子记住汉代桓宽的名言：“不为穷变节，不为贱易志。”当夜晚躺在床上不能入眠的时候，要排除杂念并坚定自己的志向，不要思考一些无益的事和产生不正当的想法和念头。

她们想的是壮志凌云的伟大志向，做的是脚踏实地的事情。她们坚信，人所缺乏的不是才干而是志向，不是成功的能力而是奋斗的意志。母亲是志向坚定的人，她们教子立志成才，就是要启发和帮助儿女充分认识到所处的社会的客观条件，并顺应社会前进的方向。她们要求孩子一定要把明代程颢的“治天下者必先立其志”，晋代葛洪的“坚志者，功名之柱也”作为人生的座右铭。把明代王阳明的“夫学，莫先立志。志之不立，犹如不种其根，而徒事培壅灌溉，劳苦无成矣”作为行动的纲领。要让孩子明白，有志向的人战天斗地，无志的人怨天恨地，战胜一切困难和障碍，只有一条路，就是坚持志向到底。志向产生的力量是无穷的，一切困难都可以克服，不论付出多大的代价，坚定不移的志向和无坚不摧的意志力终能帮助人们达到成功的目的。她们始终告诫孩子，一时一刻都不能消磨斗志，更不能玩物丧志，牢记歌德说的话：“谁要是游戏人生，他就一事无成，谁不能主宰自己，永远是一个奴隶。”

在她们看来，通往志向的道路艰苦而漫长，必须在奋斗中求生存，求发展。《易经》曰：“泽无水，困。君子以致命遂志。”说的是，泽中无水，象征穷困。君子因此而宁可献出生命，也要实现自己的崇高志向。贫困教会贫困者一切，穷人的孩子志不穷。她们要让孩子懂得，环境愈艰难困苦，就愈要坚定志向，越是在处境艰难中，越要尽心竭力地去改变穷困的处境，甚至不惜牺牲生命，也要实现自己的宏伟目标，完成承担的历史使命，坚决不能因为艰难阻挡而改变自己的志向。正如陆游诗曰：“男儿坠地志四方，裹尸以革固其常。”

经典传颂

我阅读了这样一个关于一位母亲的故事，令我终生难忘。

儿子刚上小学时，父亲去世了，娘儿俩互相搀扶着，用一堆黄土默默送走了父亲。

母亲没有改嫁，含辛茹苦地养育着儿子，那时村里没有通电，儿子每晚在油灯下书声琅琅，写写画画，母亲拿着针线，轻轻地、细细地将母爱密密缝进儿子的衣衫，日复一日，年复一年。当一张张奖状覆盖了两面斑驳陆离的土墙时，儿子也像春天的翠竹，噌噌地往上长。望着高出自己半头的儿子，母亲眼角的皱纹也充满了笑意。

当满山的树木泛出秋意时，儿子考上了县重点一中。母亲却患上了严重的风湿病，干不了农活，母子二人有时连饭都吃不饱。那时的一中，学生每月都得带 30 斤大米交给食堂。儿子知道母亲拿不出，便说："娘，我要退学，帮你干农活。"母亲摸着儿子的头，疼爱地说："你有这份心，娘打心眼儿里高兴，但书是非读不可。放心，娘生你，就有法子养你。你先到学校报名，我随后就送米去。"儿子固执地说不，母亲说快去，儿子还是说不，母亲挥起粗糙的巴掌，结实地甩在儿子脸上，这是 16 岁的儿子第一次挨打……

儿子终于上学去了，望着他远去的背影，母亲在默默沉思。

没多久，县一中的大食堂迎来了姗姗来迟的母亲，她一瘸一拐地挪进门来，气喘吁吁地从肩上卸下一袋米。负责掌秤登记的熊师傅打开袋口抓起一把米看了看，眉头就锁紧了，说："你们这些做家长的总喜欢占点小便宜。你看看，这里有早稻、中稻、晚稻，还有细米，简直把我们食堂当杂米桶了。"这位母亲脸红了，连说对不起。熊师傅见状，没再说什么，收了。母亲又掏出一个小布包，说："大师傅，这是五元钱，我儿子这个月的生活费，麻烦您转给他。"熊师傅接过去，摇了摇，里面的硬币叮叮当当。他开玩笑说："怎么，你在街上卖茶叶蛋？"母亲的脸又红了，支吾着道个谢，一瘸一拐地走了。

又一个月初，这位母亲背着一袋米走进食堂。熊师傅照例开袋看米，眉头又锁紧，还是杂色米。他想，是不是上次没给这位母亲交代清楚，便一字一顿地对她说："不管什么米，我们都收。但品种要分开，千万不能混在一起，否则没法煮，煮出的饭也是夹生的。下次还这样，我就不收了。"母亲有些惶恐地请求道："大师傅，我家的米都是这样的，怎么办？"熊师傅哭笑不得，反问道："你家一亩田能种出百样米来？真好笑。"遭此抢白，母亲不敢吱声，熊师傅也不再理她。

第三个月初，母亲又来了，肩上驼着一袋米，她望着熊师傅，脸上堆着比哭还难看的笑。熊师傅一看米，勃然大怒，用几乎失去理智的语气，毛辣辣的呵斥："哎，我说你这个做妈的，怎么顽固不化呀？咋还是杂色米呢？你呀，今天是怎么背来的，还是怎么背回去！"母亲似乎早有预料，双膝一弯，跪在熊师傅面前，两行热泪顺着凹陷无神的眼眶涌出："大师父，我跟您实说了吧，这米是讨……讨饭得来的啊！"熊师傅大吃一惊，眼睛瞪得溜圆，半晌说不出话。

母亲坐在地上，挽起裤腿，肿成大梭形……母亲抹一把眼泪，说："我得了晚期风湿病，连走路都困难，更甭说种田了。儿子懂事，要退学帮我，被我一巴掌打到了学校……"

她向熊师傅解释，她一直瞒着乡亲，更怕儿子知道伤了他的自尊心。每天天蒙蒙亮，她就揣着空米袋，拄着棍子悄悄到十多里外的村子去讨饭，然后挨到天黑掌灯后才偷偷摸进村。她将讨来的米聚在一起，月初送到学校……母亲絮絮叨叨地说着，熊师傅早已潸然泪下。他扶起母亲，说："好妈妈啊，我马上去告诉校长，要学校给你家捐款。"母亲慌不迭地摇着手，说："别，别，如果儿子知道娘讨饭供他上学，就毁了他的自尊心。影响他读书不好。大师傅的好意我领了，求你为我保密，切记！切记！"

母亲走了，一瘸一拐。

校长终于知道了这件事，不动声色，以特困生的名义减免了儿子三年的学费与生活费。三年后，儿子以627分的成绩考进了清华大学。欢送毕业生那一天，县一中锣鼓喧天，校长特意将母亲的儿子请上主席台，此生纳闷儿：考了高分的同学好几个，为什么单单请我上台呢？更令人奇怪的是，台上还堆着三只鼓囊囊的蛇皮袋。此时，熊师傅上台讲了母亲讨米供儿子上学的故事，台下鸦雀无声。校长指着三只蛇皮袋，情绪激昂地说："这就是故事中的母亲讨得三袋米，这是世上用金钱买不到的粮食。下面有请这位伟大的母亲上台。"

儿子疑惑地往后看，只见熊师傅扶着母亲正一步一步往台上挪。我们不知道儿子那一刻在想什么，相信给他的那份震动绝不亚于惊涛骇浪。我们更相信这儿子必成为国家的栋梁之才。

母亲对儿女的志向不抱有一丝幻想，不放弃一点机会，不停止一日努力。始终认准一个理，那就是不举步，越不过栅栏。不迈腿，登不上高山。母亲的言行，就是儿女的方向。母亲的每一个言行都是在鼓励儿女向着志向的目标前进。她的行动告诉儿女们：生活，不是别人说了算。正如郑板桥所言"显誉成于僚友，德行立于己志。"即显赫的名声虽然是由同事朋友促成的，但要养成高尚的品德却得靠自己立志。

感　悟

志向是每个人思想中的主宰。小志小成，大志大成，无志不成。人生因志向而成功，人能够立志就会成为圣贤豪杰。《孟子》曰："志者，气之帅。"孟子说："所谓志向，是精神的主宰。"志向是人生思想的指南针，能够激励人们步月登云。子曰："三军可夺帅也，匹夫不可夺志也。"孔子说："一国军队的将帅是可以强取的，一个男子汉的志向却不能强迫他改变或放弃。"雄才大略的志向可以创造出伟大的奇迹，坚持不懈地为志向而拼搏才能促进生命力的提升。任何一个人要成就伟大的事业，就必须具有无坚不摧的远大志向和宏伟目标。拿破仑曾说："我成功，是因为我志在成功。"志向是做人的导向，志向就是前进的力量。确立志向就如同开启游艇的引擎，能驱动你朝着所选择的方向前进，否则就会听天由命、苟且偷安，一生必将碌碌无为。做人一定要先有明确的志向，才会有前进的动力。名人、伟人之所以可以获得巨大成就，都是因为他们具有鸿鹄之志，且是不带有功利主义的凌霄之志。生命的本质在于生命的价值，生命的价值来源于精神世界，高尚的精神价值就是超越物欲的高尚志向。

志向是人生动力存在的唯一源泉，它能产生一种奋发向上的不竭动力。有志向的人，没有一个不是勤勉向上的。拿破仑说过："真正的才智是刚毅的志向。"传承母亲的基因，坚持自己的志向和信念，且有不达目的决不罢休的意志，目标就一定能够达到。人的志向越坚定，那么他为此就越是从内心里发奋努力。如同荀子所言："没有精诚专一的志向，就无法形成通达事理的品性。"志向能指引人生的方向。没有强烈的志向，就没有成功的持续力量，就不能干出一番轰轰烈烈的事业来。没有志向的人，是在浪费生命，是真正的贫穷，是人生悲剧的根。唐朝诗人王勃有言："穷且益坚，不坠青云之志。"苏轼也说过："古之立大事者，不惟有超世之才，亦必有坚忍不拔之志。"古往今来，多少伟大人物都是因为具有高尚的志向，才成为世人之典范而千古流芳。正如爱默生所言："当一个人知道自己的目标去向时，这个世界就会为他让路。"只要忠诚信实地遵循志向，坚持不懈地修正自己，坚定不移地勇往直前，勤勤恳恳地讲求成效，诚朴笃实地建树功业，就能感天动地、成就伟大志向。

志向决定境界，志向决定格局，伟大的志向造就伟大的人物。《诗》曰："尸鸠在桑，其子七兮；淑人君子，其仪一兮；其仪一兮，心如结兮。"意思是说："桑树上的布谷鸟呀，专心一意地哺育着它的七个小雏；善人君子啊，行动要专一不邪，意志才能坚定不移。"它提示人们，干事创业要意志坚定专一。歌德也说过："志向和热爱是伟大行为的双翼。"人的志向与能力、成功成正比，事业随着志向走，成功随着事业来。伟大的志向激发伟大的力量，从而实现伟大的目标，达到伟大的境界。苏联教育实践家霍姆林斯基说过：“志向是天才的幼苗，经过热爱劳动的双手培育，在肥田沃土里将成长为粗壮的大树。不热爱劳动，不进行自我教育，志向这棵幼苗也会连根枯死。确定志向，选好专业，这是幸福的源泉。”志向的发展，无论多远，没有达不到的。志向有无限的创造力，有志向的人，拥有一种不屈不挠的毅力和一种不留退路、勇往直前的决心。儿女们应当牢记《张子语录》所讲的，“志大则才大事业大，志小则易足，易足则无由进”。

《围炉夜话》曰：“意趣清高，利禄不能动也；志量远大，富贵不能淫也。”说的是，情趣意志清高的人，是不会被功名利禄所打动的；志向高远的人，是不会被荣华富贵迷惑心志的。在通往志向的道路上，要意志坚定而决不半途而废，或者事业就要成功却功亏一篑。对于自己所确定的志向，就要口里所讲的和心里所想的完全一致，应该以务实求效为处世的根本原则，戒除高谈阔论，以至死也不改变，唯恐亲身做不到，期望向往的一定能成为现实。没有志向就没有目标，得过且过什么事也做不成。没有志向，你将永远得不到别人的助力，你的成功将完全绝望。不确立志向，你就不肯专心，不专心就没有决心，没有决心就不愿吃苦，不乐意吃苦就会以拖泥带水的做事方法、随随便便的态度去做事，成功的希望将十分渺茫。没有明确的志向，你的潜能就不能被激发，你也就没有力量从不良的环境中奋起振作。不怕志向立得高，就怕不能持之以恒。不怕志向说的话漂亮，就怕自己不能够照着做。有高尚的道德情操，志向才能坚定不移。志向坚定不移，才能够应付自如。志向既坚定又能应付自如者，才能称得上是一个有志向的人。

立志的困难，不在于胜过别人，而在于战胜自己，只有战胜自己才能成为赢家。人不能毫无目的地活着，应当为自己的人生志向而甘为孺子牛。庄子曾说：“哀莫大于心死，愁莫大于无志。”一个人有旁人所不能及的志向，就能建立旁人所不能及的功业。要坚持自己志向的一贯性和持久性，切不可盲目地跟随别人任意妄为，不是自己志向的地方不去，不合自己志向的事不做。老子曾经说过，能够战胜自我就叫作强。使自己的志向纯净专一，还有什么样的哲理不能领悟。树立崇高的志向，发奋努力，不断进取，还有什么事情不能做好呢？对更高尚、更美好事业的志向和追求，一旦持之以恒、积极进取和追求的品性形成以后，所有脑力都能得到很大的扩展。通过系统的思维训练，你就可以让自己的志向坚定，你就会在逆境中面露微笑，从黑暗中抬起头来，逼迫自己迈向成功。要突破逆境，只有运用正确的思想，抱定坚定的志向，才能在逆境中获得成功。如果志向确立得坚定，思想上把持得坚定，实施中不更改，就没有不成功的事情。

立志要成功的人，总是在不断地激励自己，时刻准备为民造福、为国争光。立志要成功的人，总是在严格地训练自己、改变自己，为着自己的光荣使命砥砺奋进。立志要成功的人，总是在思考如何利用自己的才智，把自己的精力全部倾注到事业上。立志要成功的人，总是注意保持自己强健的身体，确保自己精神振奋、生气勃勃。立志要成功的人，总是在不断地为自己寻找机会，时刻把握好自己的命运。立志要成功的人，总是给别人带来正能量，激励着人们向自己的目标发展。立志要成功的人，总是专注结果，做事从不拖延且注重效率。立志要成功的人，总是说干就干，凡事都有自己的主见，自信心也十分强。立志要成功的人，总是能发扬光大自己的志向，并能全力以赴去实施自己的目标而绝不放弃。正如丘吉尔所言：“我成功的秘诀有三条：第一是绝不放弃；第二是绝不、绝不放弃；第三是绝不、绝不、绝不放弃。”

成功的习惯有很多很多，首先自己必须立志，立高尚的志，立为祖国和社会贡献力量的志，立了志就能看到奋斗的目标、成功的希望，进而选择正确的道路。国家主席习近平于 2019 年 3 月 4 日在看望参加全国政协十三届二次会议的文化艺术界、社科界委员时强调：“要坚持用明德引领风尚。文化文艺工作者、哲学社会科学工作者都肩负着启迪思想、陶冶情操、温润心灵的重要职责，承担着以文化人、以文育人、以文培元的使命。大家理应以高远志向、良好品德、高尚情操为社会作出表率。”志向是高悬在理想之轮上的风帆，有了风帆，来风便成为推动我们前进的动力，从而把我们送到渴望到达的港湾。《大学》有言：“知之而后有定，定而后能静，静而后能安，安而后能虑，虑而后能得。”意思是说，知道了应该达到的目标，然后才能有确定的志向；有了确定的志向，然后才能心静；有了安定的心境，然后才能周详地思考；有了思虑周密的行事方法，才能处事得宜，达到至善的最高境界。任何一个有着能够靠自己的能力去实现志向的人，是永远不能被打败的。正如美国黑人领袖马丁·路德·金所言：“世界上所做每一件事都是抱着希望而做成的。”

箴　言

人生立世必先立志，没有人定胜天的志向和破釜沉舟的意志力，就无法创造出经天纬地的辉煌事业。

第13章 论信仰

母亲语录

仰之弥高，钻之弥坚。

心 语

在母亲看来，励志成功，始于信仰，信仰是我们赖以生存的引导力量，对人生信仰是真正幸福的根源。信仰理想，是精神的刚毅、生活的充实，信仰是一种能使你取得你所希望的成功的力量。她们认为，让孩子有信仰，能够防止他们精神上的空虚和对人生的轻率。人穷不可怕，可怕的是没有信仰。没有信仰的人，生活没有依靠，更可怕的是容易精神崩溃。没有信仰的人，不可能有精神的力量、道德上的纯洁。信仰是精神的支撑，是用期望的形式表达对孩子的爱。神圣的信仰会给孩子一些非常宝贵的精神品质。信仰的教化在孩子们的一生中能发挥积极的指引作用，是孩子们获得成功的正能量。孩子的一切行为都是受思想信仰的指引，只有建立了坚定正确的思想信仰，才能为成功和幸福打好基础。她们认定，任何家庭都应该有一种真诚的信仰，保持纯真的心性，遵循正确的生活和做人的原则。信仰与思维的力量并存，信仰能帮助我们形成积极的成功思维，并且能形成推动我们努力前进的力量。所有事物发生的过程能够让我们明白什么是信仰，我们只需要坚信即可。她们要让孩子明白，如果没有信仰，人的一生就没有正确的方向，没有方向的人生只能是稀里糊涂且无所作为。

她们认为，人一辈子只有坚持正确的信仰，才能与他最敏捷的思维、最有效的行动有机地结合起来，才能成就自己的卓越人生。一个信仰虔诚的人，不会再相信其他任何的东西。习惯于某种信仰的人就会相信这种信仰，并且伴有一股强大的驱动力去努力实现它。她们坚信，信仰是生命的支撑，信仰是成功的灯塔，信仰是人生的动力。儿女从很小的时候就在母亲炽热的信仰中成长，不仅是生活上的关爱，更重要的是人生观的引导。有信仰的生活才有滋有味，信仰可以让我们把生活中的苦难当作改变命运的动力，日子越过越甜蜜。她们要让孩子明白，做人若没有坚定的思想信仰，为人处世就没有人生的原则，好比是一颗墙头草，只能随风俯仰。信仰的价值等同于真理的价值，能达到所选定的目标。思想信仰的缺乏，容易对生活产生悲观，甚至危机，是人生最大的悲哀，将会被生活打败。不守信仰或者否定信仰，将失去我们前进力量的精神源泉。她们始终提醒孩子，不管你如何去做，一定要牢记自己的信仰，而且这种信仰是坚定不移的，只有自己那种道德上的神圣的信仰才能使之成为现实。

信仰是母亲的一种情感，信仰具有慈母之心，这种情感的力量是她们赖以生存的支撑的力量之一。她们认为，一个人思想信仰空虚，他的心灵必然空虚，其精神行为就会萎靡。高尔基曾说：“信仰是伟大的情感，一种创造力量。”母亲心中的信仰是生命的正确方向，它比理智更有力量，支撑着自己奋勇向前，能将绝望变为希望。她们认定，一切胜利皆始于伟大的信仰和求胜的信念。孟子说过：“以精深的学识，以坚定的恒心，运用精进的力量，还有什么做不成的事情呢？还有什么难以造就的事功呢？”她们要让孩子明白，一个有志向、有抱负的人，总是以超越常人的努力朝着选定的目标阔步前进，决不背弃对成功的信仰。她们要告诫孩子，只要树立了坚定正确的思想信仰，一切的事业才有望得以实现。她们要让孩子记住，信仰可以操纵人类命运，拥有信仰就能创造奇迹，拥有信仰就能进入成功者的行列。

她们坚信，任何一项事业的建立，信仰的指引是首要的。凡是有崇高信仰的人，能把祖国的利益和自己的幸福贯穿到一起。信仰确定了正确的人生方向，信仰坚定的人是一刻也不会迷失方向的，那些影响人生的负能量就会自然消弭于无形。人们成就了许多崇高的事业，成功的根基就在于选其兴国利民的伟大信仰而从之。拥有坚定信仰的人，绝不会在艰难险阻面前畏缩、退却。人生最可怕的就是没有信仰，没有信仰的人是不会得到成功和幸福的。孩提时代是培养信仰的好时光，纯洁无瑕的生命有了信仰才是真正的快乐。她们认定，信仰是人生的主宰，信仰决定人生的格局，唯有信仰的力量才可以在自己负重前行的关键时刻找到一个正确的方向，坚持不懈地去努力，从而实现自己的目标。她们要求孩子做到，无论让你面临着什么样的挫折与磨难，不要放弃自己继续前行的精神，懂得坚持自己的信仰，信仰是成功的推动力量。信仰是一个人成功的航标和不断进取的动力，有了信仰，你的才能就可以取之不尽、用之不竭。一个没有信仰的人，无论他有多大的才能，也不会抓住机会。

她们断定，人没有信仰就注定会沦为失败者。这是因为，没有信仰的人，总会迎合社会上那种固有的迷信心理，不仅扰乱和影响了人们的健康心理和正确的思维，还有可能打破人们已经建立起来的道德结构、行为规范和思想体系。英国文学史上最伟大的六大诗人之一弥尔顿曾说：“没有信仰的人如同盲人。”母亲坚信，我们凭自己的正确信仰而活着，信仰是心中的绿洲，能够引领我们的未来。信仰可以激发我们无限的思维，信仰是我们一切思想的先行官，信仰的力量可以移山填海。每一个母亲都有一颗极为纯真的赤子之心，她们的信仰就是把儿女培养成对祖国对民族有用的栋梁之才，她们奋斗的目标就是为家庭为社会创造幸福。她们的想法就是，让信仰的种子在孩子们的心中生根发芽。她们认为，世界上最快乐的事，莫过于为理想信仰而奋斗。只要坚定信仰，就能为人生的发展增添力量。有了坚定的信仰，在人生的发展中就能有更加杰出的表现。信仰能增加你的生活乐趣，拓展你的发展空间，激起你自我鼓励的本能，帮助你找到志同道合的人。

她们坚信，生命与信仰共存，心中有信仰就永葆青春活力。有信仰的人，精神饱满，身体强壮，思想纯洁，生命力和战斗力旺盛。信仰代表着自然的内心与和谐、灵魂与自我。信仰是生命的本质，一个真正伟大的成功者是不可能没有信仰的。有了信仰，人才能达到自己所期望的境界，才能成为自己所希望成为的人。坚持自己所追求的信仰，生命才能充满生机。为了自己的信仰不懈奋斗，这是富于人生意义的法则。人生必须遵循自己的信仰，教育儿女必须从树立信仰做起。信仰是成长和成功的思想基础，是人生所必需的，人应该为信仰而活着。信仰是自己心中的巨人，胸中无信仰的人难成大事，有了信仰才能选择正确的目标和行动。无论在大事还是小事上，每个人都应该遵循信仰的原则，并踏踏实实去实践。正如惠特曼所说：“没有信仰，则没有名副其实的品行和生命；没有信仰，则没有名副其实的国土。”她们要让孩子懂得，对于一个国家来说，没有信仰是可怕的，只有信仰强大，各个民族才能团结起来建设强大的国家。

她们认定，信仰是人生的方向和灵魂。没有信仰的人生，常常会迷失自己的人生方向。凡是生活在道德世界里的人，自幼就会感到自己是祖国的儿子。我们走的每一步，不管朝着任何方向，都是在信仰的引领下，追求和渴望成为一个真正的爱国者，最终的目的都是为了到达那最美的人生之巅。一个没有信仰的人生是没有生命感的，没有信仰的人就难以获得巨大的成功和辉煌的成就。一个人没有信仰，就好比春天的树木虽然在抽芽、绽放花朵，但秋天却没有果实。没有信仰的人，极容易感染他人消极思想的毒素，并且经常跟消极的人来往，自己也就会逐渐变得消极了。这样的人无法逃脱消极之墙的围困，他们自己不上进，还想把别人也拖下水，甚至硬要挡住有信仰人上进的路。她们相信 19 世纪俄罗斯伟大画家列宾所说的话："没有信仰的人是空虚的，没有原则的人是无用的小人。"因而她们总是以实际行动告诉孩子们，任何时候都要保持明确的信仰目标，经常接触那些雄心万丈的成功人士，将挑战进行到底。她们要让孩子明白，是信仰的力量催促我们不断追求正义的事业，是信仰的力量鞭策我们自觉维护道德的尊严，是信仰的力量激励我们永不放弃最初的理想，是信仰的力量使我们坚定纯洁的信念勇往直前。

她们坚信，信仰就是战斗力。法国作家左拉曾说："生活的道路一旦选定，就要勇敢地走到底，决不回头！"信仰靠行动去实践，任何一个人都是在充满困难的路上锤炼我们的信仰。柏拉图曾说："我们若凭信仰去战斗，就有双重的力量。"信仰在于身体力行的体验，体验的过程靠坚持，坚持的力量靠伟大的生命力和战斗力。能够坚持自己的信仰，真正的学问在于坚持自己的积累与彻悟，这样就一定能实现人生的伟大目标。她们要让孩子懂得，信仰能使自己成为主宰自己灵魂的人，能自觉地对其思想、言论和行为加以有效地控制，从而造福社会。信仰的思想坚定了，就会成为生命力刚强的人，生命力就会反作用于信仰的行动，引导自己走向成功。巴金曾说："支配战士的行动的是信仰。他能够忍受一切艰难、痛苦，而达到他所选定的目标。"一个人的生命力控制了思想和信仰的导向，也就是让思想和信仰成为自己正直的良友，从而思想和信仰就会造福于我们自己。雨果说："信仰，是人们所必需的，什么也不信的人不会有幸福。”

在母亲心里，信仰是让人飞翔的力量。没有信仰的人生，必定难以拥有恒久的前进动力。有了信仰，才有了精神的寄托和追求，才有了巨大的勇气和不竭的动力。信仰不是迷信，是一种自我努力的行为，在被实践证明了的时候才显得伟大。巴尔扎克说过：“不要把信仰悬挂在墙壁上。”拥有信仰，是为了提升我们的价值，成为国家的有用之材。坚定信仰，就有了自我肯定的信心，就有了促进成功的事业心。用自己的信仰去感染儿女，不仅给儿女一个好心情，而且给他们的是一个充满快乐和希望的好心境，就有一股无形的神秘力量指引儿女朝着他们的理想前进。信仰与母亲的生命生活紧密地联系在一起，支配母亲的行动，母亲会把这种感觉传递给儿女。她们始终认为，信仰能使每个人的生命绽放出更加灿烂的光芒。她们为了自己的信仰、民族的信仰、祖国的信仰，能够忍受一切艰难、痛苦，甚至不惜生命，而达到她们所选定的目标。如果儿女能有一个不可动摇的信仰并牢牢坚持的话，就一定能实现自己的心中所愿，就不会羞赧于流芳百世之英名的回馈。

经典传颂

岳飞（1103—1142），南宋抗金名将，中国历史上著名军事家、战略家、民族英雄、书法家、诗人，位列南宋中兴四将之一。岳飞从 20 岁起，先后四次从军。自 1128 年到 1141 年，先后参与指挥大小战斗数百次，独树一帜，无一败仗。1142 年 1 月，被莫须有的罪名，与长子岳云、部将张宪一同遭受秦桧、张俊等人陷害。岳飞是中国古代治军的楷模，其核心思想是贵精不贵多、谨训习、赏罚公正、号令严明、严肃纪律、同甘苦六个方面。

岳飞的母亲姚太夫人，是古代四大贤母之一。她作为母教典范和妇女楷模，在国家危亡之际，励子从戎，精忠报国，被传为佳话，世尊贤母。姚太夫人出身乡野，识字不多，却是一个极有主见、为人刚直、思想开明的母亲。她从小就对岳飞施以严格的家教，教育儿子不但要学会承担多种苦难，而且要成为一个刚直不阿的男子。聪颖的岳飞渐渐领会了其中的真谛。

一次，岳飞有几个结拜兄弟因为没有饭吃要去拦路抢劫，他们来约岳飞。岳飞想到母亲平时的教诲，没有答应，并劝他们说："拦路抢劫，图财害命的事儿，万万不能干！"众兄弟再三劝说，岳飞也没有动心。岳母从外面回来，岳飞一五一十地把情况告诉了母亲，母亲高兴地说："孩子，你做得对，人穷志不穷，咱不能做那些伤天害理的事儿！"岳飞在母亲的熏陶下，格外严格要求自己，并学得一身好技艺。他先是随汤阳枪手陈广学"主技"，后随同乡人周侗学骑射，继又攻读《孙子兵法》，很快成为一位文武双全的少年。

岳飞十五六岁时，北方的金人南侵，宋朝当权者腐败无能，节节败退，国家处在生死存亡的关头。岳飞投军抗金。不久因父丧，退伍还乡守孝。

1126 年，金兵大举入侵中原，岳飞再次投军。临行前，母亲把岳飞叫到跟前，说："现在国难当头，你有什么打算？"

"到前线杀敌，精忠报国！"

姚太夫人听了儿子的回答，十分满意，"精忠报国"正是母亲对儿子的希望。她决定把这四个字刺在儿子的背上，让他永远铭记在心。

岳飞解开上衣，露出瘦瘦的脊背，请母亲下针。母亲问："孩子，被针刺是很痛的，你怕吗？"岳飞说："母亲，小小钢针算什么，如果连针都怕，怎么去前线打仗！"母亲先在岳飞背上写了字，然后用绣花针刺了起来。刺完之后，岳母又涂上醒墨。从此，"精忠报国"四个字就永不褪色地留在了岳飞的后背上。母亲的鼓舞激励着岳飞。岳飞投军后，很快因作战勇敢升秉义郎。这时宋都开封被金军围困，岳飞随副帅宗泽前去救援，多次打败金军，受到宗泽的赏识，称赞他："智勇才艺，古良将不能过。"

高宗即位，因上书反对南迁，岳飞被革职。不久随宗泽守卫开封，任统制。泽死，从杜充南下。建炎三年（1129 年）金兀术渡江南进，他移军广德、宜兴，坚持抵抗。次年，金军在江南军民的反击下，被迫北撤，他攻击金军后队，收复建康（今江苏南京）。绍兴四年（1134 年），大破金傀儡伪齐军，收复襄阳、信阳等六郡，任清远军节度使。次年，又从张浚镇压杨么起义。后驻军鄂州（今湖北武昌），派人渡河联络太行义军，屡次建议大举北进。

绍兴九年 (1139 年)，高宗、秦桧与金议和，他上表反对。次年，金兀术进兵河南。他出兵反击，收复郑州、洛阳等地，在郾城大败金军。两河义军纷起响应。时高宗、秦桧一意求和，以十二道金牌下令退兵。回临安后，被解除兵权，任枢密副使。不久被诬谋反，下狱。

1162 年，宋孝宗即位，岳飞冤狱终于平反，追增谥号"武穆"。宁宗时追封鄂王。有《岳武穆遗文》（一作《岳忠武王文集》），诗词散文都慷慨激昂。让我们再次拜读他写下的千古绝唱的名词《满江红》，以怀念这位伟大的民族英雄。

"怒发冲冠，凭栏处，潇潇雨歇。抬望眼，仰天长啸，壮怀激烈。三十功名尘与土，八千里路云和月。莫等闲，白了少年头，空悲切！靖康耻，犹未雪。臣子恨，何时灭？驾长车，踏破贺兰山缺！壮志饥餐胡虏肉，笑谈渴饮匈奴血。待从头，收拾旧山河，朝天阙！"

岳飞善于谋略，治军严明，其军以"冻死不拆屋，饿死不掳掠"著称。在其戎马生涯中，他亲自参与指挥了 126 仗，未尝一败，是名副其实的常胜将军。

文天祥："岳先生，我宋之吕尚也。建功树绩，载在史册，千百世后，如见其生。至于笔法，若云鹤游天，群鸿戏海，尤足见干城之选，而兼文学之长，当吾世谁能及之。”

朱元璋：“纯正不曲，书如其人。”

乾隆帝：“惟尔公忠秉性，智勇超伦。”

孙中山：“岳飞魂，是中华民族的精神代表，也就是民族魂。”

邓小平：“英雄永远为后人所纪念，坏人永远为后人所唾弃。”

感 悟

信仰是生命的支撑，是人生前进的动力和自信，是人类生生不息中蕴藏的一种巨大的精神力量，是能鼓舞人们将自己的才能、优势发挥出来的一种持久的支撑力量。《最伟大的力量》一书的作者马丁·科尔说过：“信仰的力量，是引导我们走向成功的极大力量”。没有伟大的信仰，就没有伟大的人生，心中有信仰，成功有力量。有信仰的人活的是人，没有信仰的人活的是命。信仰所产生的力量巨大无比，如同毛泽东的诗词“虎踞龙盘今胜昔，天翻地覆慨而慷”，它能让人获得精神上的激励和行动上的助力。人生漫长，世界苍茫，唯有信仰，才是最好的引导力量。信仰与成功成正比，伟大的信仰能促使你竭尽全力。坚定不移的信仰足可移山，所有的成功都源于对信仰的不懈追求。信仰是一个人获得成功的最基本的出发点和立足点。一个奋发向上的信仰，就像树木对阳光一样有一种天然的倾向性，能够让它们克服重重障碍，不断向上成长，直到它从茫茫的森林里探出头来，在明媚自由的空气里抬起骄傲的头颅。没有比坚持不懈地去实现信仰，不断实现自己的理想，更能增强我们的斗志，丰富我们的头脑了。永远不要低估信仰的力量，信仰能支撑一个人在任何苦难和逆境的时候奋勇前进。有了正确的人生信仰，海市蜃楼就一定会变成真正的参天大厦。拥有信仰是成功者所必备的特质，信仰使我们天天保持积极的行动，不断向远大的目标前进。

信仰是人生的太阳，指引我们健康成长，帮助我们叩开成功的智慧之门。信仰如同航标灯放射出的光芒一样，在朦胧浩渺的人生海洋中，牵引着我们走向辉煌。信仰是精神上的能力，世人所敬仰的人物，他们都有一个伟大的信仰。伟人所敬仰的人物，他们都有一个伟大的目标。生命中的一切事情，全靠我们对自己有信心、对人生有信仰，有信仰才能确定奋斗的目标。信仰可以使你奋发图强，勇攀高峰。信仰产生的力量，是征服一切的驱动力，是一种无坚不摧的成功力量。尽管前进的路途中充满了艰难险阻，尽管目标是如此地宏大，但是，神圣而崇高的信仰之火却让你的灵魂熊熊燃烧，对于自己所追求的事业无比虔诚、无比执着。伟大的信仰、宏伟的蓝图加上坚持不懈的恒心就能够变成辉煌的事业。不管前方的路如何崎岖漫长，我们会在信仰的力量驱使下，不负韶华，去成就别人不可能完成的事业。信仰如同阳光一样给奋斗者带来了无比的快乐，这种快乐则是我们的志向所在，是坚守自己的信仰而不断努力的基石。为信仰而奋斗，就是为成功而奋斗。

人民有信仰，国家有力量，民族有希望。中国国家主席习近平在 2019 年春季学期中央党校开班式上强调："信仰认定了就要信上一辈子，否则就会出大问题。"那些成就卓越的人之所以奋斗不止，就是他们能够坚定自己的信仰，坚定自己的行动，控制自己的情绪，使事业越来越尽善完美。这样的人，他们的行动目标明确且对信仰和目标的理解深刻透彻，并以此制定详细的事业计划并逐步实施，不达目的决不罢休。信仰决定我们人生的品格，没有品格的信仰对每一个人来说是致命的。无论做什么，将你的信仰融入进去，将一种美德与和谐注入进去，你就能成为一个成功者。一个高尚的信仰能将我们从泥潭里拯救出来，正是对信仰的孜孜追求才让我们的生活更富有价值，我们才能走向卓越。凭借坚定的信仰，一个人能与任何令人不快的想法断绝来往，凭借自己的信仰去开启成功之门。信仰具有自律性，自律所带来的执行力将会给一个人实现目标提供无尽的动力。信仰是防止心灵空虚的灵丹妙药，能使人的个人情感和感受充满勃勃生机，激发人对生命的火热激情。

信仰坚定就会赢得成功。高高举起信仰之旗的人，对一切困难险阻都无所畏惧。他们会为自己的信仰付出最大的努力，对喜欢的人生追求而奋斗不懈。萧伯纳曾说："居于一切力量之首的，成为所有一切的源泉的是信仰。而要生活下去就必须有信仰。"传承母亲之道，把自己的信仰融入灵魂当中，做一个有信仰的人，就能坚持正确的人生方向。信仰是发自内心的，坚定的信仰是一切成功者素质因素中最重要的因素。信仰就是人生的希望，信仰是具体的、实践的，人的信仰催发人的持续追求。信仰能让人们勇往直前以赴之，断头流血以从之，殚精竭虑以成之。古人曰："志之所趋，无远无届，穷山距海，不能限也。志之所向，无坚不入，锐兵精甲，不能御也。"说的是志存高远、信仰坚定的人，再遥远的地方也能达到，再坚固的东西也能突破。发生在你人生中的事情与你的思想和信仰之间存在某种密切的联系。一个人坚守自己的信仰，即使在绝望中也一定能创造出伟大的成就来。这是因为，只要有信仰就能耐得住寂寞、顶得住困难，然后全力以赴投入到解决问题的关键环节上，就会一步一步走向通往成功、美好与和谐的康庄大道，并最终实现自己的愿望。

信仰是生活的原则，信仰创造生活的热情和动力。母亲对生活的热情转为对信仰的虔诚，信仰在母亲的内心深处有一种永恒的生活热情促使她不断焕发出前进的能量。坚定的信仰会激发出生命的热情火花，对人生会更加积极主动，更勇于担当作为，成为人生的主动者、控制者。人最可怕的敌人，就是没有坚强的信仰。自己的天地靠正确的信仰，天道酬勤。没有成事的信仰，哪里会有收获，投机取巧总是没有好结果的。信仰是人生的罗盘，我们每一个人都应该有高尚的思想和科学的信仰。有信仰的人生，将随着每一次目标的实现再设置更高的目标，将会取得更大的成功。确立了信仰，选择了目标，就应以人一己百的毅力奋进。实现信仰必须选择正确的目标作为导向。列夫·托尔斯泰曾说：“要有生活目标，一辈子的目标，一段时期的目标，一个阶段的目标，一年的目标，一个月的目标，一个星期的目标，一天的目标，一个小时的目标，一分钟的目标。”坚定的目标能让我们只争朝夕，怀着强烈的目标去不懈追求，信仰能铸造出一条坚实的人生之路。最令人满意的目标，应该能够使人从一个胜利走向另一个胜利。

人与人的心是相同的，但信仰是不同的，人的发展取决于信仰的指引。遵循自然法则设定的信仰将产生无穷的力量，将使我们按照自然逻辑行事。拿破仑·希尔曾说：“自然会将她最深刻的秘密透漏给那些执意去探索的人。”有信仰的人，信念坚定，猛志常在，持之以恒，做事善始善终。有信仰的人，就是一个脚踏实地、深谋远虑、意志坚定的人，必能朝着自己的目标迈进。信仰激励着人们与命运作斗争，促使我们树立伟大目标，拥有追求伟大成就的动力，信仰的力量帮助我们将理想转化成现实。芸芸众生之中，唯有内心有信仰的人，最终才能到达胜利的彼岸。甚至也有人在身体残疾的情况下，创立了普通人都难以实现的事业与成就，就是因为他们心中有信仰。成功者与失败者的根本区别就在于不放弃的信仰，伟大的事业不只是靠力量完成，更是靠坚定不移的信仰和毅力。居里夫人说过：“人要有毅力，否则一事无成。”用持续的行动和强烈的信仰去创造积极的效果，做那些让信仰变为现实的事情。

一个人如果丧失了信仰的自由，无异于行尸走肉。没有信仰的人是可怕的，因为信仰给人以生活的动力和方向。没有信仰就没有前进的灵魂，就没有正能量的支撑。失去信仰的人，常常会迷失自己的生活方向。信仰虽然是自己的私有财产，但它与国家的发展、民族的振兴、道德的规范是步调一致的，与每个人内心修养的提高和人格的塑造是相吻合的。正确的信仰，能够充分调动发挥自己的天资和努力精神。契诃夫说过：“人没有信仰，便成了行尸走肉。”没有信仰，就不能把思想付诸行动，再高的学历也没有丝毫用处。没有信仰，往往被昔日的挫折和失败束缚着自己。没有信仰，往往会成为一个意志薄弱的人，使自己被一个又一个诱惑所奴役和支配。罗曼·罗兰曾说：“最可怕的敌人，就是没有坚定的信仰。”这样的人，由于没有坚定真理的信仰，没有科学思想的信仰，他们将会被一击即垮，丧失自己的斗志，并放弃自己对光荣事业的追求，因为他的内心中缺少了一份支撑的力量。

坚持自己的信仰才能活得坦荡和踏实。信仰可以不断地提高自己的天赋，增强人生的好奇心，挖掘自己的能力并将它展现出来。马普顿尔说过：“人活着就要用生命去解释自己的信仰。”活出精彩而有价值的人生，离不开自己的伟大信仰，有了坚定的信仰就会制定出宏伟蓝图和人生规划及目标。这样，成功的磁场就会形成，促使成功的正能量就会来到你的身边。只要将你的注意力集中在信仰上，它可以使你的能力超出你的想象。成功并不是由你的出生或家庭条件决定的，真正决定你未来成功还是失败的是你有没有坚定而科学的信仰。信仰创造奇迹，年轻人最大的动力和热忱来自信仰，有了信仰就没有黑暗，即使遇到了险境也能够化险为夷。信仰带来的热忱会使你朝气蓬勃、热情洋溢、勇于拼搏。坚定的信仰产生坚强的自信，无论才能大小，天赋高低，成功都取决于坚定的自信力。自信能帮助我们排除各种障碍、克服种种困难、不屈不挠，不达目标誓不罢休。信仰坚定的人，会为了坚持所信仰的真理而心甘情愿地献出自己最为宝贵的生命。

一个有信仰的人，总是具有高尚的美德，总会执着地追求自己的正义事业，总会保持良好的思维习惯，总会胸怀大志、向往美好的未来，总会培养务实的性格，总会不断地调高自己的人生目标，总会远离负面影响和负能量，总会把自己的潜能发挥到最佳状态，总会创造利于自己发展的条件，总会成为一个受人尊敬的人。他们都是富于想象力，充满生机与活力，能够看得到未来的美好前景，他们在潜移默化中为社会提供正能量，并且使我们所有的力量都趋向这样的信仰。他们散发出的正能量，让整个世界充满希望与快乐。他们总是能把有共同目标的人吸引在一起，像弹钢琴一样，让每个人各司其职，为着伟大的、共同的目标齐心协力、齐头并进。信仰比理智更有才华，可以激活人们的脑海深层，使每个人产生伟大智慧，信仰的精神万古流芳。任何一个人在信仰的奋斗中，都能发挥出其灵魂、心理和理性的能力，而且永远不满足于已经实现了的目标，体现了克服、征服的生命法则，实现自己对祖国的贡献。

箴　言

信仰是一步一步地在实践着的真理，只要终其一生不懈怠，谨慎而勤勉，就一定能将自己打造成人生赢家，而且登上人生辉煌之巅。

第14章 论正直

母亲语录

正直传家，清白做人。

心　语

在母亲看来，正直是家庭安全和人生幸福的基石。正如罗曼·罗兰所说：“快乐和幸福不能靠外来的物质和虚荣，而要靠自己内心的高贵和正直。”她们认定，走正直诚实的生活道路问心无愧，做人应当温柔而端庄正直。所谓正直，荀子曾说：“是谓是，非谓非，曰直”，意思是说是非曲直有自己的判断，而且实事求是，这样才能被称为直。她们认为，坚持正直之道，而且勇于承担责任，堪称是如玉器一样的人。孔子说：“人一生下来，就承受了天地间的生生至德，心性是善良的；必须发挥正直诚实的本性，才不辱没这一生。”对母亲来说，正直的准则就是礼义廉耻。她们坚信，如果一个家庭缺乏正直的美德，家庭成员之间也就不会有真正的爱，不会有真正的信任。子曰：“人之生也直，罔之生也幸而免。”孔子的意思是说："人活在世上，凭借的是正直；不正直的人也得以存活下来，那是他侥幸免于祸害。"做人要走正直之道才能够功成业就，正直而不独断独行方显和蔼，正直而有礼才能周到完备。她们要求孩子做到，一个人不一定能成为一个伟大的人，但完全可以成为一个正直的人。

她们认定，正直就是正确的思想观念，没有私心杂念。正直就是正确的意志方向。正直就是正确的文明礼仪。正直就是正确的语言表达。正直就是正确的生活方式。正直就是正确的努力行为。正直就是正确的人生目标。正直就是正确的精神导向。正直是高尚的道德情操。管子曰："志毋虚邪，行必正直。"管仲说："心志不可虚邪，行为必须正直。"她们要让孩子记住，厚道家族，必定立身正直，幸福之门只会向那些正直的家族开放。她们要让孩子做一个大道至简的正直之人，成为一个慷慨、阳光的成功者。她们要让孩子懂得，一个正直的人绝不会粉饰自己，也绝不会打肿脸充胖子假装阔佬，更绝不会去奢求那种不贴实际的生活方式。正直的人往往会坦然地过那种量入为出的生活，而不会采用不正当的手段过上殷实的生活，更不会趁人之危，落井下石。正直的母亲引导儿女在茫茫人海中不迷失方向，让儿女在成长的海洋中不畏艰险，乘风破浪。她们的宗旨是，教子走正道，首先要做一个正直的人。这样也可以交往到一些高雅之士的朋友，这样也是以高尚的行动去获得成功。

她们确信，遵循正直行事就不会有过错，任何一个人都会赢在正直，输在心计。俄国杰出的哲学家、思想家、作家赫尔岑曾经说："抱着一颗正直的心，专心致志于事业的人，他一定会完成许多的事业。"正直之人，能够凭良心做事，用公正无私、合情合理的原则处理事物，好恶得当而没有差失。清代的王永彬说过："求个良心管我，留些余地做人。"人生不宜有太多杂念，如果无法顺从天道并走在正道上，又怎么行得通呢？私心是产生家庭矛盾、滋长奸邪而危害家风公正的根源，是丧失正道而导致家族衰落的根源。

稳固家庭，应忘记其私心所爱。继承祖业，要永存正直之心。治理好家族中的事业，要守好正道。为人不正直便不能与人长久相处，要治家必须自己先正直，自己行为端正了说话才有人听。妇人有美好的名声，是因为心灵正直、行为纯正，行为纯正是因为自己心底无私，这样就不会被邪神妖道所迷惑。她们认为，女人的品德没有比端正自己的行为更重要的了，秉承贞顺、遵循正道才可以增进妇德。她们要让孩子懂得，与人相处，要想取信于人、立足于社会，就要对自己的私心杂念加以克制，就要遵守规则，这才是一个人安身立命的基石。

她们认为，正直的根基是仁德的力量。仁德是做人的灵魂、幸福的源泉。灵魂正确了就能够自律，根基牢固了就能够端正自身。做人仁爱正直了，幸福就会自然而然地到来。否则，行为不能依循仁德，言语不讲求仁义，一定会丧失福祉。心地光明正直的人，他的仪容刚劲坚强，因严肃而被别人所敬畏。唐朝的李白是正直之人，“安能摧眉折腰事权贵，使我不得开心颜”的气魄，让人为之倾倒。孟郊也是正直之人，他“直气苟有存，死亦何所妨”，充满了大无畏的勇气。这样的人，凡事都能够将心比心，推己及人，必定会得到胜利。生活中的母亲就是这样，不管是在社会活动还是在家庭中，她们都能够处处保持公平与正直。她们懂得在治理家务中要公开、公正、公平与在处理社会公务时要端正品行、秉公执法，有着两相对等、不分伯仲的关系。人生处世凭借的是正直，正直而不倨傲才能防止邪恶。所以她们认定，正直是治家制胜的常理。正直的人，对父母孝敬、对兄弟友爱、对长辈顺从。她们以正直为自己的行为准则，正所谓，立天下之正位，行天下正直之大道。

她们断定，正直是公正、信任、正义的基础，正义是一切美德的基础。正直就是有正义感，说真话，干真事，做真人。正直之人，虽然有时说话言辞诘难，但其情感却很真诚。正直是母亲做人的标尺，她们是最不偏心的人。她们坚持做到一碗水端平，不会向着哪个儿子，不向着哪个儿子。向着哪个儿媳妇，不向着哪个儿媳妇。“富贵不能淫，贫贱不能移，威武不能屈”的生活理念在母亲的心里根深蒂固。正直的母亲也是永远快乐的人，疾病、灾祸、困境，任何事情都无法夺走她永恒的知足，而这种知足感恰恰就存在于母亲的道德品质当中。她们追求的是正直，认为说谎终究会被发现，没有正直就没有人可以取得真正的成功，就不会赢得他人的尊敬。正直之人能够获得他人的信任，被人信任可以获得好的声誉，好的声誉可以帮助你尽快成功。她们要让孩子懂得，光明磊落地做好每一件事情，你才能活得舒心，过得放心。《诗》云：“有觉德行，四国顺之。”意思是说：“为人德行正直，四方自然会来归顺。”

她们坚信，一个缺乏诚实正直心灵的人，是根本不值得人们尊敬的。古罗马最伟大的作家、政治家西塞罗说过：“如果一个人正直而又勤奋，那么他就算最终得到贫困潦倒的结果，也跟那些获得巨大成功的人一样值得尊敬。”没有了正直的品质，一个人是在自我毁灭，即便是他勤奋与节俭的，最终也会遭遇失败。没有了正直，就没有高尚。没有了正直，我们就无法做到诚实、慷慨。正直的人不会与贪图安逸、为非作歹之辈交往的。不正直的人，只是要小聪明，无论从精神上还是在物质上，都没有任何利处。这是因为，人们的生活是礼尚往来的，而不是巧取豪夺的。这样的人在前进的道路上，已经远远落在了正直之人的后面了。正直的人品会让精力与勤劳如虎添翼，更显其威力。母亲的信念是，不论走到哪里，完美的正直总会不言自喻，正直之人事事处处都能体现出正能量，都具有一种不可战胜的力量。正直之人总是同事物发展的规律紧密相连，他们所做的每一件事情都打上了自己特有的烙印。她们认为，家庭的幸福和安定基于正直之上。正直的母亲，如同一颗根深叶茂的大树，能够源源不断地汲取地下之水，能够抵御狂风骤雨的侵袭。

她们认定，以正胜邪，以直胜歪才是致胜的根本。智虑要圆融而品行要方正，能力要全面而行事要简单。《潜书·抑尊》曰：“直言者，国之良药也；直言之臣，国之良医也。”说的是，正直的言论，对于国家是上好的药物；敢于真言的臣子，对于国家是高明的医生。她们对女儿的要求是，要正直地生活，别想入非非！要勤奋地努力才能前程远大。正直的人是最能吃苦的人，忠厚正直才会有高尚的行为。《菜根谭》有言：“贫，气不改；达，志不改。”即境况穷困，正直的气节坚守不移；地位显达，高尚的志向也不改变。她们始终相信，正直之人遇事不会单纯根据利益做出判断，而是反复观察自己的良心。而且，一个正直的人可能会经常在不经意间就帮助了别人。她们有一套明确而且牢固的价值观，那就是谎言出自虚荣和道德的败坏，所有的谎言都是不可原谅的。她们在小事大事面前都能做出合乎人情道理的判断，所以她们最终会受到公正的评价。母亲的正直渗透到生活的方方面面中去，且这种正直的品质是持久的、通透的，能让她一个人抵抗住各种诱惑，不屈服于任何不良欲望。

她们坚信，正直是众人所敬服的品德。巴菲特有言：“评价一个人时，应重点考虑三项特征：正直、智慧、活力。如果不具备第一项，那后面两项会害了你。很多人选错恋人或合作伙伴，都与忽视‘正直’这一关键项有关。”宋代理学家朱熹有言：“守正直而佩仁义。”说的是，为人要恪守正直之心，而且要奉行仁义的德行。正直的母亲身上具有一种令人敬畏、钦佩的力量，她们富有同情心、豁达开朗、待人热诚、胸怀坦荡，坐得正、行得直，严于律己、宽厚待人，坦然地面对一切。她们认为，天地之大是在于无不覆载，天地之正在于无所偏私。人若守正就能立世，就能顺应天地之道。《人物志》说：“高风亮节的人，以正直为标准。”正是母亲的这种品质，造就了一代又一代的英雄儿女。那些心地正直、聪颖过人的母亲，总是支持孩子的正义追求，鼓励孩子为高尚的事业献身。20世纪“文学神秘人”詹姆斯·艾伦说过：“一个始终如一的正直人，才是一个真正伟大的人。”如果一个人内心是正直的，那么他也可以成为伟人，伟人所有的美德都可以在他身上展现出来。如果孩子们能够正直地生活，热爱祖国，忠于人民，对母亲来说就是最大的幸福。

经典传颂

母亲的正直教育成就了欧阳修这个中华民族的历史名人。欧阳修（1007—1072），北宋政治家、文学家、史学家，且在政治上负有盛名。官至翰林学士、枢密副使、参知政事，谥号文忠，世称欧阳文忠公。后人又将其与韩愈、柳宗元、苏轼合称“千古文章四大家”。他与韩愈、柳宗元、苏轼、苏洵、苏辙、王安石、曾巩被世人称为“唐宋八大家”。

欧阳修的母亲郑氏出生于一个贫苦的家庭，只读过几天书，却是一位有毅力、有见识、宽厚正直、又肯吃苦的妇女。她不断地给年幼的欧阳修讲如何做人的故事，每次讲完故事都把故事做一个总结，让欧阳修明白做人的很多道理。她教导孩子最多的就是做人不可随声附和，不要随波逐流，要主持正义，爱憎分明。在母亲的辛勤教育下，欧阳修最终成为北宋文坛领袖，在中国文学史上影响巨大，欧母也成为古今令人敬仰的“四大贤母”。

欧阳修的父亲当过地方官，为人正直、好客。他在世的时候，家中门庭若市，经济也宽裕。他去世后，家境逐渐贫寒，后来竟到了“房无一间，地无一垄”的地步。孤儿寡母在这样的境况下生活，其困难是可想而知的。为了生计，母亲不得不带着 4 岁的欧阳修从庐陵到随州，以便孤儿寡母能得到在随州的欧阳修叔父的照顾。

欧阳修的母亲是一个意志坚强的人。她家穷志不穷，一心想让儿子读书，成为一个有知识明事理的人。欧阳修五六岁了，他母亲就教他读书识字，教他做人的道理。家里非常穷，常常是吃了上顿没下顿。欧阳修到了入学年龄，母亲却拿不出钱来供他读书，甚至连买纸笔的钱也没有。欧阳修很想认字读书，母亲暗下决心，就是再困难，也要满足他的愿望。在冬天的夜里，将炉灰洒在雪地上，借着微亮的月光，用荻草杆当笔，在雪地上一笔一笔地教欧阳修写字、认字。就这样，她教儿子学会了很多字。欧阳修识字以后，非常喜欢读书，见到书就像见到宝贝一样特别高兴。长到十岁的时候，他早就把家中的书熟读多遍，为满足儿子求知的欲望，母亲常常向邻居和亲友家借书给他读。有些好书，母亲还督促他动手抄写。郑氏的这种教育，使欧阳修从小打下了良好的基础。

欧母希望儿子品德高尚，继承父志。一年年长大的欧阳修逐渐懂事了。他很体谅母亲，一边读书，一边尽力分担家务。欧阳修尽管已经懂事了，但他不明白母亲怎么有那么大的决心和力量来抚养自己。

一次，欧阳修问起了这件事。母亲深情地说："你父亲死后，我能守寡抚孤，是因为我了解你父亲的品德高尚。我爱她，也爱你，我决心把你培养成像你父亲那样的人。为了你，再大的苦我也能吃。"之后，她对欧阳修又讲起自己的身世和欧阳修父亲的为人。"我嫁到欧阳家的时候，你奶奶已经去世了。可是，我从你父亲对你奶奶的纪念中，知道他是个很孝敬长辈的好人。你父亲在家尊敬长辈，在外当官的时候，对公事严肃认真，从不马虎。他白天办公，晚上还要看公文和案例材料，往往熬到深更半夜。对于死刑的材料，总是反复调查、核实。他常说，人命关天，马虎不得。后来由于劳累过度，积劳成疾，他知道自己不行了，就对我说：'我不能看着孩子长大了，希望你今后把我的话告诉孩子：人不要贪财图利，生活上不要过分追求物质，要孝敬长辈，要有一颗善良的心。'这是你父亲的遗言，望你好好勉励自己。"欧阳修听到这里，抽泣着对母亲表示："我一定继承父亲的遗志，做一个品德高尚的人。”

欧阳修的母亲一生勤俭持家，秉持正义。欧阳修身居要职后，她还是勤俭持家，一点都不想超过生活困难时的用度。她说，她的儿子不是无原则地附和别人的人，难免不被罢黜，得时刻准备着将来患难的日子。后来，欧阳修被贬，欧阳修怕她不适应，而她却反而宽慰欧阳修说：“我们家本来就贫困，穷日子我早就过惯了，只要儿子你能适应，我就适应。”

后来，欧阳修做了官，任参知政事。庆历三年，他因积极支持范仲淹维持新法被贬职。欧阳修的母亲说：“为政以被贬职，不能说不光彩。我们家过惯了贫寒的生活，你思想上只要没有负担，精神不衰，我就高兴。”

欧阳修是在宋代文学史上最早开创一代文风的文坛领袖。在史学方面，也有较高成就，他曾主修《新唐书》，并独撰《新五代史》。有《欧阳文忠集》传世。

曾国藩曾评价欧阳修说：“古人称立德、立功、立言为三不朽。立德最难，自周汉以后，罕见德传者。立功如萧、曹、房、杜、郭、李、韩、岳，立言如马、班、韩、欧、李、杜、苏、黄，古今曾有几人？”

感　悟

竹以直而美，人以正而尊。古人说：“汝若全德，必忠必直；汝若全行，必方必正；终身如此，可谓君子。”雨果曾说：“做好人容易，做正直的人却难。”正直没有歪理邪说，正直是高尚的美德，人不正直不可立于世界。母亲正直的思想和人格，在历史上曾鼓动了不少志士仁人，成为他们不畏强暴、坚持正义的座右铭。正如莎士比亚所言：“没有比正直更富的遗产。”正直的母亲先给自己的子女做榜样，从而影响他人，进一步推广到社会。正直，就是要端正符合天道、地道、人道的心志。如果你不正直，那么你会一败涂地。不正直的人容易失去原则，人一旦在小事情上失去了原则，那么，大事情上也必然会遭遇失败。不论在哪个岗位上的人，都能够以正直认真的态度对待工作的人，很快就会步入成功的行列。一如既往地保持着正直，他必然是一个怀瑾握瑜、克己奉公的人，这种人身上那种正直的品质会受到人们高度的尊重，他就会成为一个有影响力、有领导作用的人，成功是必然的。正如西方哲人布雷默所言："正直和诚实还没有发现代用品，人们缺少它就没法取得成功。"

正直是灿烂的阳光。如同莎士比亚所言："正像太阳会从乌云中探出头来一样，布衣粗服，可以格外显出一个人的正直。"没有公平正直的作风，就无法做出正确的裁决。爱因斯坦说过："世间最美好的东西，莫过于有几个头脑和心地都很正直的严厉的朋友。"效法母亲的正直之道，就不会偏厚于近亲，也不会轻视关系疏远的人。不偏厚于近亲，不轻视于疏远，就不会有私下的交易。正直的人，权力不可能压制他，人多势众无法改变他，任何事物都不能动摇他。具备了这样品德的人才能够坚定不移，能够坚定不移，才能够应付自如。人处在顺境中自然事事容易，处在逆境中就非常艰难，在决定善恶的紧要关头时能渡过去，而不失为正直之人。所以《老子》说："圣人要方正，但不割伤人；有棱角，但不刺伤人；正直，但不放纵；有光彩，但不炫耀。"正直是灵魂中一种纯朴无私的素质，它与真诚不同，比真诚更高尚。戚继光曾说："正直无私，扬眉吐气，我不怕人，人皆敬我，就是天堂快乐之境，此为将之根本。"正直的力量是心灵和智慧的力量，它比体力更富于生命力。

正直就是本真自然，正直的品质是每个人最坚强的武器。韩非子有言："所谓方者，内外相应也，言行相称也。所谓廉者，必生死之命也，轻恬资财也。所谓直者，义必公正，心不偏党也。"韩非子说："所谓方正，是指表里一致，言行一致。所谓廉正，是指舍生忘死，看轻资财。所谓正直，是指在道义上一定公正，有公心而不偏私。”唯有心中正直，谨慎从事，才能得以摆脱困境。只要坚持中正之道，动机纯正，是非分明，前途必定光明。如何不走邪路呢？那就是坚持在任何情况下都不说谎，也不做不当之事，永不改变正确的立场，宁愿损失或受苦也不能纵容自己。《吴子·图国》中说：“行不合道，举不合义，而处大居贵，患必及之。”说的是，行动不遵循规律，做事不符合正义，而这种人又身居高位，这样祸患就会接踵而来。中国著名企业家柳传志先生，每次回忆自己的父母，都是充满感激，他总是提到，其实父母对他几乎没有什么刻意的教育。他印象中的父母，无论条件多么艰苦，从不抱怨，始终相亲相爱。母亲喜欢静，她在家里总是很稳重，很安详。父亲从不对他寄予什么希望，只是他在遇到困难的时候告诉他，只要你是个正直的人，不管你做什么行业，你都是我的好孩子。安静稳重的母亲给予柳传志最重要的安全感和自信，父亲的这句话让柳传志无比温暖，也让他可以直面任何环境，坦荡应对。

正直就是爱憎分明，敢于维护真理，勇敢地表达自己的正确主见和立场。古人韩婴说：“正直者顺道而行，顺利而言，公平无私，不为安肆志，不为危易行。”自己的人生自己做主，莫要人云亦云，切勿随波逐流。明代于谦的《入京》诗写得好：“绢帕麻菇及线香，本资民用反为殃；清风两袖朝天去，免得闾阎话短长。”诗的大意是，麻菇、绢帕和线香这些土特产，如果都拿去讨好上司，就会给群众的食用带来困难。我进京什么都不带，免招平民百姓的非议。做人就应当正直清廉，两袖清风。廉洁正直的人不结党营私，坚持独立自主，有独到见解。如同爱默生所言：“想成为一个真正的人，首先必须是个不盲从的人。”相信真理有时在少数人一边，走好自己的正直之路，干好利国利民利己的事业。力求正直、正派、公正、有正义感，听到正义的做法就去奉行。做到以正直来处理一切事情，远离奸诈的人和自私的人。对待社会上的人和物，待之以直，公平合理。正直的人，以坦白真诚待人为荣，如同孔子之言“内不欺己，外不欺人”。

正直可以教化天下。晋武帝司马炎曰：“谠言謇谔，直意尽辞，所望于左右也。”武帝下诏说：“正直敢言，直话直说，言无不尽，是我对左右谏臣的期望。”他担忧的是听不到真话，喜欢的是正直敢言的人。韩非子曰：“行端直，则思虑熟；思虑熟，则得事理。行端直，则无祸害；无祸害，则尽天年。得事理，则必成功。”韩非子的意思是说：“行为正直，思虑就成熟。思虑成熟，就能得到事物的规律。行为正直，就没有祸害。没有祸害，就能尽享天年。得到事理，就一定能成就功业。”正直纯正是最丰富的传代物，传承母亲的优秀基因，我们都应当把正直作为基本原则，抗拒错误的行为，破除邪说，弘扬正气。整个社会就会变成“其身正，不令而行；其身不正，虽令不从。”做儿女的应当像母亲教导的那样，做人必须正直忠厚，赤胆忠心，尽职报国。成功做事，一定要合乎正理与正义。《圣经》上说：“做一个行得端走得正的人，你会成为王者御前的守护者，你不会成为卑鄙小人的走狗。”

正直就是光明正大、堂堂正正做人。雨果这样说：“在很特殊的情况下，一个人才会成为圣人，但做一个正直的人却是人生的正轨。尽管你们曾经犯错，曾经迷惘，你们也应当尽自己最大的能力去做一个正直的人。”唐朝的柳宗元曾说：“聪明正直者为神”，是对正直最好的诠释。做人言语正直，行动戒惧，就会不犯或少犯过错。《诗经》上说：“君子啊，不要一味地贪图安逸，要安于自己的职位，爱好正直的德性。”要选择结交那些老成正直的人，与他们肝胆相照，言必守信。孔子说过，有益的朋友有三种，交正直的朋友，交诚实的朋友，交博学多闻的朋友。公平正直是我们每一个人做人的必备品质，正己可以正人，行为必须没有奸佞才能做到正直。别人询问不合礼法的事情，不要告诉他。别人谈起不合礼法的事情，不要去追问。俗话说得好：“和悦正直之言，连石头都不能转动它；诽谤造谣的话，会像烈火一样迅速燃遍。”诗云：“我思古人，俾无訧兮。”《诗经》的意思是说：“想想古人的言行，就可以使自己减少差错。”把做人的宗旨建立在守持正直、动机纯正的坚实的基础上，就一定会越行越顺，越行越通。

以坚定的意志守持正直就会远离祸患。一位哲人说：“百事坦直，卑鄙的人就远远走路。”正直才能刚强，刚强才能矫正邪恶，矫正邪恶才能避免祸患。一个人只有坚持正直、坚守正道，才能走得更高更远，而不至于大起大落。《易经·艮卦》曰：“艮其趾，无咎，利永贞。”意思是说：“在脚步迈出之前，应该控制自己坚守正道，不入邪途，方能免灾避祸！并且有利于长久坚守正道，做个好人。”一个人如果不正直、走歪道，即使在一个时期春风得意，大红大紫，最终也将落得个身败名裂，追悔莫及的下场。南宋哲学家陆九渊曾说过：“人可以不识一个字，但确要堂堂正正地做个人。”所谓正直，就是要用公正的态度来确定事情的对与错。正直之人不会欺骗无知的人，能够得到所有人的信任，能够坦然地面对现实，能够获得成功的最重要的条件。记住路易斯·文森狄的规则：说真话，你将无须记住你的谎言。就是这么简单的一个概念。这是因为，有些人总是自以为是地解释自己，也最难发现的是正在给自己讲一些废话，因为你最容易愚弄的人始终是自己。

正直真诚待人是最光鲜的名片。贝多芬曾说：“在全人类中，凡是坚强、正直、勇敢、仁慈的人，都是英雄。”做人应当百事坦直，黜邪崇正，不吐不茹，刚直不阿。唐代寒山说过：“心真出语直，直心无背面。”说的是，内心真诚，说话就耿直。思想正直，就不会两面三刀。如果感觉到自己走的似乎不是正直之道，就应当马上纠正，这样久而久之，就会使自己不会偏离正道了。千万不要弄虚作假，切勿生欺骗他人之念。只要纯正的心灵不受蒙蔽，则一切欲心杂念自然消失。保证说的每一句话都是真实可靠的，每一个诺言都要兑现，应把自己的声誉看作自己的全部。卢梭说过：“为人善良和正直才是最光荣。我大胆地走着正直的道路，绝不损于正义与真理而谄媚和敷衍任何人。”正直可以得到人们的信任，正直的力量是一种成就卓越的力量。看到别人有私欲，就用正确的思想去矫正的人是正直者。违背正直之道而顺从其私欲者是奸佞之徒。智慧的人不听阿谀的话，正直的人不做不磊落的事。正直的人好比松柏，笔直耸立，不偏不倚。

箴　言

做人正直就没有污浊的欲望，做人正直就没有邪恶的行为，严守纯正的品行，则所行之道就不会陷入困境。

第 15 章
论教育

母亲语录

天下之事，非教无成。

心　语

在母亲看来，教育是立国之本，知识是立人之本，学习是立身之本。立身以立学为先，立学以读书为本，读书让你从中汲取对人生有价值的知识。她们认定，知识是人生的精神力量和奋斗的武器，是一种无价的财富，孩子应当在童年、少年就应该得到这种财富。不读书的人就不能获得所需要的知识，就不会有丰富的精神生活，不可能成为一个完整的人，会有丧失改变人生的可能。普希金说过：“读书和学习是在别人思想和知识的帮助下，建立起自己的思想和知识。”她们认为，读书学习可以使自己在生活和工作中有所创造，有所成就，进一步懂得人生，便能彻底地改变人生。读书愈多，精神就愈丰富，知识就愈丰富，思想就愈开阔。读书虽然苦，但不读书的人生会更苦。她们明白，没有不通过学习而能成才的。她们要让孩子懂得，不吃教育的苦，将来就会吃生活的苦。读书虽然不是唯一的出路却是人生最容易走的路，读书可以改变命运，只有学习的人生才是丰富多彩、充满情趣的人生。她们确信，有什么样的教育，就有什么样的孩子，就有什么样的成人。正如古希腊哲学家柏拉图所说："子女教育是社会的基础"。教育是用来规范人的，使孩子读书明理是人生之首要。古人说得好，"至乐莫如读书，至要莫如教子。"说的是，最大乐趣莫过于读书，最要紧事莫过于教育孩子。

她们认为，读书是起家之根本，知识是我们前进的力量源泉，要把知识、思想、成长统一作为生活的必需品输入到孩子的意识之中。纵观有史以来的伟人和天才，他们虽然有着这样或那样的缺点，但他们通过完善的教育变得更善良、更宽容、更耐心、更智慧，成为尽善尽美的伟人和天才。成人的基础是在幼年时期形成的，对孩子的教育必须尽早开始，充分发挥孩子的潜力，做出不平凡的事业。所有的知识都是有价值的财富。不重视读书学习，是众多不幸的根源，必定为自己的人生留下遗憾。莎士比亚曾说："书籍是全世界的营养品，生活里没有书籍，就好像没有阳光；智慧里没有书籍，就好像鸟儿没有翅膀。"无论贫穷福裕，唯有读书方为安身立命之本。子曰："德薄而位尊，知小而谋大，力小而任重，鲜不及矣。"孔子说："道德浅薄而地位崇高，智慧不足而谋划大事，力量微弱而担当重任，很少有不拖累到自己的。"学以致用，孩子的创造能力、判断能力、分析能力、学习能力、社交能力，热爱祖国、热爱知识、热爱劳动、讲究道德、遵纪守法等良好习惯都是靠教育学习培养成的。

她们明白，家庭是孩子成长的摇篮，是孩子学习知识的黄金时期。柳永《劝学》说："养子必教，教则必严，严则必成。"应该重视对孩子的早期教育，让孩子的未来走上一条成功之路。大多数母亲都会养育孩子，但养育不等于教育。对于母亲来说，生孩子是她们人生中的一件大事，但如果不重视教育，孩子的人生就是不完美的。母亲的重要职责就是为孩子的将来打好一切基础。乔治・赫伯特曾经说过："一个好的母亲抵得上一百所学校里的老师。"孩子的心智一旦缺乏知识的刺激就会日渐衰退，这样的人生是不完整的，也绝不是成功的模式。俗话说："少壮不努力，老大徒伤悲。"母亲对孩子的成长起决定性作用，教育好孩子是每一位母亲的责任，也是一位母亲所应承担的民族责任。母亲是孩子的第一任教师，母亲的语言和行为对孩子的一生将产生重要的影响。母亲的德行操守在自己的孩子身上得到了再生，母亲的习惯成为孩子们的习惯，母亲的品格自然也会渗透到孩子们的品行当中。她们深刻认识到，教育好孩子是自己应当认真努力做到的神圣使命，应当把孩子培养成身体健康并且能够掌握丰富的知识，并且还能把这些知识运用到生活里的人。古人说得好，"母教为天下太平之源"。为了教育好孩子，她们总是在不断探索教育孩子的方法，积极引导孩子去获得智慧的提升，走出自己的成功之路。

她们认定，读书的意义在于寻找人生方向的价值导向，也是对自我心灵的精神召唤。她们把学习看成是一种神圣的使命，坚信教育对人生的影响是难以估量的。教育灌输的原则，给出的教训，都能深深地植根于儿女的思想和想象中。有位哲人说过："阅读的人能成为领袖。"盖尔・布鲁克斯这样说过："阅读——远胜过其他活动——拥有开启你潜能的力量，在这一过程中，能够释放你自然的天性。拿亚伯拉罕・林肯来说，他通过阅读，让自己从一个乡下小子成为美国总统。要树立一个目标，然后毫不松懈、持之以恒地朝着它去努力拼搏。"一个人事业上的成就，取决于他的学问。缺乏教育是人生失败的根本原因，讲道理是母亲教育子女的永恒的法宝。非学无以成才，非教无以立国。母教决定家教，家庭教育首先是自我教育。想要后代贤良通达，非进行教育不可，而且不要虚晃应付，样样都要言传身教。端正启蒙教育，是关系到家庭盛衰的头等大事，要把孩子培养成一个杰出的人才。

贤明的母亲明白，教育孩子，先教做人，这是中国教育的根本。中华民族之所以人才辈出，就是因为他们都有一位伟大的母亲，就是因为母亲懂得自己应该做些什么，懂得如何去教育自己的孩子。

她们坚信，母教为家庭教育的重中之重。母亲是一个通过以身作则来教育人的平常人，她们是孩子学习的榜样，是孩子童养蒙正的根本保证。她们清楚，身教重于言教，父母作为子女的人生导师，一定要起到表率作用，最重要的是要让儿女在乐中受教育。她们还耐心地帮助儿女养成好学爱学的习惯，帮助孩子开发自己的潜能。她们还通过各种活动来开发儿女们的思维，从而促进孩子们主动地学习。她们坚信，一个人如果不读书，就会只看到自己的经历艰苦，就会产生无穷无尽的怨恨愤怒之心，忧郁烦躁不安，精神涣散。她们明白，这样的人处于逆境时会感到不高兴，处于顺境时也会感到不高兴。她们要让孩子懂得，一生的成长要面临很多问题，最重要的是获得心灵智慧的引导，生命就会获得阳光和辉煌。《诗》曰：“日就月将，学有缉熙于光明。”说的是，每天有所成就，每月有所收获，日积月累地学习，就会达到光明的境界。

她们相信，学习能够获取精神的鼓舞和无穷的乐趣。法国 18 世纪著名思想家、法学家孟德斯鸠这样说：“读书对于我来说是驱散生活中的不愉快的最好手段，没有一种苦恼是读书所不能驱散的。”读书有百利而无一害，精神和物质双丰收。高尔基说：“经常不断地学习，你就什么都知道，你知道的越多，你就越有力量。”书是我们最好的朋友，学习是人生最好的伴侣，知识是我们最好的收获，能让自己的生活日渐丰富起来。她们熟记荀子的教诲：“少而不学，长无能也；老而不教，死无思也。”即年少时如果不学习，年长了就没有才能；年老时如果不教育后辈，死后就不会被怀念。她们认为，把子女教育好责任重大。应注重选择好教育方法，在养、育、教、领、导五步曲上做好文章。要努力做一个优秀的母亲，使子女提高学问修养，明白事理，遵守道德。引导儿女掌握学习的技巧和准则，使儿女形成自己的良好风格。她们更注重传授技能，重点培养孩子一生的习惯和解决生存问题的能力。她们要让孩子记住，好的教育培养好的习惯，好的习惯成就精彩的人生。做人是一辈子的事，要坚持不懈地学习提高能力，在人生的道路上逐步地深化学养，逐渐明白其中所以然的道理，提升自己的人生境界。

她们注重在生活中一点一滴教育孩子。她们认定，种瓜得瓜，种豆得豆是大自然的铁律。她们教育子女，懂得先克己，做到性从天理、心从道理、身从情理。一旦发现子女具有学者的潜质，就会全力支持。因为子女的成才成器，不仅关系到一家的兴旺发达和他自己的人生，更关系到为国为民的回报。她们认为，凡人修养品德、修进学业，事事都从教育读书开始。一个人不怕老来没有成就，就怕小的时候不爱学习。起先导作用的母教是正规学校教育的根基，好孩子都是教育出来的。人生再没有比不受教育、不学无术更为不幸的事情了。儿女不通过教育学习，就不懂得道理。养育子女，不去教育他们，就和养牲畜一样。她们坚信，教育可以立德，教育可以增智，教育可以致用。读书能够达理，读书能够明事理，读书能够求真知，读书能够提高品位。生养儿女必须重视教育，必须长期持之以恒地坚持，这是她们认准的理。宋代陆九渊有诗曰："涓流积至沧溟水，拳石崇成泰华岑。"说的是，涓涓细流汇成了大海，拳头大的石头累积成巍巍的泰山和华山。只要我们勤勉努力，持之以恒，就能够成就学业。

她们深知，十个贤明的子孙不一定能使家庭兴旺，一个子孙不贤，足以破家败业。如果孩子不能够读书学习、掌握知识的话，就谈不上去创造物质财富和精神文明。要维护家庭的声誉，就必须防止出现不肖子孙。而要防止子孙不肖，就一定要花心思好好教育他们，培养真正有渊博知识的孩子。她们认为，母亲的启蒙教育至关重要，尤其在孩子自我意识懵懂的时期，好的母教对于一个人的终身成长能起到促进的作用，应当营造一个书香气息浓厚的家庭氛围。母重教，子女智，家族良，民族旺，国家强。母亲的教育，首先是入情入理的教育，她们懂得儿女的心理，她们把教育根植于母爱。母亲的教育是非暴力沟通，她们的教育技巧在于如何关爱儿女的成长。她们始终鼓励孩子发奋努力、心胸宽广、担当责任，成为社会各方面的有用之才。她们要让孩子明白，一切成功都是学习的积累和实践的结果，要好学不厌，好学不懈，像孔子倡导的那样“发愤忘食，乐以忘忧。”不断地向自己的目标迈进。

母亲是富有智慧的人类创造者，没有母爱就没有教育，母教的力量大于教师的力量。母亲教育儿女的目的是养育儿女，她们滋养着孩子，安抚着孩子的心灵和灵魂，帮助孩子建立良好的心理素质，帮助孩子克服内心的恐惧和心中的焦虑。正如《礼记·学习》所言：“玉不琢，不成器；人不学，不知道。”母亲的智慧为孩子的幸福人生打下坚实的基础。她们认准一个理，人一辈子应该读书，书香一绝家道声誉就会渐渐衰落。一天天、一年年坚持不断地吟诵朗读，博学深求，读遍经典，就能成为一个高尚的人。获得全面能力的办法就是学习直至融贯通，生活中那些成功之人并非最聪明的人，有时甚至不是最勤奋的人，但他们都是善于学习的人。你的读书学习早晚会证明自己，也会证明智慧是无价的。最重要的是母亲能在生活中、在我们的家庭中尽早挖掘出孩子的潜能，使得孩子也能够拥有像她们一样的生活技能和美好品德。她们要让孩子懂得，读书读到一定的时候就能将知识转化成智慧，在恰当的时候恰当的地方就能显示出它的威力。对于自己的学习修养能够做到持之以恒，就能够成为一个有智慧的人。

诗书继世长是母亲的治家理念。她们认准一个理，留给子孙黄金满筐，还不如留给他们一部经书。要教育孩子做一个有智慧、有教养、有文化、精神上丰富的、思想上不屈服的人。要教育孩子养成思考的习惯，思考能使知识变成力量，鼓励孩子主动探索真实的生活和未来的世界。法国思想家卢梭说过："在儿童时期没有养成思考的习惯，将使他们一生都没有思考的能力。"她们要让孩子懂得，努力学习的人要比掌握财富的人还要值得尊敬，对学问的追求就是对财富和智慧的追求。读书学习，会使一个人成为栋梁之才。不读书，不能入圣贤之域。只凭借聪明敏慧而不肯学习的人，是一种自己损毁自己的人。她们熟记《素书》讲的，"博学切问，所以广知"。学习各种知识，仔细提出各种各样的问题，这样我们就能丰富自己的知识。只有知识渊博、睿智之人，才能更好地匡扶社稷，服务于民，造福社会。她们要让孩子明白，只有学习思考的人生，才是充满能量的人生，不虚度年华的人生。《论语》记载，"子绝四：毋意，毋必，毋固，毋我。"孔子杜绝了四种弊病。提倡思考不要凭空臆测，说话不要妄下断语，做人不要固执己见，处事不要我行我素。

她们遵循管子所说的："十年之计，莫如树木；终身之计，莫如树人。"每一个母亲都是人生导师，母亲的教育方式是，踏踏实实做人，认认真真做事，教育儿女会生存、能独立、有智慧。正如苏联教育家苏霍姆林斯基说的："每瞬间，你看到孩子，也就看到了自己，你教育孩子，也是在教育自己，并检验自己的人格。"这就是母亲教育的本质。她们认为，生养了孩子而不教导，这是做父母的过错。父母应在孩子很小的时候教导他们行正事，做任何事都要认真扎实，并时时告诫孩子生活艰辛的道理，常常嘱咐孩子处理人情世故的礼仪，交给孩子创家立业的办法、传家的本领，教育他们懂得小时候受教育吃苦耐劳的孩子正是将来治家立业的主人。教育是由点滴积累而自然形成的，没有投机取巧的可能，必须严格约束自己，自强不息，不能存有任何苟且心理，这样才能在每天不断进步的基础上成为栋梁之才。她们要让孩子牢记查理·芒格的名言："在我漫长的人生中，没有什么比不断学习对我更有帮助的事情了。它让我的生活有了更多的乐趣，它让我更富有建设性，它让我更有能力去帮助他人，并且让我极为富有。"

探寻每一位名人成长的轨迹，不难发现，这些名人的背后都有一位重视教育的母亲。狄更斯曾说："所有杰出的非凡人物，都有出色的母亲。"她们能充分发挥每个孩子的能力，开启和调动每个孩子的巨大潜能。中华民族有着良好的家教传统，"曾参杀猪""孟母三迁"等故事已成为家教典范，千古流传。其实，中国春秋末期伟大的思想家、教育家、儒家学派的创始人孔子的母亲的教子故事也十分感人。

经典传颂

孔子的母亲颜征在，在儿子的成长过程中起到了至关重要的作用。对孔子而言，有两个女人影响了他的一生。一个是他母亲颜征在，一个是他妻子亓官氏。

孔子家族先祖微仲，是商朝最后一个国王纣王的弟弟。商朝灭亡后，大哥微子启被周封为宋国的国君，微子启死后，微仲继位，到孔子父亲一代，已是十五世人，孔父在鲁国只是一名武士。

孔子母亲的家族先祖伯禽，是鲁国的始祖，周公旦的长子，周朝先王周文王的孙子。周文王姬姓，伯禽分封他的后代在颜邑做邑首，以封地为姓，世代相传，成为颜氏，孔子的母亲就是鲁国颜氏之女。

孔子三岁的时候，其父叔梁纥病故，颜氏母子在家中便失去了依靠。大家庭中关系复杂，矛盾甚多，这对孔子的成长与教育显然不利。于是颜征在便带着儿子离开夫家，前去鲁都。娘家是鲁都的大姓，大家对于这位丈夫早死的本族姑娘是会照顾的，更主要的还因鲁都是鲁国政治、经济、文化的中心，典籍丰富，名师众多，让儿子日后成长能有个良好的学习环境。

孔子的外公是饱学之士，在那个时代，能够让女儿识字识礼，可以见其开明。外公的直接传授，使孔母不仅仅积累了丰厚的识见和学养，在教育和礼仪上也有很高的修养。孔子的母亲把她父亲家的全部书籍，都搬运到自己的新家，选三间房子的一间作书房，准备在孔子满五岁的时候教他念书。她先收了五个小孩子，在自己家教发蒙的书，得到每位学生家的学资，五斗小米和一担干柴，是以养活母子两人。

孔母教孩子们习字、算数和唱歌三门功课，同时也教孩子们学习礼节和仪式。孔子不到六岁开始跟班学习，后来，颜征在又收了几个小学生，小孔子成为他母亲的小帮手，以尽辅导微薄之力。孔母的苦心栽培和细心教育，不到十岁的孔子，已经学完全部发蒙功课程，因他爱琢磨，肯用脑子想问题，记忆力出众，喜欢帮助别人，成为同窗学子的佼佼者。孔母的这一段家教生涯，以及孔子帮助别人学习的经历，对孔子以后办私学、兴教育都有直接的影响。

按当时的规矩，童子十岁就要外傅（跟别的老师去念书）。孔母关闭了她的学堂，把孔子送到城内最好的学堂，学习诗歌、典籍、历史等功课，即后世称为《诗》《书》《礼》《乐》的内容。当时学堂称为“庠”，属于官办学府，集中了鲁国最优秀的老师，实施非常严格的教育。因颜氏家族与鲁国国君是同宗关系，孔子仍以一个贵族子弟的身份，在学堂里受到贵族式教育。孔子从小受到良好的教育，除了在家得到了母亲的言传身教外，在外也得到了颜氏宗亲的支持，还得到鲁国姬氏大族的照顾。

孔子 17 岁时，其母颜征在仙逝，终年不过三十四五岁。孔母颜征在是中国古代伟大教育学家孔子的第一位启蒙老师，与孟母教子相比，孔母虽然少了些经典的范例，但是作为一个年轻守寡的女人，能够择良定居、亲临授教、外傅佳堂，成就了中国最伟大的教育家、思想家，她称得上是一位贤明的母亲。

孔子是伟大的圣人，开辟了中国儒教文化的先河，在孔子以前，中国历史文化当已有两千五百年以上的积累，而孔子集其大成。在孔子七十二岁逝世以后，中国历史文化又复有两千五百年以上的发展，但是，孔子开其新统，中国历史文化离不开他的儒家说教。在五千多年之间，中国文化的建立，他是最大的贡献者。

感 悟

教育是国家繁荣富强的根本，读书学习是成就人生的基石。任何人的成功都源于读书学习和人与人的思想交流，将学到的知识转化成自己的思想和行为准则，真正地运用到自己的思想体系和社会生活当中。一个人要做到睿智，还必须有经验、常识和良好的推断力。只有懂得如何将这些所得实际应用于生活之中，一个人才能真正变得睿智。每个人的成长，大脑必须充电，读书学习是基础，活学活用便能出成果。《尚书》有言："人而不学，其犹正墙面而立。"即人如果不学习，就像面对墙壁站着，什么东西也看不见。不被别人打败的唯一法宝就是比别人多受教育、多读书、多学知识。一个人接受的教育越加充分，他就越渴望追求新的成就，让自己变得更有层次，更有广度与深度。只有善于操纵自己身心的人，才能掌握事物的规律，对一切事情都能达到收放自如的境界。曾子曰："君子攻其恶，求其过，强其所不能；去私事，从事于义，可谓学矣。"曾子的意思是说："君子能自责自身的不良行为，检查自己的过错，勉励自己做自己能力不及的事情，去除私欲，以道义来处理事物，这样才可以称得上是'学习'。"

学习重在自得。孟子曰："君子深造之以道，欲其自得之也。自得之，则居之安；居之安，则资之深；资之深，则取之左右逢其原，故君子欲其自得之也。"孟子说："君子在学问上达到精深的境界靠的是正确的方法，这就是做到自己有所体会。自己有体会，就掌握得牢固；掌握得牢固，就会积累深厚；积累深厚，就能左右逢源，取之不尽，所以君子总要自己有所体会。"

知识深处必是智慧，只有不断地学习，才能为自身赢得更多发展的契机和本领。这是因为，有了知识和智慧才能正确认识自己，才能客观地认识别人，才能认识和运用客观世界的规律。孔子说过，人如果好学，离智慧就不远了。宋代的杨时说："善学者之于心，治其乱，收其放，明其蔽，安其危。"即善于学习的人会管理自己的思想，不让其混乱，不让其放荡，去掉所学的蒙蔽，使不安情绪平静。儿女的教育重在启发晓谕，母亲教导子女懂得了读书学习。茅盾曾说过："我的第一个启蒙老师是我的母亲。"教育不仅是学知识，更为主要的是学做人。读书是通往成功的最低门槛，重视读书的母亲使孩子的一生锦上添花。母亲的一言一行，一举一动，构成儿女的潜在意识圈，左右着儿女的人生方向。她们对读书的尊重，也是对人生的敬畏。一个读书破万卷的人，经历的事情多了，智慧也随之增加。

学习重在刻苦。刻苦是学习之母，智慧是苦根上长出来的甜果。韩愈有诗："书山有路勤为径，学海无涯苦作舟。"传承母亲的基因，发扬苏秦用锥刺股、孙康映雪读书、常林携带经书耕地、路舒温牧羊读书等古人刻苦读书的精神，博学多闻，就能够把学习所获的知识用之于人生实践，就会受益匪浅。对于各类事物不能融会贯通，对于仁义道德不能一以贯之，就不能说是善于学习。多读书就会心气清爽，心气清爽就会精神端正，精神端正就会产生正能量。即使有明辨是非的本领，不经过学习，也不能真正成功。《颜氏家训·勉学》中说过："使之易习而可贵者，无过读书也。积财千万，无过读书。"说的是种种技艺中容易学会而又值得推崇的，莫过于读书了。积累众多的钱财，也比不上读书来得有用。如果能够做到全神贯注地读书，渴望追求知识的话，无论你读的是历史、地理，物理、化学，还是哲学、金融，信息技术等，都将得到智力的提高，都会增加自己的认知和智慧。淘尽黄沙始得金，苦到尽头方知甜。

读书贵在勤奋。勤奋出天才，勤奋就是力量，时间给勤奋者以荣誉。爱因斯坦说：“在天才和勤奋两者之间，我毫不迟疑地选择勤奋，她是几乎世界上一切成就的催产婆。”《中庸》上也说，别人做一次就能做到的，自己做上百次；别人做十次就能做到的，自己就上千次地去做。如果真能按这个方法去做，即使愚笨的人也能变得聪明，即使柔弱的人也能变得刚强。勤奋好学才能打开思维的通道，好学才能激活自由思考和创造的潜力。求学不觉厌倦，是为了能治理自己、提高自己。荀子曰：“无冥冥之志者，无昭昭之明；无惛惛之事者，无赫赫之功。”说的是，没有刻苦钻研精神的人，在学习上就不会有显著的成绩；不能埋头苦干的人，在事业上就不能取得巨大的成就。人一开始学习的能力是完全一样的，并无贤愚高下之分。知识多与少，全是自己努力不努力的结果。广泛地学习，诚恳地求教，才能获得丰富的知识。知识丰富了，就会用之不竭，活学活用，立竿见影。对于人生来说，知识应该是我们的终身伴侣，没有知识的人就会永远处于无助之中。王阳明说过，“凡学之不勤，必其志之尚未笃也。”知识就是财富，要获得幸福和成功的知识就要勤奋地学习。人脑可以无限制地联想，我们的勤奋程度、创造能力也一样没有限制。

读书重在修养自己。成为人生赢家，必须修养自己，修养自己必以读书学习为先导。普希金说：“人的影响短暂而微弱，书的影响则广泛而深远。”《易经》上说：“君子通过博学广记古圣贤的言行来蓄养德行。”孔子说：“少成若天性，习惯如自然。”童蒙时养成好的品德，少壮时努力学习，如早晨的太阳放出光芒。求取知识，努力实践，二者不可偏废，学习的目的贵在改变人的性格和气质。身体力行，形成习惯，持久难忘。人不通过读书学习，就不可能明白万事万物的道理。隋朝的王通说过：“君子之学进于身，小人之学进于利。”说的是，品德高尚的人学习的目的，在于追求仁义道德；品德卑下的人学习的目的，在于追求自身的私利。学习修养人生，读书能使人少犯过失，不读书则恶行就会潜滋暗长。通过读书学习探究事物的道理，通古博今，可以培育自己的内心和本性。自我修养到“不以物喜，不以己悲”的程度，才是一种至高的境界。每个人天生的气质都有好的地方也有不好的地方，读书学习旨在纠正那些不好的地方。切记一点是，读的是古人及名家的教诲，做人是自己的悟性。

国家主席习近平指出：“做到学、思、用贯通，知、信、行统一。”要以良师益友作为自己的榜样，去除糟粕培养有益的知识，实现自己独立，自己争气，自求长进，自己努力成材。读书学习需要抱着好奇心去体验差异和同步，去探索新的事物并沉浸其中，去反思你的经历并从中得到有益的经验。还要谨慎地从他人的错误中吸取教训，找到人生当中的真谛。荀子曰：“故君子耻不修，不耻见污；耻不信，不耻不见信；耻不能，不耻不见用。”说的是，君子以品德修养不够为耻，不以受到了侮辱为耻；以没有诚信为耻，不以不受信任为耻；以没有能力为耻，不以不被任用为耻。应当竭力地真正认识到，反省自己，不能只看到别人的过错，看不到自己的过错。应当记住北宋的林逋的名言：“耳不闻人之非，目不视人之短，口不言人之过。”即不用耳朵去听别人的是非，不用眼睛去看别人的短处，也不用嘴巴去责备别人的过失。达到像刘禹锡所说的读书人，“以清俭自律，以恩信待人，以夷坦去群疑，以礼让汰惨急，自上化下，速于置邮”。说的是，以清廉俭朴要求自己，以恩义诚信对待别人，以坦然无私消除人们的疑惑，以礼让涤除严刑峻法，最高层感化最下层的民众，那么治国效果会比设置邮路传递信息还要快。治国安邦要用道德礼让感化民众，要用恩义诚信取信于民，要用公正无私树立形象。

学习重在精诚知行。学习重要的不是说而是做，是付诸切实的行动。慎于立言而勇于实践行动，耻于言过其行。没有专一精诚精神的人，在学习上就不会有显著的成绩，就没有清明的智慧。学习应该专心致志地坚持到底，坚定专一不偏邪，思想才会坚如磐石。荀子曰：“心枝则无知，倾则不精，贰则疑惑。”意思是，不专心就等同于无知，心有偏向办事就不能专诚，分心二用就会陷入迷惑的境地。要在实际生活中的行为实践中去进行体验，像古人那样，读一个“孝”字，就要竭尽侍奉父母的道义，读一个“弟”字，就要竭尽服从兄长的道义。学习重在学以致用，要把学到的听在耳中，记于心上，表现在一举一动上。要潜心思考、默默探究，逐章逐节地领会，做到随意运用，信手发挥。宋代的杨时在《二程粹言》中说：“君子之学贵一，一则明，明则有功。”君子学习，贵在能够专一，专一地学习就会通达，通达之后就会有所收获。又说：“进学不诚则学杂。”学习如果不能够专心，就会变得杂乱无章，真正的学问是从混杂的学科中创造更加富有思想性和影响力的知识。读书要研究事物的道理，要会运用所学的知识。读书最可贵的是对所学的知识能够身体力行，把得到的知识运用到实际中去，不实践便不能算真知。

学习重在精通内涵。古人云：“致知在格物”。充实知识的方法在于探究事物的原理、规律，坚持理论与实践相结合。应当养成良好的学习与思考的习惯，深入学习就不会心志混乱，从而使认识有质的提高。学习重要的是能够领悟其深邃，读书要求专求精，以思考为根本，充分领会其本质性的东西。学习是思考的源泉，思考是实践的基础，实践是学习的检验。深入思考钻研，就能攻破一个又一个难关。《论衡·实知》曰：“博览多闻，学问习熟。”即广泛地观察和听取，就能使学问精通。《格言联璧》曾说：“读书贵能疑，疑乃可以启信。读书在有渐，渐乃克底有成。”见到别人有好的言行就要怀着倾心敬慕之情把它记录下来，看到了自己喜欢的优秀文章就仔细阅读或者把它抄录下来。宋代的杨时有言：“学莫大于知本末终始。”即学习的大道，没有比弄清事情的前因后果、来龙去脉更重要的了。任何一个人，必须使自己养成更有品位的学习习惯，要养成追根到底的专注习惯，通过学习让自己的能力得到拓展，弄清社会与客观世界的一些本质问题。通过弄清一些深层次的问题，提升自己的境界，升华自己的心灵，提高自己的创造力。知识只有在经过排列、分类以及付诸实践后才能变成能力。

学习重在探求真理。探索真理是读书学习的最高境界，也是指导人生实践最科学的依据。培根说过：“求知的目的不是为了吹嘘炫耀，而应该是为了寻找真理，启迪智慧。”真理是至高无上的智慧，通过研究过去已经发生的史实，增强对社会现实的理解和把握，把准社会发展的脉搏，从而对现实问题的解决提出新的正确的思路。古代的荀况曾说过，学问修养的最高境界没有比受真理的熏陶更大的了，幸福没有比经过修身消除祸患更久的了。真理为人民谋幸福，真理造福于人民。真理永无止境，探索真理的唯一途径就是学习加实践。南宋著名理学家、思想家朱熹说过：“为学之道，莫先于穷理；穷理之要，必先于读书。”做学问，最优先的是深入探求规律；要想探求规律，关键还在于读书。明代的洪应明在《菜根谭》中说过：“学者要收拾精神并归一处。如修德而留意于事功名誉，必无实诣；读书而寄兴于吟咏风雅，定不深心。”告诉人们，求学一定要专注，心无旁骛，集中精力。提升自身的修养如果不注重内在品质，而是在意那些功名利禄，就会过于浮夸而没有真正的造诣；读书求学如果只在吟诗弄月上下功夫，而不顾学问的研究，就不会从中得到深刻的体会和心得。应当围绕思想和真理的重要性，遵循社会和自然发展的规律及层次，发现新的主题和新范式的东西，为人民的美好生活提供真理。德国物理学家马克斯·普朗克说过：“真理追求者之所以感到幸福，是因为他们的追求过程终于获得了成功，而不是因为他们终于拥有了真理。”只有肯于用实践确立真理的人才能获得真理。

学习重在创新性学习。科学发展日新月异，知识更新日新月著。人之可贵在于能创造性地思维。《大学》有言：“汤之盆铭曰：苟日新，日日新，又日新。”《康诰》曰：“作新民。”说的是，商汤的浴盆上刻着这样的铭文："假如要保持清洁，除去身上的污垢，就必须天天清洗而不间断。"《尚书·康诰》中说："要使人振作，革旧更新。"创新旨在挖掘前人所未发现的东西，并非以异端的反对姿态出现。学习应当在别人的基础上有所进步，因循守旧是不会取得成效的。人们只有学习了学习的方法之后才能创新，创新思维能够让许多问题迎刃而解。在学习中既要有遵循也要有敢于怀疑的精神，遇到值得怀疑的事就要去仔细求证，只有自己去推究事物的本质及规律得来的智慧才是千真万确的智慧。德国著名物理学家、1918年诺贝尔物理学奖获得者马克斯·普朗克说过："惟有专心致志把自己奉献给科学的人，才能够在科学研究上有所建树，有所发现。"应当积极展望未来，预测未来的发展前景，富于想象力，把创造性地解决问题当作学习的主要形式。要在生活和事业中自我引导而不是受他人支配。要塑造生活，而不是被生活塑造。要摆脱过去的束缚和别人的强加，弥补自己在教育上的任何缺陷，相信自己的智力，不断地证明自己的正确选择。培养自己的创造力，不容许有任何想法危及或颠覆自己的抱负。把学到的东西吸收消化掉，细细品味其中的奥秘、仔细分析不同事物的共性、不时地运用到实践中，通过学习提高自己的发展概念能力，成为一个非常有创造力的人。把自己和世界的未来看成是一次机会而不是一次考验，它让你可以去完成那些你还没有完成的事，以及需要你去完成的事。

学习贵在终身学习。人生永远在路上，只有通过不断持续的学习才能懂得与时俱进，要通过贪婪的学习而成为终身自学者，争取每天都能收获一点。《尚书·兑命》中说："要自始至终想着学习。"活到老学到老，才能明白到老。孔子说："学而不已，阖棺而止。"知识永无穷尽，学习永无止境，教育必须被看成一种永不完全停止的过程。《穷查理宝典》第439页有这样一段话，"这个道理可能会让你们想起孔子——是，获得智慧是一种道德责任，它不仅仅是为了让你们的生活变得更加美好。而且有一个相关的道理非常重要，那就是你们必须坚持终身学习。如果没有终身学习，你们大家将不会取得很高的成就。未来属于那些能够靠智慧而上升的人，成人之后继续提高自己的修养是终生的事情。这是因为不学习就会被社会淘汰，不学习就像慢性自杀一样，带来的影响是经济上的、心理上的和生理上的。”人的资质是上天赋予的，而知识是每个人自己获得的。读书学习，应当常有变化进步，就像蝉蜕壳一样，如果故步自封就难以长进。越学习，越知道自己无知。要培养自己养成天天学习的习惯，要坚持终身对书籍的热爱，通过对书籍的喜爱和日积月累的学习，使自己成为一个学习型人才，让自己的思想更纯粹、智慧更灵敏。始终保持你的脑海中有明确的学习任务，让心情愉悦，以便让思维进入良好的状态，把自己的办公室、寝室布置成一个喜欢去读书的地方。

智慧是一切力量的源泉。智慧是人生成功的基石，智慧加勤劳就会灿烂辉煌。莎士比亚说：“智慧是命运的征服者”。托尔斯泰说：“没有智慧的头脑，就像没有蜡烛的灯笼。”智慧的来源是读书、思考和实践，一个有智慧的人才是一个真正力量无边的人。《礼记·中庸》说过：“博学之，审问之，慎思之，明辨之，笃行之。”能够广博地学习，天天对自己检查反省，就会智慧聪敏。积累知识，养成高尚的品德，自然就会达到高度的智慧。能够成就伟业的人，最大的智慧莫过于博采众人的智慧，扩充自己的大脑。学习途径最快捷的方法是向良师益友请教，正如《格言联璧》所言：“长莫长于博谋，短莫短如自恃。”人最大的长处，莫过于博取众人的智慧；最大的缺点，莫过于仗着自己的力量，自以为是。其次是学习经典著作。要努力珍惜自己的资质，读好书，交良友，成就自己的智慧人生。有智慧的读书人目光远大能看得见事物的成败，贤能的读书人修身廉洁不会像奸佞之人那样欺骗人生。我们应当像《素书》讲的那样，“推古验今，所以不惑。”即研究历史的经验，检验当今的得失，所以不会迷惑。这种学习要坚持条理清晰、重点突出、丰富发展的原则，以此来拓展自己的思维，以便激励大脑喷涌出越来越多的思想。

一个善于读书学习的人，总会善于抓住接受教育的宝贵机会，总是善于利用一切可以用来读书的时间，总是永不自我满足的人，总是重视阅读的力量，总会对别人产生潜移默化的影响，总是把知识变成财富的人，总是拥有一种比自身更为强大的力量，总会成为最为成功的人。巴菲特说："阅读是很重要的。这么多年来，是阅读让我致富。"他们总是把沉思作为他们所有思考事情的必要部分，把学习、沉思和信仰、事业目标编入自己每天的工作日程当中，以期有新的发现和大的突破，制订更好的人生规划和行动决策。每个人的学习能力是无限的，每个人的大脑是无穷的能量站，通过自己的学习让不可能变成可能，让梦想变成现实。只有日积月累地力行而持久，才能够学有所成。学习永远在路上，应该一心一意地坚持到底。要多读圣贤经典之书，使自己德行品正、志趣高雅。只有读书才可以养身养心，书籍才是保养身心的最好的东西。你研究得越努力，信心就越足。做到在读书时思考，在思考时读书，做一个知识的探索者。

箴　言

教育是人类发展的基石，家教是人生幸福的基石，读书学习是任何成功者的唯一靠山，视读书如饮食的人必成大器。

第 16 章
论耐心

母亲语录

世上无难事，只怕有心人。

心　语

在母亲看来，耐心是当母亲的基本美德，是植根于内心的修养，只有耐心才能够保持理性、客观和冷静。她们认为，凡事多点耐心，多为他人着想，会使你的生活更加舒畅。我们只有耐得住生活的寂寞，耐得住一个人的孤独，耐得住等待，最终才会开花结果。没有耐心就没有耐力，耐力是成就事业的最有力量的武器。她们认定，耐心与机会的结合是非常美好的，但当它来临时，一定要做好准备并且抓住它。美国第 36 届总统约翰逊说过：“伟大的工作，并不是用力量而是用耐心去完成的。”正所谓：“滴水穿石，铁棒磨针。”作为一名母亲，最需要的素质是耐心，耐心是生活的力量，耐心能够等待幸福的到来。一个人的快乐和幸福，总是与自己的耐心如影随形。拥有耐心是一个人取得成功、获得幸福的先决条件。

正如乔治·郝伯特所说：“一个人只有具备了耐心和毅力，才能成为一个履行职责的人。”她们认为，坚持耐心、防范细微过失是成就家庭幸福和伟业的基本功。做任何事情都需要有耐心，没有耐心就没有忍耐力，没有忍耐力是很难成功的。育子更需耐心，耐心方显爱心，耐心是永久的享受。袁牧有诗曰：“天下无难事，只怕有心人。天下无易事，只怕粗心人。”她们认为，不能持续不断地保持耐心，就会重复愚蠢的行为。做母亲的必须有很好的耐心，因为每天需要大量的家务时间，做大量的工作，必须要有正确的情绪特质。

她们相信，耐心就是选择正确的时机，耐心就是迎接希望的到来，耐心之树，必然会结出理想之果。生活中好多人们喜欢随大流，急于求成，往往由于缺乏耐心而造成愚蠢的想法和行为。富兰克林这样说：“有耐心的人，能得到他所期望的。”对于母亲来说，耐心既是她们对自己的要求，又是做母亲的智慧。她们要让孩子永远记住英国将军马尔伯勒的名言：“我之所以能取得成功，是因为我拥有乐观向上、沉稳平和的性格。有的时候，我们在战场上取胜的一个很重要的因素，取决于我们自己有多大的耐心。”她们要让孩子明白，缺乏耐心、不能自我克制是没有修养的，是不能成事的。忍耐是犹太人的标记之一，因为这样的标记，犹太人如今能成为屹立在世界民族之林中的伟大民族之一。用母亲的话说，有些事情需要我们一辈子的耐心。成功不在于你耐心了多久，而在于你能否继续耐心。谁能耐心到最后，谁就能笑到最后，谁就笑得最美。人一定要有耐心，才会做出成果的。没有伟大的耐心，就不会攀登到希望之巅。

她们认为，培养耐心，它会为你减少因冲动带来的麻烦，更会为你带来意想不到的成功。保持耐心就是要考虑到世事无常，我们的行为不但要合理，还要赋予其安全边际。虽然等待是最难做到的，但为了胜算一定要有耐心。对于她们来说，耐心是女人的一种天性，耐心也是一种特殊的力量。她们拥有在困难面前付诸行动的耐心，以及不达目的绝不收手的执着精神。耐心使她们以征服者的姿态跨进成功的大门。耐心是公正理性的母亲身上所具有的最美丽的闪光点，这种柔和的力量和智慧支撑着她们的成功和美丽。她们的耐心并不是指特定情况之下的耐心，是一种一成不变的关注，是在一切情况下都能够保持的美好品性，生活中的任何逆境与考验，任何打击都无法改变这种温柔的力量。正所谓："退一步心平气和，让三分海阔天空。"她们要让孩子懂得，一个具有克制力、耐心力的人，总能在生活中找到幸福的位置，总能在成功的路上找到适合自己的秘诀。一个富有耐心而又善于思考的人，哪怕是从极度的悲伤中也能获得极为丰富的社会经验和智慧。

她们坚信，精诚所至，金石为开，赢家最终属于拥有耐心的人。牛顿说过："如果说我曾发现什么有价值的原理，那应该归功于我的耐心观察，而非其他才能。如果说我对公众有什么贡献的话，那是因为我的耐心思考。"科学家的精神给了她们很大的启示，她们坚定的耐心和持久的忍耐力是我们难以想象的。她们认为，当遇到那些自己不喜欢却又无力改变的事情时，我们唯一能做到的，就是耐心。她们的耐心是一种无形的力量，如同英雄般的勇敢、科学家般的坚毅、老师般的热忱。她们总是凭着这种耐心，去做那些自己不喜欢、不相称的工作，并最终获得社会的赞颂。她们的耐心是理性的，曾一天又一天、一年又一年地用理性浇灭了无数次心头燃烧着的熊熊怒火，也因耐心得到了许多许多。正如柏拉图所说："耐心是一切聪明才智的基础"。耐心使人静心，古今所有成就事业者都是靠滴水穿石的耐心精神取得最后的成功。她们要让孩子明白，有耐心的人总能看到生活中积极向上的一面，如果不能学会耐心，将来也不会有大的作为。

在母亲看来，耐心是生活的基本功，要看日出必须守到拂晓。居高临下、大声训斥、缺乏耐心，只会让孩子充满压力。没有耐心是性格的缺陷，失败的主要因素。没有耐心，痛苦是经常的，生活是不顺的。能够耐心，许多原来已经失望的事情可以起死回生，以达到可以企望的目的。人最可依赖的品质是耐心，耐心是母亲的基本素养。她们认为，对家人充满耐心是真正的爱，对别人充满耐心是敬重，对自己充满耐心是信心。在养育儿女的人生过程中，她们需要有足够的耐心去面对。母亲不是一个盲从的人，她们有一个相对稳定的心态，每时每刻都用耐心去启迪孩子纯洁的童心。因为她们十足的耐心，才组成了一个个稳定的幸福家庭。即使是一些没有文化、不识字的母亲，无论孩子们遇到什么问题，她们总是不着急、不发脾气，总是安静地站在孩子身边，心态平和地陪伴着孩子们度过人生中的每一个坎儿。她们的智慧体现了一个哲理，母亲的教育就是无为而无不为，耐心是我们通向幸福生活最可靠的保障，成功也总是偏爱有耐心的人。

她们认定，成功意味着你要非常有耐心，然而又能够在你知道该采取行动时主动出击。曾以《罗兰小语》风靡两岸的作家靳佩芬这样说："我们时常必须把目标放在背后，而耐心地去做披荆斩棘、铺路修桥的工作，我们时常必需尝试很多条看来非常晦暗无望的道路之后，才发现距离目标近了一点。"她们认为，孩子是一粒种子，一个独立的生命，从小时候起就应该培养孩子要有耐心耐力。父亲只需要尽可能提供他们一个安全、稳定的环境，母亲应该耐心地陪着孩子们一点点成长。母亲耐心，孩子们才能养成情绪稳定、自信阳光、乐观开朗的性格。正如儿童教育学家杨杰所说过的："其实真正的教育，拼的是父母的人生功底"。对于孩子们来说，父母真正的人生功底，并不是拥有多少财富，在这个社会有多高的地位，工作上有多么出类拔萃，而是不着急、不浮躁，遇事永远保持一个稳定的状态，一颗安静的内心。你的耐心就是一块磁铁，你所想要的一切，它都会积极地吸引过来。它能让我们的事业越做越大，让我们个人的力量更加坚强。要让孩子懂得，任何一个有伟大抱负的人必须拥有耐心的心态，以一步一步登山的踏踏实实的行动去开创人生的美好未来。

她们认为，耐心是由微小到伟大的必由之路，耐心是一种策略，同时也是一种性格磨炼。汉代的桓宽在《盐铁论·刺复》说过：“治大者不可以烦，烦则乱；治小者不可以怠，怠者废。”意思是做大事的人要有耐心，没耐心就会乱了分寸，误了大事；做小事的人不能有怠慢轻忽之心，否则事情就做不成。如果母亲没有足够的耐心，经常焦虑、着急，始终不能沉着，静待花开，任她拥有再多财富，再高的地位，都无法给孩子真正的安全感和力量。只有给孩子们无条件的爱，和一个安全稳定的成长环境，才能让孩子真正获得安全感和力量。母亲用耐心浇开智慧的花朵，耐心是母亲聪慧的基础，母亲的耐心总会得到报酬。可以说，耐心是痛的，但是它的结果是甜蜜的。幸福属于能够坚持耐心等待的母亲，慈祥、和蔼的母亲再加上富有耐心的卓越品质，让我们对她们更加敬仰。她们要让孩子懂得，努力不一定成功，但放弃必定会失败。如同《格言联璧》所言：“日日行，不怕千万里；常常做，不怕千万事。”成功不是一蹴而就的，而是用耐心的毅力在一步一步的积淀中实现的。真正赢家的素质，只有注入了耐心耐力的元素，才臻于完美。

她们认为，耐心是最好的自我克制。自我克制、真诚的耐心，能使自己及他人心情愉悦，能摆脱那些可怕的阴影，能摒除无知和愚昧。细心的母亲总能清醒地对邪恶保持警惕，耐心地检点自己的行为，时刻注意净化自己的心灵。她们要让孩子懂得，耐心和自我克制是人们美好品格的精髓，正是这种自控能力构成了美德的主要基础。英国哲人郝伯特·斯宾塞说过：“富于理想的人类孜孜以求的伟大目标之一，便是极其严格的自我控制。”人们通过自我克制式的自我管理，从而做出最恰当的抉择。她们要让孩子明白，耐心和自我克制教育的发源地，最好的地方是家庭，其次是学校，再次才是社会。如果一个人既没有受到良好的家庭教育，又没有受到良好的学校教育，那么，这个人会面临诸多不幸，难以幸福和成功，他甚至会给社会造成危害。如果一个人没有自我控制能力，他就会缺乏耐心的精神，不但不能管理好自己，而且也不能驾驭别人。

之所以说母亲是耐心的，这是因为母亲有一个不断成长的心理历程。她们认定，成功是从积极之人到耐心之人之间的转移。如果你有耐心、理性，而且当成功的机会来临时紧紧抓住它，就一定能收获胜利的果实。巴尔扎克曾说："人的全部本领不过是耐心和时间的混合物。"母亲在抚养教育儿女的成长中，不断地将自身生命的局限扩展到更广阔的领域，志在使自己的孩子健康、幸福地成长，并在人生的道路上取得成功。她们要让孩子懂得，成大事不在于力量的大小，而在于有多大的耐心和耐力。蒙田说过："我有两个忠实的助手，一个是我的耐心，另一个是我的双手。"耐心是一个人成功的灵魂，没有耐心的人将不能主宰自己，他将一事无成，永远是一个成功的奴隶。

经典传颂

孟子，名轲，中国古代著名思想家、教育家，是儒家思想的代表之一，与孔子并称"孔孟"。

孟子三岁时父亲去世，由母亲一手抚养大。孟母是个勤劳而有见识的妇女，她希望自己的儿子读书上进，早日成才。

孟母仉氏，克勤克俭，含辛茹苦，坚守志节，抚育儿子，数十年如一日，丝丝入扣，毫不放松，成就了孟子，更为后世的母亲留下了一套完整的教子方案，她本人也成为名垂千秋万世的模范母亲，在中国历史上受到普遍尊崇。

一次，孟母看到孟轲在跟邻居家的小孩儿打架，孟母觉得这里的环境不适宜教育孩子，于是搬家了。

孟母把家搬到了荒郊野外。一天，孟子看到一溜穿着孝服的送葬队伍，哭哭啼啼地抬着棺材来到坟地，几个精壮小伙子用锄头挖出墓穴，把棺材埋了。他觉得好玩，就模仿着他们的动作，也用树枝挖开地面，认认真真地把一根小树枝当作死人埋了下去。直到母亲找来，才把他拉了回家。

孟母第三次搬家了。这次的家隔壁是一所学堂，有个老先生教着一群大大小小的学生。老先生每天领着学生念书，那拖腔拖调的声音就像唱歌，调皮的孟轲也跟着摇头晃脑地念了起来。孟母认为儿子喜欢念书了，很高兴，就把孟轲送去上学。

可是有一天，孟轲逃学了。孟母知道后很伤心。等孟轲玩够了回来，孟母把他叫到身边，说：“你贪玩逃学不读书，就像剪断了的布一样，织不成布；织不成布，就没有衣服穿；不好好读书，你就永远成不了人才。”说着，抄起剪刀，“哗”的一声，把织机上将要织好的布全部剪断了。

孟轲吓得愣住了。这一次，孟轲心理真正受到了震动。他认真思考了很久，终于明白了道理，从此专心读起书来。由于他天资聪明，后来又专门跟孔子的孙子子思学习，终于成了儒家学说的主要代表人物。

后人把孟母与北宋文学家欧阳修的母亲欧母，“精忠报国”岳飞的母亲岳母，晋代名将陶侃的母亲陶母列为母亲的典范，并称中国“四大贤母”，而且孟母位居“贤母”之首。

感　悟

事业成于耐心，毁于急躁，迎接幸福和成功，需要有耐心。狄德罗说过：“最后笑的人，总是笑得最好的人。”耐心是应付任何情况的妙计，耐心是一切聪明才智的基础，凡是有耐心的人的成功率大大高于没有耐心的人。

曾国藩说过：“自古成大事者，一定要耐得住，耐冷，耐苦，耐劳，耐闲。”说的是，人生要有所成就，一定要耐得住冷遇寂寞，耐得住痛苦挫折，耐得住烦恼辛劳，耐得住世态炎凉。培根也说：“耐心是高尚的秉性，坚韧是伟大的气质。无论何人，若是失去耐心，便失去了灵魂。”谁没有耐心，谁就没有智慧，也就很难成功。中国古代的荀况也说：“锲而舍之，朽木不折；锲而不舍，金石可镂。”耐心不是盲目的容忍，是取得最后胜利的策略。它是无须投资只靠自身修养得来的一笔罕有的财富，芸芸众生的社会当中，能够拥有这种美德的人都是成功者。一个人只要有耐心方面的修养，总能得到成功的青睐。耐心就是目标专一而不三心二意，持之以恒而不半途而废，这样就一定能够实现我们美好的理想。特别是关键时候更需要耐心，几乎所有困难都在此时浮出水面，击破它们，你就赢了。古希腊伟大诗人荷马说过：“决定问题，需要智慧，贯彻执行时则需要耐心。”应该记住，把忍耐时刻带在身上，它就可以为你带来机会、快乐和成功。

耐心是成功的钥匙，持久的耐心耐力可以征服世界上任何一座高峰。牛顿说过：“我总是把我的研究主题摆在面前，耐心等候，直到第一缕晨光初现，并逐渐变成一片阳光。”母亲养育子女的过程证明了她们的耐心和持久的耐力，她们因此而得到了回报，赢得了社会的尊重。耐心是母亲身上战无不胜的忍耐力量，所有的挫折、阻碍、痛苦都会迎刃而解。这种耐心是在一切情况下都能够保持住的，生活中的任何困境与考验、任何迫害都无法改变这种温柔的力量。正如爱迪生所言：“无论什么时候，不管遇到什么情况，我绝不允许自己有一点点灰心丧气。”母亲教导子女懂得了耐心，用耐心把冷板凳坐热了，就到了否极泰来的时候了。使儿女懂得了一个哲理，干事的耐心比能力重要得多，如果要想成为一个有力量的人，必须学会理智地控制自己，明白耐心是一种绝处逢生的力量。犹太人詹姆士说：“善于忍耐的人最终得到他想得到的一切。”人生的路上，耐心能使我们递增力量，耐心使我们更加成熟，耐心使我们绕开失败。爱默生说：“要想获得成功，应当以恒心为友，以经验为顾问，以耐心为兄弟，以希望为守护者。”

耐心是母亲的一种内在修养。俗话说得好：“耐得千事烦，收得一心清。”人生烦事无数，耐得住便是晴天。传承母亲的基因，控制自己的心态，不要急着要生活给予所有答案，拿出耐心改变自己，坦然去迎接不可预知的未来。像她们那样，总是为他人着想，总是小心翼翼避免与人争吵，脚踩耐心给我们的超出凡俗的雄心壮志，载着耐心给我们的永不服输的信念，向成功迈进。母亲的耐心表现在征服力和控制力上，她们的耐心告诉我们一个哲理，骆驼走得慢，但最终能走到目的地。美好的东西不是那样容易得到的，要耐心地等待它，研究它，才能将它屈服。爱迪生说过：“我之所以能在科学上成功，最重要的一点就是对科学的热爱，坚持长期探索。”如果不能够耐心地坚持下去，就不能耐心地等待成功的到来，而只能耐心地等待人生的失败。摩擦、冲突随处可见、时有发生，我们的心灵为此而烦恼，我们的思想也会受到影响。耐心固然需要我们付出很多，但它却可以丰富我们的心灵，美化我们的思想。越是想成就大事者，越是要学会有耐心。可以说，人生就像马拉松赛一样，只有坚持到最后的人才能够称为胜利者。正如意大利人的一句话：“走得慢且坚持到底的人才是真正走得快的人。”

耐心是保护自己的机会，耐心就意味着成熟，意味着越来越接近成功。沙漠中的行人，匆忙的总是落在从容的后边，疾驰的骏马，总是落在慢步的骆驼后面。我们必须耐心地吸收一切，耐心地成长，耐心是永久的享受。有些人你可以不喜欢，但不得不交往。有些事你可以不喜欢，但不得不做。即使坏事发生了，也要冷静耐心，不要躲避，认真观看，用主动的接受代替被动的刺激，抱着宽厚的心态去应对，就会处理好每一件事情。只有经历了自己的渺小，才能达到高尚。传承母亲的优秀基因，耐心对待，才能耐得住寂寞。失去了耐心，就失去了坚持的毅力。形成耐心的习惯，才能看到成功的希望。耐心的人总会有脱颖而出的机会，耐心加勤奋的人总是能笑到最后。美国前总统尼克松有言："胜利的道路是迂回曲折的。像山间的小径一样，这条路有时先折回来，然后伸向前去；像山间的小径一样，走这条路的人需要耐心和毅力。累了就歇在路边的人是不会得到胜利的。"滴水穿石，耐心总会有收获，最终会战胜不耐心的人。耐心的人定能赢得人心，得到支持的力量。耐心赋予了我们征服力和控制力，克服了暴躁等愚蠢的缺点，获得和谐而处于不败之地。

耐心是修养的美德，是一种成就事业的巨大潜能。耐心给予了我们耐得住寂寞的意志和品质，每走一步都能把下一步看得清清楚楚。哥伦比亚大学的著名哲学教授杜威曾说："耐心是最能使人受益的美德。"古罗马著名历史学习家老加图也说："耐心是最伟大的美德。"在通往成功的道路上，每一个人都应该运用自尊与自信，朝着自己的目标来寻找自己的耐心，做积极的努力。不用急躁，不用虚耗，保持平静的心态，创造性地发挥自己的想象力，控制自己的焦虑和迷惘，耐心地寻求宁静与快乐。如果你找到了真正的自我，更好地自我发挥，这就是耐心的源泉。耐心的实质就是为他人着想，做事情时不能只顾自己，还要顾及他人，必须学会为那些忍受痛苦以及处于弱势群体的人考虑。必须学会如何用平静的心同那些在关键问题上与自己意见相悖的人相处，必须学会如何通过不断运用耐心去化干戈为玉帛，获得友好的支持。应耐心地对待自己的困境和不甘，耐心地感知身边的美好，千万别让不耐烦毁掉你。

耐心可以控制妄动情绪并把握好转机。在时机不够成熟时，不可勉强急于求成，要耐心等待时机的反转。达·芬奇有言："应当耐心听取他人的意见，认真考虑指责你的人是否有理，如果他有理，你就修正自己的错误。如果他理亏，只当没听见。若他是一个你所敬重的人，那么可以通过讨论提出他不正确的地方。"马克·吐温曾说："在这种变幻莫测的尘世上，遇事还是尽量把稳一点才好。”对于所有的人来说，所有的环境和不佳的运气及其带来的后果，其实都是你自己造成的。而对于一个有耐心的人，他们总是在寻找一切转机的条件并且创造可能，永远不会放弃能够成功的任何机会。他们总是在别人认为他束手无策、彻底绝望时柳暗花明、获致成功，总是在别人放弃信仰、宣告失败时继续坚持下来，总是在自己跌倒了的地方再站起来并且求得胜利，总是把在前进路上遇到的山穷水尽、暗无天日看成是走上更高层次的开始，总是在无论遇到多大的打击时保持镇静的心态、并以勇敢者的果断去创造奇迹。你如果真的想找出你身上的坏运气和所有不幸的成因，那就请你看看自己有没有足够的耐心就可以了。有了耐心，你自己就是你心灵的掌舵人。对于一个胸怀大志的人来说，毫不妥协地保持着耐心是一条屡试不爽的成功策略。

耐心的最高境界是等待成熟机会的到来。善于思考的人都是乐在等待，耐心的等待比能力更重要，这是一种智慧的理解。《穷查理宝典》的作者彼得·考夫曼说，富兰克林、查理·芒格的共同特征是未雨绸缪、富有耐心、律己严厉和不偏不倚。查理认为，未雨绸缪、富有耐心、律己严厉和不偏不倚是最基本的指导原则。因为自然界的生存法则是顺时，树木遇春暖发芽，遇夏炎开花，遇秋爽结果，遇冬寒休眠。世界的事情也是这样的，循序渐进地去做，你就不会觉得任务艰巨。查理·芒格有这样的体会：“成功意味着要非常有耐心，但当时机来临时，则要积极进取。”可以说，耐心也是人生和事业成功的法则。一些事，时机不到，强行去做，会适得其反。有耐心的人，他们总是保持着耐心和稳扎稳打的积极进取精神，他们在苦难中从不灰心丧气，他们历经沧桑却始终保持着旺盛的生命力，他们相信凭着自己的耐心就一定能获得机会。犹太金融巨头迈耶·罗斯柴尔德用自己成功的业绩告诫人们：“苦难并不可怕，只要我们怀抱希望，坚忍不拔，积极进取，经过苦难与忍耐，光明的曙光一定会绽放在我们前方。”

耐心最忌讳的是暴躁。暴躁是一种成事不足败事有余的无知，达尔文说过："脾气暴躁是人类较为卑劣的天性之一，人要是发脾气就等于在人类进步的阶梯上倒退了一步。"暴躁是失败者的性格，产生的是负能量，轻者伤了和气，重者影响事业，甚至是一败涂地。任何一个人，一旦暴躁起来就会手忙脚乱，就会处于病态心理状态，不会从事物发展的客观规律来研究和分析事物发展的动向，拿不出解决问题的科学方案。人生之路曲曲折折，不如意的事很多，应当守正待时，顾大局，识大体，想长远，确保人生旅途顺利畅通。应当学会阴顺从阳，遵循天地之规律，调整好自己的心态和行为，练好成就伟业的基本功。如果没有足够的耐心，那么即使你有很高的智商，也注定会失败。正如本杰明·富兰克林之言："你需要的不是大量的行动，而是大量的耐心。你必须坚持原则，等到机会来临，你就用力去抓住它们。"解决暴躁的方法就是增强理性观念，养成耐心的习惯。增强理性不是一件你可以选择做或不做的事情，它是你需要尽可能履行的一项道德义务。耐心点，坚强些，总有一天，你承受过的疼痛会有助于成功。

箴　言

耐心是一个人最大的底气，是成功和幸福的必备素质，它是一个有约束力的原则。拥有了极度的耐心就会有极度的决心，你就是自己命运的操盘手。

第 17 章
论奉献

母亲语录

鞠躬尽瘁，死而后已。

心　语

在母亲看来，家庭是爱的天堂，温暖的社会需要爱的奉献，奉献是希望别人幸福的一种大爱，也是对别人苦难的一种关切，而且奉献是相互的。她们认为，奉献是最重要的道德情操和道德素养，奉献的最初意识是从孩子的思维开始的，奉献教育也是母亲的一项重要的情感教育。要让孩子懂得，从家庭到社会，每一个人都要像蜡烛为人照明一样，有一分热，发一分光，忠诚而踏实地为社会贡献自己应有的力量。奉献藏有爱的精魂，奉献来自心底里的良心。为了他人应当慷慨无私，做自己所能做的事。为了社会，应当付出不求回报的爱心。为了祖国的荣誉和中华民族的伟大复兴，应当毫不动摇地、竭尽全力地履行自己的义务甚至奉献出自己的生命。她们认为，作为母亲就是要在爱的奉献的召唤之下，从容温婉，潇洒大方，用实际行动服务他人，奉献社会。应该把奉献当成自己的职责、当成一项事业来热爱和完成，从点点滴滴中寻找乐趣，努力地用这份爱去感染身边的每一个人，使你所奉献的每个人都能从你身上得到美好的东西。正如苏霍姆林斯基所言：“对人来说，最大的欢乐，最大的幸福是把自己的精神力量奉献给他人。”

母亲的精神世界里充满着奉献的情感，她们要求自己把社会的欢乐和他人的忧愁贴在心上，永远以高尚的奉献之光去照亮孩子心中的道路。她们要求自己做好每一件有益于社会的事情，认真善待每一个人，全心全意履行自己的光荣职责。她们的奉献精神是母亲职责的集中表现，是一种真诚的付出行动，帮助别人减少了苦难，使周围的人变得更美好，精神上更丰富，同时也升华和鼓舞了自己。她们的奉献业绩是一种纯洁的精神境界，她们的精神永远熠熠生辉，永远是鼓舞和激励人们奋发向上的巨大力量。她们要让孩子懂得，中华民族是一个具有伟大奉献精神的民族。“春蚕到死丝方尽，蜡炬成灰泪始干”就是对奉献精神的生动写照。成就人生必须具有奉献精神，形成利他之风，效仿天地宽爱无私，废除私心，广施恩泽，四海之内如同一家。她们要教育孩子，把自己的才能和心灵奉献给他人，把奉献精神和责任感融为一体。奉献是每个人共同参与创造社会公共幸福的基础。使孩子认识到，奉献是我们的骄傲，要做自己母亲的继承人，要珍惜母亲已经奉献的物质和精神财富，这是奉献的源泉。要让孩子记住，每一个人都应当奉献，要为他人的幸福甘愿做奉献。

她们认为，常怀奉献之心的人能够真正懂得人生的快乐，心中拥有奉献之念的人能够真正懂得人生的真谛。要善于同孩子们谈奉献，奉献是生活中的最高境界，奉献是道德价值的崇高体现。应当在不同的岗位上为人民为国家随时奉献自己，这在做人上是非常重要的。西班牙20世纪初著名的小说家、文艺评论家巴尔德斯这样说：“把别人的幸福当作自己的幸福，把鲜花奉献给他人，把棘刺留给自己。”母亲就是这样的人。奉献精神从纯洁无私的亲情到与人为善的交流，这些情感让生活变得甜美和充实。在她们看来，孩子的命就是自己的命，奉献能让爱添上翅膀。爱孩子就意味着奉献，意味着把自己心灵的力量传授给孩子，为他们创造幸福。她们认为，母爱的支撑是奉献精神。她们对自己的要求，一是无私，一是自我牺牲精神。正如狄更斯所说的："凡可以献上我的全身的事，决不献上一只手。"她们的奉献是没有任何附加条件的，是最纯洁、最美好的，是用爱心铸成的。她们要让孩子懂得，只有朴实无华、甘心奉献的人才能得到社会的尊重。在现实生活中，每一个人都应该勇敢地分担作为人的义务，也都应该奉献自己的辛劳、热血和汗水。著名童话作家郑渊洁说："获得幸福感只有一个渠道：不求回报地帮助素不相识的陌生人。"她们要让孩子记住，一个人所能体现自身价值最好的事情就是帮助他人，奉献社会，不使自己的人生服从于奉献，就会变成一个意志薄弱的人、难成大业的人。

她们坚信，奉献源自内心的感恩之德。心存感恩，乐于奉献，永享快乐。当我们能将感恩心态融入生活中，所开启的循环感恩之情将为我们通往幸福的人生旅程带来非常有意义的经历。正如爱因斯坦所说："人只有献身于社会，才能找出那实际是短暂而有风险的生命意义。"默默无闻是母亲的生活态度，她们从不追求自己不应该有的财物。她们不显示自己的才能，不抬高自己的名声，就是在别人看不到的地方处处为子女奉献。中国式母亲是世界上最无私、最具奉献精神和牺牲精神的母亲，她们心甘情愿地为家庭为社会提供更多的奉献。即使没有回报，她们依然能泰然处之，始终抱着一颗善良的心去为尽可能多的人提供温暖的帮助。她们给孩子的智慧是，一个人的幸福在很大程度上取决于他是否拥有奉献的品质，以己之能来奉献别人。正如柏拉图所说："使别人幸福的人，他自己也一定能得到幸福。"她们要让孩子懂得，人们应该珍惜每一次帮助别人的机会，在生活中多去帮助别人，以得到心灵上的净化和丰富。内心里有一种我应该奉献的信念，是道德文明和道德素养的奠基石。奉献的思想，只有在奉献成为思维的方式、个人对待集体的方式、劳动和为社会服务的方式的时候，才会纳入孩子的心灵之中。

她们认定，奉献是自己的天职，理应把别人的事情当作自己的，她们以默默奉献为自豪。更为具体地说，就是他人的苦难会让我们对自己的幸福有一种更为生动的概念，他人的幸福会让我们对自己的苦难有一个更为生动的观念。生活中，无私地将自己的力量和利益赐予他人，奉献社会，既提高了生命质量，又能使生命更加辉煌。最大的欢乐、最大的幸福，就是因为自己的付出让别人生存的舒适安康。她们的奉献，大都不是什么惊天动地的壮举，只不过是一年 365 天为别人减轻生活负担。她们很少考虑自己，她们从没想过自己的才智、天分、美德、美貌，因为她们的注意力并不在自己身上，而在于指望别人过得更好。正如古希腊伟大的哲学家、科学家、教育家亚里士多德之言："真正高宏之人，必能造福于人类。"但她们却能够吸引所有的人，赢得社会的信任、热爱和尊重。她们的辛勤劳动如同丘吉尔所言："我没有别的东西奉献，惟有辛劳、泪水和血汗。"她们对儿女的奉献是一日不可离开的，她们的行动是出于她们自己的主观追求。无论身处何地，她们都会播撒奉献的正能量，展现她们阳光乐观的心态。她们的奉献绝不是一时心血来潮的个人施舍，那是一项伟大的爱心工程，她们的光辉业绩是我们中华民族最灿烂的精神财富。

"捧着一颗心来，不带半根草去"是母亲真正的心声。她们认为，我们生活的意义就在于我们应当尽义务，应当奉献，无私奉献、自我牺牲的品格铸就了母亲的伟大品质。她们总是笑着面对生活，对别人的关心超过自己的一切，竭力把自己的爱心全部奉献出来。她们要求孩子，从小就要树立奉献的美德，只有沿着这条路走下去，才能无私地为人民服务。古往今来，我国有不少著名的文人墨客留下了许多咏赞母亲的千古诗篇，如唐代孟郊的《游子吟》，清代黄仲的《别老母》，宋代王安石的《十五》……无私奉献是母亲的最高境界。她们没有私欲，只是单纯地希望儿女可以更好。在她们的眼里，只要儿女们健康成长就是她们最大的祈求、最好的回报。她们最愿意干的事，就是为儿女排忧解难。她们通过自己的行动，将无私奉献的思想灌输给世界上其他的人，所提供的正能量是非常伟大的。他们不仅提升了与自己同时代的人的心灵品质，也为后来者营造了一个良好的道德环境。她们要让孩子懂得，正是因为有了无数人的奉献，人世间的痛苦才会化为幸福，伤心的泪水也会化作甘泉，滋润人们的心田。奉献的思想，只有在一个人对善的追求与对恶的毫不妥协斗争成为生活目的的时候,才会成为生活实践的方针、行为的准绳。

她们认为，爱就意味着奉献，为所爱的人创造幸福。奉献就是要以改变别人的生活为目标，把需要帮助的人提升生存水准变成自己努力的方向，去帮助他人过得更好，把自己的力量贡献给祖国和人民。奉献能换来他人对整个社会的爱，奉献能让孩子更加热爱生活、关心他人，并能使内心永远充满活力。孩子们向往、憧憬的美好幸福生活，都是值得自己追求的精神财富。正如狄更斯所言："没有无私的、自我牺牲的母爱的帮助，孩子的心灵将是一片荒漠。"她们的奉献是自愿付出代价，拒绝互惠互利，旨在帮助儿女健康快乐地成长，并以此使她们的基因传到下一代。母亲为了孩子的生活，如同美国歌唱家、音乐家、慈善家杰克逊所说的那样："我的母亲是出色的奉献者。如果她发现我们中有人对某件事感兴趣，只要可能，就要鼓励这种兴趣，她回家时就会带着一包有关明星的书。尽管有九个孩子，她对待我们每个人都像对待独生子女一样。我们中谁都没有忘记她是怎样的一个辛勤的操持者和出色的奉献者。"对于母亲的人生来说，用阿德勒德一句话评价最合适不过了"奉献乃生活的真正意义。"她们身上凝聚的威望，就像慈善活动中德高望重的人一样，得到人们的信任，赢得人们的爱戴和支持。

伟大的母亲认为，奉献的思维是哺育高尚情操的巨大力量源泉，奉献的行动是使自己变得高尚和伟大的具体实践。应该教育孩子热爱奉献，让孩子把奉献当作自己的义务，懂得一个道理，就是美好而善良的愿望只在那些善于为他人奉献自己精神和物质的人心中存在。她们要让孩子明白，慷慨无私的奉献是一种高尚的人格力量，使孩子们意识到要为参与创造这种高尚的品格而感到自豪。一个人只有具有高尚的奉献道德时，他才会成为别人所需要的必不可少的人。任何一个人都要明白，你应该在什么地方去奉献和在什么地方你应该得到奉献。要开阔孩子们的眼界去观察现实生活，现实生活中会鲜明地体现出人的奉献精神。自己的教育使命还在于要向孩子们讲清楚奉献的义务及伟大意义，要教会孩子在生活中怎样奉献。让奉献的精神深入到孩子心灵的深处，像种子落到沃土里那样生出茁壮的幼芽来。让孩子懂得，奉献是培养人的崇高境界的惟一学校，没有比通过奉献得来的幸福更幸福的了。高尔基说过：“不吝啬自己，这是世界上最值得骄傲、最美好的品格。”

经典传颂

都贵玛，蒙古族，1942 年 4 月生，内蒙古自治区乌兰察布市四子王旗脑木更苏木牧民。先后荣获“全国三八红旗手”“全国民族团结进步模范个人”等称号。

2019 年 9 月 17 日，国家主席习近平签署主席令，授予都贵玛“人民楷模”国家荣誉称号。

1961 年，19 岁的都贵玛承担起了照顾 28 名上海孤儿的任务，她终身未孕，把一生中最美好的时光奉献给了上海孤儿。通过不懈努力，她成为当地有名的妇产科医生，先后挽救了 40 多位年轻母亲的生命。2006 年 12 月，她获得第二届中国“十杰母亲”荣誉称号，2019 年被请上国庆 70 周年观礼台。

都贵玛出生于一个普通的牧民家庭，辽阔的草原和蒙古民族的豪放胸襟，铸就了她勇敢、坚韧、勤劳、纯朴的性格，她从小就和大人们一起放牧、打草，伴随她成长的只有茫茫草原和成群牛羊。几经磨炼，她逐渐成为远近闻名的劳动能手。

20 世纪 60 年代初，由于物资匮乏、食品奇缺，3000 多名上海孤儿在周恩来总理和乌兰夫同志的安排下，被送到内蒙古大草原。年仅 19 岁的都贵玛冲破世俗偏见，勇敢地承担起 28 名孤儿的任务。面对一群咿呀学语的孩子，这个未婚姑娘从喂饭、把尿做起，凭借坚强的毅力和全身心的投入，克服了常人难以想象的困难，温暖了每一个幼小的心灵。整日忙得焦头烂额，她没有一句怨言，看着同龄人打扮得花枝招展，而自己却满身奶渍尿渍，她只是淡淡一笑。有孩子生病了，她深夜独自骑马冒着凛冽的寒风和草原饿狼围堵的危险，奔波几十里去找医生……所有了解她的人都被这份超越血缘、超越民族的母爱感动了。博大的母爱给予了都贵玛勇气和力量，在她的精心呵护下，28 个孩子在艰难的岁月里全部活了下来。

冬去春来，上海孤儿们一天天长大，又一个个被牧民领养走，都贵玛一次次经历着骨肉分离般的痛苦。她是多么舍不得这些孩子啊！直到今天，这些工作在各个岗位上的儿女们仍然都对都贵玛老妈妈有着说不出的依恋，有心里话都愿意和老人说说，生活中不论遭受多大的不幸，只要在老人身边待上一段时间，总会得到莫大的宽慰，而老人也在心底不停地为自己的儿女们祝福。

杜尔伯特草原长期以来一直地广人稀，交通不便，医疗条件十分落后。长期的游牧生活严重地摧残了牧民的身心健康，不少牧民刚年过半百就已经百病缠身，而分娩更是横亘在广大妇女面前的一道“鬼门关”，多少产妇因此而痛苦一生，甚至命丧黄泉。

1974 年，她不顾亲朋好友的劝说，率先参加了旗医院的学习培训。接受现代医学知识洗礼，对于文化基础极差的都贵玛来说，远比战暴雨、斗狂风困难得多、艰辛得多。但是，畏难不前不是都贵玛的性格，别人一天学会的东西，她就花两天甚至更长的时间来掌握，她一边放牧一边学习，向方圆百公里内的妇科大夫请教了个遍。功夫不负有心人，凭着一股执着的劲头，大字不识几筐的她硬是成为当地有名的妇产科大夫，并逐步掌握了一套在简陋条件下接产的独特方法。十几年来，她先后挽救了40多位年轻母亲的生命，“鬼门关”从此变通途，她也因此成为当地妇女心中的保护神，得到了群众的衷心爱戴。

在人生的道路上，用爱心谱写出一曲又一曲美丽动人的生命乐章，1979年、1983年，她两次被授予全国“三八”红旗手。

都贵玛的事迹告诉人们，她总是毫无保留地把自己奉献给那些把她当成自己人的人，所以她总是成全他们。面对她爱的人，总是献出百分之百的真情。

感 悟

奉献是从“为他人服务”的立场来思考和行动，儿童时期是培养奉献精神的良好契机。如果不讲奉献精神，你就会成为一个渺小的自私自利的人，一个对社会冷漠的人。我们每一个人都应当讲奉献，懂得怎样奉献。国家主席习近平说过：“我将无我，不负人民。我愿意做到一个‘无我’的状态，为中国的发展奉献自己。”“为有牺牲多壮志，敢教日月换新天。”中国共产党把中华民族的奉献精神发扬光大，推向新的高度。正如西方哲人埃德斯所言“伟大的目标形成伟大的人物”。李大钊为追求真理而捐躯，白求恩为中国人民的解放事业而献身于医疗事业，雷锋将有限的生命投入到无限的为人民服务之中，水稻专家袁隆平、黄土地之父刘东生等一代科学家把毕生精力献给祖国的科学研究。奉献即表现在国家和人民需要的关键时刻挺身而出，慷慨赴义，也融合渗透在人们日常的工作和生活之中。在社会主义和谐的大家庭里奉献无处不在，无时不有。我们在奉献中生活，在生活中奉献。奉献精神永远为人们所敬仰，没有伟大的奉献精神，就不可能有雄才大略。歌德曾说："你若要喜爱你自己的价值，你就得给世界创造价值。"如果我们想为社会和他人改善这个世界，只有我们立即行动，为其他人的福祉做些积极举动，国家才会发生变化。

国家富强需要奉献，社会发展需要奉献，事业成功更需要奉献。邓小平说："我荣幸地以中华民族一员的资格，而成为世界公民，我是中国人民的儿子，我深情地爱着我的祖国和人民。"祖国正因为奉献者的壮举而变得美好，奉献与成功和幸福是无法隔离开的，成就大事的人都具有乐于奉献的高尚精神。当你奉献社会的时候，人生不再是毫无意义的，会让你人生视角更加积极。奉献者在改变他人的生活条件或者转变他人的命运时，也给自己带来了无比的快乐。当奉献的精神深入到每一个人的血液里，社会就能越变越好。奉献需要联盟，每个人都成为奉献的一分子，就会从根本上改变世界。奉献具有很强的感染力，能够深深影响身边的每一个人。别再自私，领会奉献的幸福吧，奉献会使你成为制造快乐的人。奉献是一项伟大的慈善事业，它对人类的贡献远比贫困时所能做得更多。奉献者的人生堪称是一座人类力量的不朽丰碑，他们的思想和行为永远长存。他们像高山之巅的灯塔，发出灿烂之光照亮他人，引导后来者走向勇于奉献的道德轨道。他们奉献的善行旨在让社会变得更好，不去追求回报，甘做无名英雄，奉献引导我们走向最终的成功与幸福。

能把人民的利益当成自己的事情是奉献的美德，乐于奉献是人格崇高的标志。真正的幸福只有当你真实地认识到自身的价值时，才能体会到。每个人都希望为祖国的繁荣、人民的幸福而奉献，希望能够相互帮助，永远愉快地多给别人做贡献。甘地说："最高的道德就是不断地为人服务，为人类的爱而工作。"恩惠遍及社会，德泽流溢天下，这就是奉献者的胸怀。孟子说过："穷则独善其心，达则兼济天下。"奉献能修炼人的品质，更能培养人的能力。奉献社会，帮助别人，快乐自己，享受成功的喜悦，赢得社会尊敬。凭自己的双手去劳动去创造，不是为了自己，荣誉的桂冠只能戴在勇于奉献者的头上。他们靠辛勤的耕耘获得了收获，靠勤奋获得成功，从自己的口袋里拿钱慷慨解囊、用自己勤奋的劳动去帮助迫切需要的人。荣誉是对他们付出的嘉奖，他们是奉献的最大受益者。他们不是感情用事，每一份奉献都渗透着他们的智慧，在奉献的路上每前进一步都要付出辛勤的汗水。他们问心无愧，每当有人需要帮助的时候，他们都会挺身而出，永远不会袖手旁观。他们肩负着奉献祖国和社会的使命，恪守着使人民免于灾难的职责。良心的平静是他们惟一可靠的报酬，他们用自己的力量照耀着我们的社会。如同雷锋所言："自己活着，就是为了使别人过得更美好。"

奉献就是为了让社会越来越好。正如一首歌的歌词一样，"如果人人都献出一点爱，世界将变成美好的人间。"有句哲言说得好："人活着应该让别人因为你活着而得到益处。"奉献撒播快乐和幸福，勇于奉献的人，他们承担的是道德和巨大的公共责任，比拥有巨大财富更崇高的是他们的奉献精神。他们把有限的财富和辛勤的劳动，用在了给国家和社会创造文明价值的地方。每一个奉献者，都是用一个个小的付出将自己堆砌成伟大品质者。每一次的付出奉献，等于让别人减少一次痛苦的机会。他们以宽厚仁爱之心，使有苦有难的人脱离了困境，踏上了快乐幸福的大道。每一位奉献者，做梦都在想调动自己所有的力量，使之尽可能多地做出贡献。他们勤俭自持，慷慨帮助他人，每一个受恩者都会牢牢记住他们的温暖帮助，社会也会永远铭记他们的恩泽。奉献之人将永沐恩泽，将永远快乐。他们成就济世助人的慈善事业，他们拥有骄人的口碑，他们的人格富有无穷的魔力，他们不愧为建造中华民族社会主义核心价值观的灵魂工程师，他们为自己的高尚情操和忘我精神而自豪。

奉献就是甘愿为了祖国和人民的利益而舍弃自己、牺牲自己。鲁迅这样说："让别人过得舒服些，自己没有幸福不要紧，看见别人得到幸福生活也是舒服的。"高尔基说："要重返生活就须有所奉献。"勇于奉献的人，不为自己囤积，尽力帮助他人，而自己更充实，活得更伟大。《圣经》说过："给予比接受更快乐。"他们舍得把自己的所有施予别人，自己也更丰富。做人，需要牺牲自己私利的心，应该抛弃贪婪、虚伪、浮华、自私，敢于舍得，敢于付出。多帮助别人，多善待别人，像诺贝尔说的那样，我是世界的公民，应为人类而生。应当有这样一种精神，为别人而付出的生命是值得的，人生的价值不是索取而是奉献。可谓，人并非为获取而给予，给予本身即是无与伦比的欢乐。你有了事业的成功，就应该发扬光大无私助人的奉献，能够站在社会的大格局中思考问题，将自己的利益奉献给社会，成全他人，这种助人的美德也是一种收获。奉献精神将会永远地一代接着一代地传承下去，对后人奉献精神的培育产生着不可估量的作用和影响，他们在人类慈善事业的发展上对人们的教化，远比他们自己写的具体的诗篇还要恢宏和精彩。爱因斯坦说过："只有为别人而活的生命才是值得的。"

奉献能使人成为高尚和幸福的人。居里夫人说："人民的愉快就是我的报酬。"为别人做好事，应当成为每个人的道德倾向，成为我们的需求、追求和自觉行动。泰戈尔有言："我们必须奉献于生命，才能获得生命。"勇于奉献的人，拥有古道热肠、诚挚善良、默默无闻的高尚品格，他们总是希望其他人都能过上幸福快乐的生活。他们用实际行动谱写自己壮丽的人生诗篇，总是到处充满了真正的善良、慈爱和智慧。他们凭着自己的毅力，凭着自己的勇气，竭力维持自己所坚持的崇高的慈善事业。在他们的心中，奉献不仅是他们的义务，而且还是他们最先要尽的义务。他们对所做的事业，并不渴求名声，也不渴求报酬，仅仅是出于他们的良心和对社会的感恩。他们对所选择的事业义无反顾，勇于克服一切困难，他们身上往往表现出那种尽职尽责的道德品格，他们靠的是古道热肠的心和甘于奉献的援助之手。他们因为善心和爱而坚守，他们慷慨无私地做好每一件事情，他们经过了一番艰苦卓绝的奋斗，而赢来了得之不易的成果。古人司马相如说："有非常之人，然后有非常之事，有非常之事，然后有非常之功。"

奉献让你活得更精彩，人生更伟大。我们的每一次奉献，不仅使我们自己受益，更能使其他人的灵魂受到鼓舞。正是在这种奉献之力的推动下，一代又一代的人才举心向善、乐于奉献。法国哲学家居友说过："我们每个人都有很多的同情、很多的爱心，比维持我们生存所需要的多得多，我们应该把施舍给别人，这就是生命开花。"人生最大的美德莫过于慷慨奉献，最大的快乐莫过于以奉献为乐。法国著名画家格勒兹说过："打开幸福大门的钥匙，就是从事各种有益的职业劳动。"厚道、仁爱、奉献是止于至善的最高境界，能够赢得别人的认可和尊重。奉献能调动自己勤奋的积极性，无私的奉献和诚恳的助人可以创造成功和幸福，也是奠基快乐和美德的基石。对于善于奉献的人来说，那些倒霉的、不幸的、厄运的事情就会离他们而去。他们会自动自发地培养自己自我牺牲、善于同情体谅他人等一切良好的品性，他们的奉献品德是通过平常的点滴积累，由量变到质变升华得来的。这种无私但伟大的力量总是让人敬畏。正如伟大的开国元帅朱德所言："燃烧自己！这样，即使你化为灰烬，人们也能从光中找到你。"

箴　言

奉献来自感恩，感恩是获得幸福的源泉，奉献是幸福的添加剂。勇于奉献的人不会被贪婪所支配，能不断体会奉献所蕴含的精神力量。

第 18 章
论慈爱

母亲语录

慈爱传家亲，孝顺家族旺。

心　语

在母亲看来，慈爱发自内心，慈爱是家庭的幸福之源。慈爱待人，大德无痕，慈爱是众人所归向的，慈爱是一种幸福的存在。她们认为，孩子的慈爱情感应当从童年就去培养，应当教育孩子学会同情、关怀、怜悯人们，让他们懂得慈爱他人是我们生活的法则，在儿女的心灵里树立起一种高尚情感。慈爱的母亲总会用生活的哲理使孩子们的欢乐大放异彩，母亲的慈爱是家庭及孩子欢乐和幸福的源泉。在慈爱中，每个人都愉快地接受着爱，又自然地奉献爱。孟子曰："仁，人之安宅也；义，人之正路也。"孟子说："仁，是人类最安乐的住宅；义，是人类最光明的大道。"居仁心，行正义，献慈爱，终会收获硕果。马克·吐温说过："善良的、忠实的、心里充满着爱的人，不断地给人间带来幸福。"她们认为，慈爱不仅仅亲爱自己的双亲，不仅仅慈爱自己的子女，应当使老年人都有赡养终老的地方，儿童得到良好美德教育和关爱，等等。慈爱不分性别，没有偏私，是人间最伟大的力量。罗曼·罗兰这样说：“爱是生命的火焰，没有它，一切变成黑暗。”慈爱可以使人们的天性充满力量，慈爱可以让情感加深扩展。慈爱可以让蛮横的人变得温顺、让懦弱的人变得勇敢，慈爱他人所得到的回报将是无限的。她们要让孩子记住，不管一个人的事业多么伟大、多么辉煌，令他魂牵梦绕的总是自己的家，而且，一个人最为重要的精神支柱，就是家的温暖、母亲的慈爱，大慈无界，大孝无边。

慈爱是母亲特有的品性，体现了她们自己的情感和思想世界。慈爱展示了母亲丰富的精神世界和文化素养，成为家庭中的道德上、精神上的支柱。慈母给予的一切，都是用她们的劳动、血汗和劳累换来的。苏联教育家苏霍姆林斯基曾说：“人最微妙的一个本领，就是善于爱。爱能打开人身上最隐秘的源泉，而从其中将永久潺潺地涌出生气勃勃的善来。”在母亲看来，一个缺乏慈爱家庭出来的孩子，很容易变得胆怯而缺少自信心，充满着畏惧和自怜的心理，也不能用快乐的心情去面对世界。古罗马政治家、法学家、哲学家西塞罗说过：“仁慈是最受人欢迎的。”母亲总会谦卑地面对美德，她们走过的每一个脚印都是向着道德，充满对人的仁爱，正如韩非子之言“仁者谓其中心欣然爱人也”。她们相信，一切美好的东西都源于慈爱，以宽博的慈爱之心来爱人，就会对生命的意义有着不一样的深刻认知。如果一个家庭缺乏慈爱之情，这个家庭里里外外都会显得寒冷如冰，没有丝毫乐趣可言。一个人心中的慈爱之情，一旦被家庭生活所激活，就不会仅仅囿于家庭这个狭小的范围之内，他的爱心就会由家庭扩展到整个社会。她们要让孩子牢记韩愈的名言：“博爱之谓仁，行而宜之谓义。”做人应当心怀慈爱、广泛爱人，行为仁爱、合乎道义。能做到慈爱的人心灵必然美好，至善至诚。实施仁爱的人能够以国家和民族伟业为己任，能使平凡的人做出惊人的事业。她们要求孩子，弘扬中华美德，以慈爱为基，建和谐社会，创幸福家庭。

她们认为，慈爱的根基是道德，慈爱的善行是个人的修养。苏霍姆林斯基说过："人的爱，则是一束最温柔，而同时又是最朴实、最美丽、最不显眼的小花，给它起个名字叫道德。"努力提高个人修养的关键在于遵循道德，遵循道德的关键一点是达到仁爱的标准。仁爱包含着慈爱，应该撒播慈爱的种子，增进人们的大爱之心，让大地充满慈爱，使人共沐春风。阳光甘泉及时雨，温暖慈爱人间情，人们之间应当像家人一样不再有勾心斗角、损人利己的想法。慈爱就是大同的世界，团结和谐的世界。爱默生说过："爱，就像'星星之火，可以燎原'，它往往通过家庭这个媒介物点燃一个人的激情、热情和仁爱之心，然后又将这份爱心向周围辐射，直至一传十、十传百……到最后，越来越多的男人和女人，都会沉浸在这人间的爱河之中，每个人的心中都跳动着一团仁爱之火。"她们要告诉孩子，幸福的家庭、甜美的生活无不是与慈爱等美德紧紧联系在一起的。一个人立身处世，当以慈爱之心宽待别人。西方哲人伯克曾说："一个人只有先爱自己的家，才有可能爱周边的人、爱社会、爱人类。而且，一个连自己的家都不爱的人，也就别寄希望他能做成一番慈善的事业。"

她们认定，家庭是滋生慈爱之情的温室，我们的身体被慈爱衔接着，上慈下孝家庭美。慈爱是人固有的天性，母亲的慈爱是源于内心的本性，并不期求报恩。人在一念之间的慈爱，可以创造人际之间和平温暖之气，并得到他人的爱和力量。她们培养深厚的仁心，目光柔和，眼睛永远是圣洁的，所以能够爱人。她们总是以慈爱、和婉来统筹安排家中一切大小事务，而且以道德灵魂作为家庭生活的主要思想。她们认定，要想创造一个良好的家庭氛围，首先就要创造良好的仁慈氛围，这不仅要求父母相亲相爱，还要求家长与子女关系亲爱。想要孩子孝顺，自己必须慈爱。父母慈爱儿女，儿女必定孝敬长辈。长辈慈爱晚辈，晚辈必定敬爱长辈。长辈慈爱而不松懈，那么晚辈就会顺从且更加亲近。做父母的慈爱仁和，儿子儿媳就会顺从。她们用正道去教导儿女，慈爱和严格并用，使儿女的行为遵守规矩，她们的慈爱决定了孩子一生的幸福。母亲不慈爱，则子女必定不孝敬。兄长做不到友爱，则弟弟一定不恭顺。丈夫不讲道义，妻子也必然不会柔顺。她们恭敬地遵守祖训，以伦理为纪纲，把慈爱孝道看成是上天的规则、大地的道义，这会给孩子的健康成长带来无形的巨大力量。

她们坚信，在家讲孝道，出门讲慈爱，慈孝不分家是永远的真理。做到慈孝，就能够广泛地仁爱众人而亲近仁德的人。她们认为，自己是对子女实施养育的人，为母的能以慈爱之心进行教诲而不离开正理，子女就会有爱心孝心。《诗》云："孝子不匮，永锡尔类。"《诗经》说："孝子不会匮乏，永远会赐恩惠于你们家族。"竭尽全力地敬爱自己的亲人是做人的大德，没有比爱人更慈爱的了，快乐产生于仁爱。所谓慈爱，就是要重视和创造家庭中良好的亲情气氛。爱尔兰 18 世纪政治理论家、作家、哲学家埃德蒙·伯克曾经说过："博爱是以家庭为中心发散开来的，因此，在社会活动中，热爱我们所属的那个家庭小群体，是热爱其他公益事业的感情基础。"她们相信，虽然孝顺并不有待于慈爱，但慈爱却能培养出孝道。要用恩义去对待儿女，父母慈爱子女就不会懈怠。没有慈爱不能养育孩子，慈爱是家庭的幸福之缘。慈爱是母亲的博爱，孝道由母亲带头做起，能造就安居乐业和正人正道的良好家风。她们认准一个理，孝是慈爱的基础。"孝，是天之经，地之义，人之行。"深刻铭记在她们心中。她们要让孩子懂得，一个人立身处世，必须以孝敬父母慈爱他人为基础。母亲以慈爱之心行事，既能得到儿女和社会的敬重，又能会聚美好的事物，达到了国学《易经》所有说的"元亨利贞"。

母亲的慈爱像流水，永远淌不尽。她们的慈爱发自内心，可以说是大手牵小手，幸福同心走。普天之下，惟有父母对子女全身心地关怀，而不讲任何条件。她们爱子之心无微不至，她们的爱像条河，永远淌不完。她们认为，只有这样，才能坚定儿女向善的决心。她们用慈爱的眼泪代替了鞭打，她们那柔和的目光，缝在你身，既给你温暖，又教你做人。正如雨果所言："慈母的胳膊是慈爱构成的，孩子睡在里面怎能不甜？"但是，母亲的慈爱是建立在礼仪的基础上的，坚持正确的家教规矩法度。她们以慈爱存于心，以严格、谨慎来约束子女，给予仁慈爱护时不放纵，要求严格时做到不有损亲恩，温顺慈爱不懈怠。她们清楚地记得《左传·隐公三年》上讲的："臣闻爱子，教之以义方，弗纳于邪。骄奢淫失，所自邪也。四者之来，宠禄过也。"说的是，我听说父母喜欢子女，就应指导他们遵守道德，让他们走正道，对他们的溺爱超出一定限度，就会使他们养成骄奢淫逸的性格，这些都是源于邪恶。骄奢淫逸的根本原因是对他们太过宠爱了。

每一位母亲都有一颗极为纯真的慈爱之心，这颗慈爱之心是永恒的，不灭的，这种慈爱没有利禄之心掺杂其间。唐人孟郊有诗赞："慈母手中线，游子身上衣。临行密密缝，意恐迟迟归。谁言寸草心，报得三春晖！"全诗共 30 字，凸显并歌颂了慈母的伟大与无私，故能千古传诵不绝。苏轼的感慨是"诗从肺腑出，出辄愁肺腑。"伟大的母亲内心真诚宽厚，对内慈爱对外博爱。她们认为，对自己的亲人热爱就不会嫌弃他人，对自己的亲人慈爱就不敢轻慢他人。母亲的慈爱之心为社会的美德弘扬发挥了永恒的作用。她们的慈爱是神圣的、自然的。达尔文在《人类的由来》中有这样一句话："人，尽管有他的一切华贵的品质，有他高度的同情心，能怜悯到最为下贱的人，有他的慈爱，惠泽所及，不仅是其他人，而且是最卑贱的有生之物，有他的上帝一般的智慧，能探索奥秘，而窥测到太阳系的运行和组织——有他这一切一切的崇高的本领，然而，在他的躯干上面仍然保留着他出身于寒微的永不磨灭的烙印。”这句话也是对母亲慈爱的最佳诠释。

经典传颂

沈括的母亲是慈爱母亲的典型代表，她用纯洁和温柔的欢乐来哺育、教育儿女，别具一格的母爱成就了沈括光辉的一生。沈括（1031—1095）是中国古代杰出的百科全书式的科学家。

宋仁宗天圣九年(1031年)，沈括诞生在杭州钱塘（今浙江杭州）一个地方官吏的家庭。父亲沈周，未曾从祖先那里继承多少田产和家财，也没有显赫的贵族亲戚可以投。凭苦读考中进士，做官食俸禄来维持全家人的生计。沈周常年在外地做官，家里由其妻许氏支撑。沈括的母亲是苏州人，书香门第出身，知书达理，贤惠慈爱。

小沈括自幼喜学好问，母亲是他的第一位老师。他最爱听妈妈讲故事，嫦娥奔月，夸父追日……妈妈的姑苏乡音是那么柔和，抑扬顿挫，娓娓动听。他依偎在妈妈怀里，仰望当空一轮皓月，问妈妈：怎么不见嫦娥出现？他遥指银河隔岸相对的牛郎、织女星，要妈妈告诉他搭桥的喜鹊从哪里来，牛郎织女真的能相会吗。问着问着，妈妈回答不了，只好说：“这是老天爷的事情，小孩子能管得了吗？还是去多读书做文章吧！”

沈括的母亲给他翻检出自己儿时读的《千字文》《诗经》《论语》《春秋》……让儿子诵读，不时从旁指点讲解。好在父母亲都出生在书香门第，各类图书很多，无论文献典籍，还是野史闲书，充囊盈柜。小沈括游弋在知识的海洋里，感到新鲜、兴奋，分外畅快。他尤其喜欢读天文、地理、医药、兵法的书。

读完东汉王充的《论衡》，沈括明白了天地是“含气之自然”，并非神仙世界。天文学家张衡的《东京赋》《西京赋》，文采飞扬，气势豪壮，令沈括钦羡不已。可是，沈括更爱读张衡的天文著作《灵宪》。文章里有日月星辰，天地宇宙。正是母亲解答不了的问题，小沈括在这里一一找到了答案。

父亲远离家门在外地做官，简州（今四川简阳），苏州，润州（今江苏镇江）……足迹所至，母亲都逐一从父亲留下的一份份地图里辨认出来，让沈括知晓。各地的名胜古迹、风土民俗，吸引小沈括在地理书中寻觅更多的知识。他憧憬着，盼着长大了跟随父亲到各地去，看一看神州大好河山。

小沈括的母亲常常告诫他，从小要努力上进。父亲当官，俸禄不丰，且为政清廉，不会给儿女留下万贯家财。惟有读书，长大后服务社稷，光耀门楣，方为正途。穷困并不可怕，倒是纨绔子弟害人害己。所以后来沈括每逢陈述身世，都说“出自寒门”，也从不讳言“家贫”，待人不颐指气使，尊重百工布衣。

沈括和他的哥哥沈披自幼由母亲许氏自任教师，未入私塾。少年沈括同情农民起义，不信官府的诬蔑捏造，鲜明的爱憎跃然纸上。朝廷恨之入骨、诬为十恶不赦“盗贼”的农民起义领袖，在沈括笔下是那么仁义，那么威武，实在难能可贵。

唐宋八大家之一的王安石是沈括父亲沈周的好朋友，比沈括只年长 10 岁。王安石有两件事令沈括终身难忘。一件事是，王安石的下属见他哮喘病久治不愈，便把由外地捎回的紫团山人参送给王安石治病，说这是药中佳品，非此药不能治哮喘。王安石拒不受馈，幽默地谢绝道：“我平生没有这种紫团参亦活到今日。”另一件事是，某医生得知王安石面色黧黑，特意送上澡豆（一种古代的肥皂）让他洗脸用。王安石笑而拒之，说：“我天生肤色黑，澡豆对于我又有何用！”沈括 21 岁时，他的父亲沈周 74 岁时因病去世，沈括弟兄俩请王安石撰写了碑文。

11 世纪的中国，出了两位著名的改革人物，一位是推行变法运动的政治家王安石，另一位就是沈括。

沈括博学多才，成就卓著，“于天文、方志、律历、音乐、医药、卜算，无所不通，皆有所论著。”且创见迭出。同时，他又是一位热爱祖国、关心人民疾苦、文武双全的杰出政治家。他的晚年著作《梦溪笔谈》记载了中国古代劳动人民在科学技术方面的卓越贡献和他自己的研究成果，反映了中国古代特别是北宋时期自然科学所达到的辉煌成就，不仅是中国古代的学术宝库，而且在世界文化史上也有重要地位。

著名的英国科学史家李约瑟评价《梦溪笔谈》是“中国科学史上的里程碑”。

列宁称沈括为中国 11 世纪“两个伟大的人物”之一。

日本数学家三上义夫说过：“沈括这样的人物，在全世界数学史上找不到，唯有中国出了这样一个。我把沈括称做中国数学家的模范人物或理想人物，是很恰当的。”

人们崇敬他，纪念他。在镇江梦溪园遗址，重建了沈括当年生活过的梦溪园。《梦溪笔谈》正编 26 卷，共分 17 目：故事，辩证，乐律，象数，人事，官政，权智，艺文，书画，技艺，器用，神奇，异事，谬误，讥谑，杂志，药议。另外还有《补笔谈》三卷，《续笔谈》一卷，全文共 609 条。除了《梦溪笔谈》外，还有《长兴集》《苏沈良方》等著作。

感 悟

世界的伟大，正是因为人类有了聪颖而慈爱的母亲。母亲是我们最伟大的老师，一个充满慈爱和富于无私无畏精神的老师。古人说得好，以慈待人，人人敬；以孝立世，事事成。人能保持心地纯洁的慈爱，就可以使美名千古流传。母亲的每一步行动都在书写自己对子女的慈爱，她们惟恐其饥，惟恐其疾，惟恐其困，殷殷牵挂，不能释怀。她们的慈爱让孩子懂得悲天悯人，懂得了为子女的应该行孝道。慈爱是以相互信赖为基础的、温柔的，而且是严格要求的，是无价的道德财富。纵观古今，凡是不行孝道、慈爱浅薄、身负重任而能高寿无灾祸的，从来没有过。做不慈爱的事，家庭一定会破败，自己也随之而丧生。慈爱在于修德，仁德来自内心的修养，做人最重要的是修养自己。善于修养的人气就壮，多行慈爱的人就不会失去道德的本性。付出自己慈爱的心，收获的是别人的感激与尊重。懂得慈爱，才能更好地融入社会中去，才能拥有良好的心态，在生活中更容易受到别人的尊敬与爱戴。慈爱是光明的使者，是人民幸福生活的基石。那些仁慈的人，都是一些积极工作、吃苦耐劳的人，必定是一个极富同情心的人。用爱关照别人的人，也一定会被别人用爱来回报。

慈爱之德如同常青树需要天天浇灌。清代的王师晋在《资敬堂家训》中说："修德存心如根本，积功累行譬之培植壅护，科名富贵譬之开花结果，愈培植则花果愈密。"说的是修养德性就像培育树的根本，长期做好事就像为树木培土浇灌，功名富贵就像开花结果，越是辛勤培育，花开得越旺盛，果实结的也越多。在我们实施慈爱的过程中，虽然榜样的力量会对善行的行动产生巨大的影响力，但是，我们每个人的自我主动精神和坚持不懈的努力却始终是大树之根、房屋之根基，它是一个人立德社会、实施慈爱的根本。慈爱就是给予，是一种高尚的行为，人们可以从慈爱中得到快乐和内心的温暖。正如英国的哲学家边沁所说："一个人给予别人的幸福和快乐越多，他自己得到的幸福和快乐也就越多，反之就会越少。正所谓'种豆得豆，种瓜得瓜'，如果一个人待人友善，别人必定会以友善回报他。因此，那些仁慈的懂得生活的人，总是会给别人创造越来越多的幸福和快乐，同时，他自己也将收获越来越多的幸福和快乐。"

在日常生活中，我们天天感受到母亲的慈爱和关怀，就像暖流一样，让我们非常开心、舒爽畅快。培根说过：“幸福的家庭，父母靠慈爱当家，孩子也是出于对父母的爱而顺从大人。”传承母亲的慈爱基因，慈爱自己的长辈，从而推广到慈爱别人的长辈。慈爱自己的儿女，从而推广到慈爱别人的儿女。母亲的慈爱，具有与天地承载万物一样的品德，具有与日月普照大地一样明亮的光辉，她们因此而把自己的儿女培养教育成品质纯正的人，家庭的幸福和儿女的成功就会成为一种必然。慈爱对待一家人，则一个家庭孝顺亲和。慈爱对待所有的人，则社会就会形成慈爱的磁场。慈爱处世的范围越大，则其所建树的范围也就越大。我们应该慷慨大方，揣着一颗慈爱之心融入社会，让整个世界充满阳光般的温暖。在生活中，每个人的善言不仅会影响自己的善行，而且也会影响到他人的善行。那些能把爱里所蕴含的能量化为己有的人，都是些真心诚意爱着别人的人。慈爱是最受人欢迎的，慈爱是人类之心所能领略到的最真实的幸福。

做慈爱之人，关键是要有真诚的态度，努力去实践。爱别人却得不到别人的亲近，那就说明自己的慈爱不够真诚，缺少人情味和亲情感。对别人慈爱就是对自己慈爱，要像爱自己一样给别人一份爱，这样行为就端正了。像母亲那样，对人要给予慈和的微笑、慈善的心肠、慈悲的情怀，严于对待自己，按照礼仪慈爱别人，处处使他人内心敬仰，让大地充满慈爱，使人嘴角住着仁爱，温暖慈爱人间情。“爱出者爱反，福往者福来”说的是你喜爱别人，别人也会喜爱你，你为别人的幸福做出努力，别人也会为你的幸福创造条件。慈爱之人，必须保证自己是一个心胸宽阔、动机纯正的人，既做好有益于社会的事业，又能历练自己良好的德行。慈爱之心实际上是善待自己，能够为自己赢得人的尊严和神圣，将会为自己培养出一种伟大的、光明的人格。我们应该尽力把慈善的种子撒播人间，让仁爱之心像星星一样遍布人间，让我们都来耕耘慈爱这些美好的品德。做一个内心慈爱的人，是成为道德之人的前提，当今世界需要一股慈爱的洪流来洗刷物欲的污染。

慈爱是无私的，孝敬是虔诚的。永不枯竭的慈爱无法用语言表达，母亲慈爱的伟大形象根深蒂固。回报母亲的慈爱，做到一言一行都身怀崇敬，真正使父母在爱的温暖中欢乐地度过每个日子，在孝心上不能有丝毫怠慢和不忠。曾子曰：“君子立孝，其忠之用也，礼之贵也。”曾子说：“君子立志行孝，是内心忠诚的体现，是对礼法的崇尚。”履行孝道而又能一心一意孝敬父母、尊敬兄长，以至诚恭敬的态度使其得到安逸，这是最大的孝、最大的慈爱。罗素说过：“作为一个人，对父母要尊敬，对子女要慈爱，对穷亲戚要慷慨，对一切人要有礼貌。”传承父母的慈爱基因，把在家中的慈爱之情推广到社会上就形成了慈爱的大德。孔子说：“孝，是做人的道义中最高的品德。那些能通达神明、感动天下的，都是由于孝敬所致。”慈爱的升华是恭敬，恭敬是美德的升华，言行不忘恭敬就没有不合礼仪的行为，从而维护自己的名誉、幸福。记住富兰克林的名言：“送给敌人的最好东西是宽恕，送给对手的是容忍，送给朋友的是真心，送给孩子的是好榜样，送给父亲的是尊重，送给母亲的是能让她以你为荣的品行，送给自己的是自尊，送给所有人的是慈悲。”

没有慈爱之心的人，必定缺乏同情心，没有人情味，不懂得关爱人的人。这样的人，总是吹毛求疵、孤僻成性，总是斤斤计较、自私自利，总是爱发牢骚、心怀妒忌，总是心冷如铁、麻木不仁。总是戴着有色眼镜看人，动不动就唇枪舌剑、不肯相让。一个不具备慈爱美德的人，就如同没有芬芳的花朵一样，遭人讨厌和唾弃。孟子曰：“由是观之，无恻隐之心，非人也；无羞恶之心，非人也；无辞让之心，非人也；无是非之心，非人也。恻隐之心，仁之端也；羞恶之心，义之端也；辞让之心，礼之端也；是非之心，智之端也。人之有是四端也，犹其有四体也。有是四端而自谓不能者，自贼者也。”孟子说：“由此看来，没有同情心，简直不是人；没有羞耻心，简直不是人；没有谦让心，简直不是人；没有是非心，简直不是人；同情心是仁的发端；羞耻心是义的发端；谦让心是礼的发端；是非心是智的发端。人有这四种发端，就像有四肢一样。有了这四种发端却自认为不行的，是自暴自弃的人。”人的本性虽是善的，但自己做不到就难成为人了。这种人，烦恼和痛苦一直占据他们的意识里，沉重的精神负担一直压在他们的心里，可谓自取其辱。

箴 言

慈爱能够赢得人脉的亲和力量，大爱无疆就能天下无敌而无往不胜，广布慈爱能够成就自己的美好人生。

第 19 章
论坚强

母亲语录

天行健，君子以自强不息。

心　语

在母亲看来，坚强是正义的品德，人生的成功贵在坚强，难在坚强，成在坚强。坚强是世界上最了不起的美德，是人生路上的精神支柱，是成功走向胜利的根本。一个人光有美好理想还远远不够，还需要有坚强的拼搏去贯彻执行，自强不息是古往今来无数英杰的座右铭。坚强，不是没有眼泪，而是当你哭泣时依然不放弃。母亲成功的背后是坚强的汗水，甚至是坚强的血泪。她们深知，生活不相信眼泪，只需要坚强。生活不需要依赖，只需要自立自强。她们坚信，坚强的母亲可教会孩子在困难面前不怯懦，坚强的精神能支撑儿女走向幸福。她们懂得，当命运让你毫无选择时，你只有选择变得坚强。就算受苦了受累了受委屈了，都要坚强地撑起一片蓝天，然后好好地活得更好。成功人物最明显的标志就是坚强的意志。她们认为，凡是坚强的母亲，其儿女必定是坚强的。母亲深知人生的道路曲折艰难，她会明白地告诉儿女，不管被什么艰难险阻所困，只要意志坚强，就会达到像孔子家语中所说的："君不困，不成王。"事业成于坚强，而毁于不坚持。只要我们坚强，就会有更美好的生活等待着我们。

她们认准一个理，坚强是伟大的品格，唯有坚强的人才能领导和主宰这个世界，也惟有拥有这样品格的人才能得到人们的尊敬和爱戴。对于坚强的人来说，任何困难都难以迫使他就范。戴高乐曾说："困难，非常吸引坚强的人。因为他只有在拥抱困难时，才能彻底了解自己。"人生有困难但没有绝境，坚强是最佳的防护罩。黑格尔说："人格的伟大和刚强只有借矛盾对立的伟大和刚强才能衡量出来。"自立自强才能胸怀大志，成功和幸福属于最坚强的人，坚强者能在命运的风暴中奋斗成长。坚强的遗传基因始终鼓励着儿女们一步一步成长，引导儿女们走向目标的巅峰。在具有坚强意志的母亲面前，艰难的环境可以使她们积极向前看，控制自己的言行，不焦躁，不灰心。坚强的她们，是把前进路上的绊脚石作为自己上升阶梯的人，她们是大无畏的人。她们永远坚持自己的目标，矢志不渝，无论面对什么样的狂风暴雨她们都会从容不迫，坚强使母亲把精力集中在与家庭相关的所有要素上面。她们认为，生活中确实有许许多多的困难和障碍，但是通过坚强的毅力和实际行动，绝大多数的不幸完全可以战胜。泰戈尔说过："上天完全是为了坚强你的意志，才在道路上设下重重的障碍。"

她们认定，在困难面前能否有迎难而上的勇气，有赖于依靠自己的力量克服困难的坚强决心。坚强的人在患难中一定会奋起斗争。俗语说："艰难困苦，玉汝于成。"她们始终用坚强的信念鼓舞孩子，用坚强的精神武装孩子，用坚强的意志引领孩子。教育孩子即便是遇到了困难，也不要畏惧，更不要失望，还给生活最美好的样子。嘱咐孩子，按照自己的意志去做，不要听那些闲言碎语，你一定会成功。坚强就是力量，情况越复杂，越困难，就越需要坚定、积极，垂头丧气就会失去一切。她们相信，人们都愿意信任一个坚忍不拔、意志坚定的人，坚强的汗水与眼泪，最终会化成一片山花烂漫。能够坚强的人，就能够影响别人。坚强不但使人充满自信，还会赢得别人的信任。困难只会吓倒弱者，但也会让坚强的人完全奋起。失败使坚强的人坚持下去，成功是坚强的人继续前进的动力。没有坚持到底的决心，就只有做失败者的结果。她们要让孩子学会并做到，中华民族历来是坚强的，郑板桥有诗曰："咬定青山不放松，立根原在破岩中。千磨万击还坚劲，任尔东西南北风。"坚强是成功者的不二法则。

她们坚信，保持旺盛的斗志和充满活力的行动，才能锤炼一个人坚强的性格。坚强是一切伟大行动的不竭动力，那些意志坚强的人，往往能如同坚如磐石般地坚持自己的勇气。一块巨石可能会成为弱者生活中的绊脚石，但它也是强者攀登高峰的垫脚石。坚强的人，都有一种勇攀高峰、跌倒了再爬起来、不断前进的恒心，最后脱颖而出。坚强的母亲，内心都富有勇士精神。意志坚强的母亲决不会屈从于命运的安排，她们会一如既往地奋斗，敢于忍受和勇于承担一切痛苦。正如爱迪生所言："伟大人物的最明显标志，就是他坚强的意志，不管环境变换到何种地步，他的初衷与希望不会有丝毫的改变，而终于克服障碍，以达到期望的目的。"坚强铸就了母亲崇高的英雄气概，在真理和正义面前，都表现出极其坚定、无所畏惧的勇气。她们认为，一个坚强的人都是经过本人一番"头悬梁，锥刺股"般的自我约束的训练，要经过慎重考虑来选择自己的持之以恒的意志，然后坚定不移地去实现自己所选定的目标。可谓"行十里者众，行百里者寡，行终生者鲜"。

她们认定，坚强的人必定是一个勇敢的人。你如果不能够勇敢，你就不可能担当一切，包括你的声誉、自尊和对你的信任。聪明的母亲教育子女的主要任务之一，便是训练孩子养成勇敢的习惯，英明果断地去珍惜勇敢。勇敢的力量是智慧的力量。子曰："知者不惑，仁者不忧，勇者不惧。"孔子说："聪明的人不会困惑，仁德的人不会忧愁，勇敢的人不会畏惧。"在她们看来，勇敢的习惯同认真的习惯、勤奋的习惯、慷慨的习惯一样，只有通过后天的培养而成就。她们认为，应该教育孩子学会坚强和勇敢，以便使得他们更有益于社会，更有利于他们能真正地幸福和快乐。坚强和勇敢，不仅是生活的力量之源，也是生活的幸福之源。坚强和勇敢，不仅使得一个人显得优雅和崇高，而且也能把幸福掌握在自己的手中。她们要让孩子懂得，任何形式的胆怯、恐惧都会使人们变得平庸、卑鄙。任何软弱，无论是精神上的软弱，还是身体上的软弱，都会阻碍自己的发展。只有坚强和勇敢地与命运作斗争，才能捍卫美德、捍卫信仰。正所谓孟子曰："志士不忘在沟壑，勇士不忘丧其元。"孟子说："有志气的人不因横尸沟壑就忘记信念，有勇气的人不怕牺牲决不抛弃正义。"

经典传颂

海瑞（1514—1587），刚正清廉，一代诤臣。他出生于海南岛的一个官僚家庭，可是童年时期的家境并不殷实，他还很小的时候父亲就去世了，母亲谢氏当时年仅 28 岁。母子俩相依为命，生活异常清苦。谢氏个性坚强，但又是和善的贤妻良母，能勤俭持家。在丈夫死后，谢氏就肩负起父亲的责任，教导海瑞读《孝经》《大学》《中庸》等书，为其选择老师也谨慎而严格。海瑞勤学苦读，学业出众。在海南岛，当地的汉族和黎族同时受到明朝政府的压迫，处境极为困苦。黎族曾多次起义又进行反抗，都遭到政府军的血腥镇压。连年的战争，使得海南岛各族人民的生命财产受到了极大的损害。海瑞耳闻目睹这些现状，便写出了一篇很有见地的《治黎策》。在这篇策论中，他提出了一些解决海南岛黎族问题的建议，也就是因为这篇《治黎策》，使得他嘉靖二十八年中了乡举。

海瑞在他母亲谢氏坚强的性格和意志的教育培养下，20 多岁时中了举人，朝廷便任命他到福建南平县做学堂教谕，这是海瑞第一次出门做官。在从官的路上，始终遵循母亲的教诲，刚正耿介，为人正直，为官清廉，蔑视权贵，从不谄媚逢迎。他抑制豪强不遗余力，对穷困百姓却关爱有加。嘉靖帝评价海瑞："海瑞，乃大明之神剑，唯德者堪能用之。"

经典传颂

杨士奇 (1365—1444)，治世贤相，气度非凡，坚忍不拔。他是个苦命的孩子，还不到两岁时，父亲不幸去世了。孤儿寡母，生活十分艰辛。杨士奇长到五岁时，母亲为生活所迫改嫁到邻县吉水县的一个罗姓人家，并要他随继父改姓罗。这场变故对杨士奇幼小的心灵造成了不小的创伤。父亲死时，他不足两岁，对于父亲的容貌他也没有多少印象，但他却知道，他是杨家的后代，他姓杨。对于改姓，为了不使母亲难过，他表面上没有反对，但内心却非常难受。每当想起自己的身世，他常常潸然泪下，心里异常苦闷。于是，他偷偷地在一个僻静的地方，用一块土砖作为牌位，每天独自焚香跪拜，祭祀先父。继父发现后，并没有责怪他，反而被他的这份孝心深深地打动了，当即同意改回了他原来的姓氏。从此，杨士奇对他的继父多了一份好感。九岁时，他的继父又不幸撒手西归，母子俩再度失去了依靠，成了孤儿寡母。在百无所依之中，杨与母亲回到了泰和，过着十分清苦的生活。

杨士奇的母亲慈爱善良，知书达理，对自小失去了父爱的杨士奇关怀备至，同时把所有的希望都寄托在爱子身上，期盼着他能够饱读诗书，长大后能出人头地，因此对他管教得很严格。

杨士奇并没有让他的母亲为他多操心。他自幼聪明，勤奋好学，不幸的童年生活也使得他较早地成熟起来。他一边帮母亲做些事情以维持生计，一边发奋读书，如饥似渴地汲取各种知识。十五岁的时候，杨士奇已成为乡里有名的读书人。二十来岁时，他就在湖广江夏（今湖北武昌）等地教书游学，著书立说。

杨士奇先后担任《明太宗实录》《明仁宗实录》《明宣宗实录》总裁。杨士奇前后侍奉过永乐、洪熙、宣德、正统四代皇帝，是名副其实的“四朝元老”。

纵观海瑞、杨士奇的坚强品格和宁死不屈的人格精神都是源于母亲的严格培养。母亲无论什么时候都是那么坚强，她们总是为儿女们遮风挡雨，让儿女们坚强地面对一切，让儿女们懂得世界的一切。母亲的坚强是民族的坚强，坚强是中华民族伟大复兴的强大支撑。

感　悟

坚强是智慧的体现，坚强的意志是我们战胜困境和挫折的精神力量。歌德曾说：“意志坚强的人能把世界放在手中像泥块一样任意揉捏。”母亲坚强的教育教会了孩子在困难面前不会怯懦。母亲的人生道路是“迎着艰难奔跑，带着泪水微笑”，这条路给儿女们的启迪是“坚强才能享受到成功的真味，不畏艰难的人才能体会到‘会当凌绝顶，一览众山小’的豪迈”。自强不息，当机立断，乃成功之母。意志坚强，大胆尝试，就会战胜艰难险阻。儿女应当学习母亲的坚强精神，在碰到挫折和失败的时候，调节自己的消极情绪，控制自己的言行，不灰心、不气馁、不焦躁。要意志坚强，要顽强拼搏，要勇于探索，要勤奋耕耘，并且永不屈服。真正坚强的人，无论处于何种境地，都能微笑着面对生活。从不是伪装出来的坚强，而是内心真正的丰盈，足以抵御世间一切的不顺。他们遭遇失败时，从不长久地沉浸在悲痛的情绪当中，认为失败是人生中最有利的生命体验之一。他们更懂得生活的美好，也更明白人生的意义，认为一个坚强的人必须学会分辨失败与暂时的挫折。有坚强的意志，才有伟大的人生。

坚强的智慧告诉我们，坚强能够战胜一切恶魔，坚强能够夺取一个又一个的胜利，坚强能够创造人间奇迹。也许你足够聪明，能解代数题，但未必解得了微积分。托尔斯泰说过："人们渴求的不应是天赋，而是坚强的意志。人们不应整天只想着获得成功的助力，而要时刻保持勤奋劳作的毅力。"生无所息，保持坚强的姿态，让世界变得灿烂夺目，让你的人生绚烂多姿。人生永远在路上，无论何时何地都不能放弃，只有保持坚强的姿态，才能证明生命的存在，才能欣赏到山峰的险峻，才能证明自己、欣赏自己。坚强的人在经历了失败的历练后，便会得到进一步的升华，学会了从失败中总结方法并尽全力铲除前进路上的一切荆棘障碍，最终快速定位并顺利驶往成功的彼岸。他们不被困难吓倒、不屈不挠的伟大见证，就是化挫折为胜利，并且会利用种种挫折与失败来驱使自己更上一层楼。比尔·盖茨这样说："只要有坚强的持久心，一个庸俗平凡的人也会有成功的一天，否则即使是一个才识卓越的人，也只会遭遇失败的命运。坚持下去，成功就在下一个街角处等着你。"

坚强才能真正体会到生命的本质。成功者的实践告诉人们，失败使懦夫沉沦，却使勇士奋起。因为每一天都会有新的更大的问题出现，随着事情越变越难，可能你昨天证明过的能力并不能解决今天的问题。所以说，人的一生是坚强的一生，只有坚强地努力与奋斗，才能战败人生中的激流，寻找属于自己耕耘而得来的果实。富兰克林说过："惟坚韧者始能遂其志"。生命不息，事业不止，只有坚强的忍耐、顽强的拼搏，才会看到属于自己的那一片晴朗的天空。对待任何事情都要具备坚忍不拔的恒心才能成功，如果矢志不移，孜孜不倦，即使命运多舛也会有转机，这种人的命运掌握在自己的手中。如果缺乏坚强的意志力，遇难而退，松松垮垮，这种人必将一事无成。

做不到坚强的人，他们所经历的挫折往往是永久性的失败。这些人会因为不能正视失败，在困难和挫折面前妥协，无法插上成功的翅膀去展翅高飞。只要做到了坚强，懂得了如何面对人生，成功的一天终会到来。即便遇到坎坷和不顺，也要通过自身坚持不懈的坚韧力去调控自己的惰性情绪，以便保证身体机理和工作机制健康良好地运转，从而奋发自强，做出对祖国、民族和自己有益的贡献和事业。

坚强也是自我修炼出来的，心气到了的时候就会很坚强，心气衰馁的时候就会松弛下来。应该修养自己正大刚直的浩然之气，在逆境中以端方棱角为磨石自我磨炼，这样才能不为环境所改变而能改变环境。像母亲一样坚强，你必须运用内心的积极力量来发展对于自己的信心，并坚信自己是一个十分坚强的人，不会屈服于任何打击和失败。坚强的人，也许他会遭遇暂时的挫折，甚至其次数会远超你的想象，但他永远也不会失败。他们总会为自己树立起一份坚强的信念，会引导自己想尽一切办法将理想变为现实，始终敦促自己朝着实现目标的方向努力奋斗。他们总是能从每一次的坚强中学习到新的东西，吸收到新的经验，去体验别人体会不到的真正坚强，去找到自己真正坚强的一面。坚强的意志力及所坚持的崇高目标得到了祖国和民族的承认，你就会毫不懈怠、矢志不渝地投身于自己的伟大事业之中。如果你很坚强，拥有足够的意志力，你就一定能成功。如果你修养达不到，很软弱，不具备意志力，你就无法成功。意志力不是你要么有要么没有的一样东西，意志力也是需要修养才能形成的。

在坚强者的字典里没有“失败”二字，人应该在失败中挖掘成功，在争取成功中洞察挫折。《塔木德》中有一句话：“失败绝不会是致命的，除非你认输。”成功是在不断地探索和失败中发现的，只有那些不轻易放弃、不屈服失败的人，才是真正的赢家。失败是人生的一大财富，失败乃成功之母，它可以铸造人的坚强品质。拿破仑曾经说过：“不会从失败中寻找教训的人，他们的成功之路是遥远的。”失败更是人生的良师，它能教给我们学会坚忍不拔、矢志不渝，学会用积极的态度对待一切问题，养成坚强的意志，勇敢地面对人生。海涅也说过：“反省是一面镜子，它能将我们的错误清清楚楚地照出来，使我们有改正的机会。”越失败越努力越坚强，就养成了坚强的意志，就能克服前进路上的种种不幸和挫折。人生中无法避免的就是困难与挫折，只有百折不挠、坚持不懈，才能从失败中一次又一次站起来。正如犹太人所说的：“失败是走上较高地位的第一个台阶。”要问自己，我从失败中学到了什么？下次再发生这样的事，我该怎么做？伟人马克思说得好：“生活就像海洋，只有意志坚强的人，才能到达彼岸。”

箴　言

智者不随意选择，强者不乱作为，坚强者都有自己伟大的目标，世界上没有一样东西可以取代坚强，坚强的伟大之处在于攀上巅峰后要比以前更坚韧。

第20章 论担当

母亲语录

担当作为，人生无悔。

心　语

担当重于生命，这是母亲的人格操守。在她们看来，做母亲的只有敢于担当、勇于担当才能为家庭这艘船掌好舵，担当就是对自己人生和家庭的忠诚。贝多芬说过："我愿证明，凡是行为善良与高尚的人，定能因之而担当患难。"母亲确信，敢于担当的人都是勇敢和优秀的人，都能够自觉自发地、不屈不挠地坚持奋斗，都不是把心思放在追求名利上，而是顺应事物发展的规律去奋斗。著名教育家陶行知有句名言："流自己的汗，吃自己的饭，自己的事自己干，靠天靠地靠祖宗，不算是好汉。"敢于担当体现了母亲内心深处至善至美的自治，幸福的获得靠的是她们真正的担当。担当是母亲的神圣责任，每一个母亲都把这种担当作为对儿女的不应推辞的义务，更是一种无法表达的母爱。每一个母亲都有这样的信心，人母所能担当的，我必能担当。人母所不能担当的，我亦能担当。她们要让孩子明白，每个人都是自己命运的主人，每个人都是自己命运的建筑师，自己必须做自己的主，那就是面对艰难人生敢于挺身而出的担当。

母亲的担当顶天立地，谁都不指望，只靠自己对生命的热情而尽母亲的职责。拿破仑说过："人多不足以依赖，要成功只有靠自己。"有担当让母亲跳脱出枯燥沉闷的生活情绪，提高了她们的生活热情，并以最积极的方式用自身的力量将孩子的人生推到一个好的境界。她们认定，担当可以向人们展示自己英勇无畏的性格，体现果敢坚毅的气质，成为社会共同彰显的行为。她们担当的力量来源于对自己的认识，因为这是与生俱来的，不可推卸的。爱因斯坦曾经说过一句话："我们一来到世间，社会就会在我们面前树起了一个巨大的问号，你怎样度过自己的一生？我从来不把安逸和享乐看作生活目的本身。"她们心甘情愿，从不认为是包袱，认为只有担当才有价值。她们一定要让孩子明白，勇于担当是成大事的必要气质，担当是对别人和自己都负责，只有担当才能把每一件事情做得完美。担当还能为身边的人带来信心和力量，担当的美德的光辉照耀到他人身上发生了正能量的辐射而造福社会。担当永无自满，正如俄罗斯文学家契诃夫所说："对自己不满足，是任何真正有天才的人的根本特征。"

她们认定，任何成功者首先必须是一个敢于担当者。孔子说："君子求诸己，小人求诸人。"对于母亲而言，担当是一种不可或缺的强大支撑力量，这种力量往往使得母亲们更加优秀和挺拔。她们始终能保持活力、并敢冒生命危险，只要认为应该做的正确的事情，她们就是赴汤蹈火也在所不辞。不论遭遇怎样的失败与挫折，担当的责任值得自己为之效命。贝多芬曾说："扼住命运的咽喉，决不能让命运使我屈服。"有担当的母亲在苦难中看到乐观，挫折变成她们的踏脚石，担当的力量永远是巨大的。她们认为，担当是检验母亲人性的试金石，是自己应尽的义务。应当教育子女从小学会担当，以积极的态度来应对这个纷繁复杂、顺逆起伏的世界。对她们而言，全心全意保护儿女的成长就是实实在在的担当，捍卫儿女的尊严就是她们最好的担当。她们认为，敢于担当才能超越自我，更能自强起来，是取信于社会、立足于社会的最高筹码。她们要让孩子明白，敢于担当胜过那些仅仅根据自己的想法去展露自己想法的人，成功属于勇于担当的人。

在母亲看来，最好的担当是没有声响的，最有效的担当是不说话的。一个人除了担当进取，还要时常严格要求自己，从自身找原因。《易经·乾》上说："君子终日乾乾，夕惕若厉，无咎。"意思是，君子终日奋发进取，可是到了晚上却要认真反思这一天的所作所为。这样，即使有危险也不会有灾祸。担当在她们的心中发生，她们的生命就会更有价值，活得会更精彩。做好每一件儿女需要的事情就是担当。担当就是关心儿女，关心家庭，关心整个社会。她们的担当，就是把幼稚柔弱、"乳臭味干"的孩子培养成坚毅自信，铮铮铁骨的英雄儿女，为家庭、民族、国家缔造了未来的希望。担当是母亲应尽的责任，更是母亲知重负重的一种力量。母亲的担当，可以改变儿女的环境，达到新的、更美好的境界。勇于担当是做优秀母亲的唯一可靠的出路，看到孩子幸福快乐是母亲享受担当所得到的回报。担当使她们拥有最大的力量和最充沛的精力，她们的担当永远铭刻在孩子们的心中，并且会转化成一次次经过实践考验的正确的对祖国和民族有贡献的行动。

她们认为，担当应该心系着祖国的使命，担当应该无论如何也不能辜负社会和人民的信赖。她们要教育孩子永远记住华盛顿的名言："我希望自己永远记住身上的这份担子，今后无论发生什么不幸的事，我也不能随便卸下这份担子，更不能随便甩开这份职责。今天，我诚挚地向大家宣布，我并不认为我有足够的才智来担任统帅一职，但是，既然我承担了这副重担，我将付出自己所有的力量，哪怕是献出自己的生命，也要恪尽职守，努力挑起这副担子。”她们要孩子从小立志投身民族事业的神圣热忱，从小培养孩子敢想、敢干、敢于担当的精神。她们要让孩子明白，敢于担当的人对职责的尊重远远高于对声誉的考虑，对良心的遵从远远高于对世俗的追求。敢于担当的精神是生命的原动力，你有多大的担当精神，你才能有多大的生命力，你才能创造出多大的事业。真正的栋梁之才，都会在祖国、民族和社会需要的时候，担当起应该担当的使命，披荆斩棘，韬光养晦，最大限度地发挥自己的天赋，实现精彩的人生。正如《塔木德》中的一句名言：“在别人不敢去的地方，才能找到最美的钻石。”

经典传颂

徐光启（1562—1633），中国明末科学家、数学家、农学家、政治家、军事家，中西文化交流的先驱之一。官至崇祯朝礼部尚书兼文渊阁大学士、内阁次辅。他生于忧患，科场磨难，他的家庭全靠他的祖母尹氏操心生计、操劳家务、里外应酬、顶门立户。徐光启的祖母尹氏精明、坚毅、刚强，有眼光，有魄力，富有组织才能，为人又心地善良、有情有义，祖母勇于担当的精神使他成就了自己的伟大事业。

徐光启的父亲徐思诚，不当家，不主事。从小上学，书没念好，却娇惯了身子。经商，他没兴趣，也没那个脑子；种地，身体弱巴，也吃不了那份苦；读四书五经，参加科举，求取功名吧，他本来就学习不好，也讨厌那些所谓“圣贤”的说道。所以，他虽然年近“而立”之年，却一事无成。

徐光启的祖母尹氏，常常叹息，碰上不顺心的时候，也免不了数落儿子几句：“你呀，你呀，都怪我，把你宠坏了！”也难怪，徐光启的祖父在他父亲六岁时就去世了。徐光启的祖母年轻寡居，守着这根独苗苗，娇宠是很自然的。苦辣酸甜她一人品尝，千斤重担由她一人肩扛，有泪往肚子里流，哪忍心让儿子受一点点委屈呢？

徐光启的祖母尹氏，自从嫁到徐家，徐家的家业已经是三起三落了。徐家不是名门大户，连个家谱都没有。她的祖公据说是个秀才，从苏州迁来上海，大概是个小地主吧，生活还过得去。她的公公徐询时，由于官府的苛捐杂税、徭役、兵役，已经被折腾得穷了，只好亲自耕种，务农为生。她嫁过来了以后，由于繁重的赋役和连年天灾，连剩下的几十亩地也卖光了。她的丈夫徐绪很能干，在她这个贤内助的协助下，弃农经商，家业渐渐恢复，从此富裕起来。不过好景不长，她的丈夫不到 40 岁就病故了。她当时 30 多岁，女儿十六七，儿子也就是徐光启的父亲才六岁，孤儿寡母怎能支撑那个商业家庭的门户？一个年轻的寡妇，在那个封建礼教特别森严的时代，怎好出头露面去和南来北往的客商会谈生意？徐家是外来户，本来就没有近亲，再加上不堪忍受官府的税赋徭役，一些远亲远友也逃往他乡，又能靠谁呢？难啊！她想念丈夫，她怜爱儿女，她哭，她愁，甚至产生过寻短见的念头。但她是个坚强的女性，终于从悲痛和愁苦中挣脱出来，面对现实。她考虑再三，终于决定，请来娘家的侄子尹谋主持商业，为长女择婿俞氏，招赘入门，管理家政。她本人总揽全局，家业一天比一天发达兴旺。

1553 年，倭寇又来大举侵犯，对于上海地区的骚扰连续达四年之久。倭寇一来，居民四处逃亡，徐光启的祖母也带领全家到外地避难四年。倭寇渐平，徐家又从乡间回到上海。1562 年 4 月 24 日（农历三月二十一日），徐光启出生。而他的父亲文不成武不就，无一技之长。

徐光启降生以后，家庭的经济状况还在继续恶化，老祖母年事已高，父亲又不务生计，一家五口，再不能坐吃山空了。老祖母为穷困所迫，也为孙子的前途着想，虽然六十多岁了，居然和儿媳一起一人一辆纺车，起早贪黑地纺纱、织布。无论是滴水成冰的严冬，还是挥汗如雨的酷暑，没有一天休息过。为了糊口，为了供徐光启上学，一家人含辛茹苦，日夜操劳，常常在晚饭后，点上只油灯，徐光启读书，奶奶和妈妈纺纱，纺车的轮转声伴随着读书声，是那么和谐悦耳，仿佛谱写着一曲深沉的骨肉亲情，那韵调里既有艰辛、苦涩，又有希望和慰藉。灯光下，奶奶和妈妈辛酸而甜蜜的笑影和着这亲切而优美的声音，化作一股暖流，浇灌着徐光启幼小的心田，使他天赋的智慧种子，早早发芽生根。贫困而又多彩的童年生活，养成和锻炼了他勇敢好奇和坚毅不拔的性格，激励了他的求实精神，激发了他对科学研究的兴趣，为他后来一生的成就打下了良好的基础。

1581 年，他正好 20 岁，到金山卫去参加县学考试。赶考的童生中，有的坐轿，有的骑马，还有书童挑着行李，徐光启自己挑着行李，步行前往考场。皇天不负苦读人，徐光启一举考中秀才，取得了最低等的功名和科举的资格。之后，他又继续艰苦奋斗，参加了 1597 年顺天府的乡试，并且一举夺魁，最后一鸣惊人。

徐光启毕生致力于数学、天文、历法、水利等方面的研究，勤奋著述，尤精晓农学，译有《几何原本》《泰西水法》《农政全书》等著作。为 17 世纪中西文化交流做出了重要贡献。

感　悟

担当是中国式母亲一代又一代的优秀基因，是中华民族文化生生不息、薪火相传的民族品质。敢于担当并勇于担当是中华传统文化中一颗闪耀的明珠，担当和担当的勇气是基源于道德所表现出来的民族精神。西方哲人阿尔弗雷德·诺斯·怀特海说过：“真正的勇气并非庸俗英雄的野蛮暴力，而是美德和理性的坚定决心。”担当，在于尽可能发挥自己的卓越能力，成为自己人生的创造者。担当可以创造属于自己的成果，每个人都应该担当起自己的历史使命。做事要勇于承担，做人要敢于担当。做人敢于担当立世，才能攻无不克，战无不胜，成为出类拔萃的人。敢于担当才能赢得别人的敬重与关怀，赢得别人的心理认同。英雄因为担当而伟大，伟人因为担当而崇高。真正的成功者，必须有敢于担当的精神。孟子曰："大人者，不失其赤子之心者也。"北齐书说："大丈夫宁可玉碎，不为瓦全。"敢于担当，就像温暖的阳光普照着每一个人。一个人养成勇于担当的习惯，能够时刻使自己保持心情愉悦、斗志昂扬的心理状态。时刻不忘激励自己，不断地鼓舞自己，使自己在日常的工作和生活中更加得心应手。敢于担当的人不但是最幸福的，并且还是最长寿的，对社会的贡献也是最大的。

传承母亲的优秀基因，弘扬母亲的担当精神，以"百川东到海，何时复西归？少壮不努力，老大徒伤悲"的进取精神，当仁不让，从根本做起，必有收获。做一个新时代担当者，这不仅使你为祖国和社会的发展负有巨大的责任，而且使你的生命更具有深刻的意义。命运掌握在自己的手中，一切只能靠自己。人所能担当作为的，我必能担当。人所不能担当的重担，我亦能担当。自己的天地自己闯，天道酬勤。敢于担当，能够使自己更振奋、更积极，会使你充分释放出身体里蕴含的能量，发掘自己无比巨大的潜能。敢于担当的人，也会更加敢于直言，更加得到别人的爱戴和尊敬。敢于担当的人，总是竭尽全力从积极方面思考问题，热爱生活，遵循的是一种正确的生活理念和人生哲学。没有人可以阻挡担当者的成功之路，他们的信心与力量让成功之门永远向他们敞开。敢于担当的人，总是精神振奋，大胆施展才华，以非凡之气魄面对前进道路上的艰难险阻，哪怕自己的行动被他人反对和阻挠，也不坠青云之志。担当者自有千方百计，不抱有一丝幻想，不放弃一点机会，不停止一日努力。

幸运垂青于担当者，成功是担当和机会的结合。莎士比亚说过：“人生潮起潮落，若能把握机会，乘风破浪，必将功成名就；若不能把握机会，他们的人生就会陷入泥沼，一生悲苦。”他还提示人们：“时机和机会不等人。”敢于担当的人，能够接受挑战并能抓住机会，勇于改变。19 世纪下半叶英国著名的政治家、文学家狄斯累利这样说：“人生成功的秘诀是当好机会来临时，立刻抓住它。”在前进的过程中，把握机会比展露才能更重要。一个善于担当的人，看见的是成功的一面，总是乐观地面对一切，总能感受到阳光的温度。阳光是世界上最不能缺少的东西之一。敢于担当与乐善好施同样是最珍贵的财富，如同种子播种在土壤里一样，播种得越多，收获也就越多。一个人若是敢于担当自己所热爱的事业，那么他最终一定会收获事业的成功。这是因为他们对自己最热爱的事业始终会怀着极大的热情，热情产生了担当的力量，这种力量足够引领他们取得巨大成就。担当引领人们运用成功的动力，这种动力是一种定期滋润和不断强调而日趋旺盛的驱动力。担当可以帮助一个人建立起更伟大的雄心壮志，并为其实现这种雄心壮志提供驱动力。欧阳修说得好：“遇事无难易，而能与敢为。”

担当是成功的试金石。你对担当理解的越深刻，你的成功感就越强烈，你的进步就表现得越明显。一个人只有敢于担当，才能走向成功，才会被历史铭记。担当与不愿意担当的人永远都是分庭抗礼、势不两立的。相当一部分人的失败都可以归因于他们不敢担当上，不敢担当是一种不折不扣的消极行为，浪费生命的有效时间。不敢担当的人，可以肯定地说，一定不是一个幸福的人，因为只有担当作为才能创造幸福。不敢担当给人带来的损失通常是最严重的，而每个人在一生中都或多或少会遭遇这种体验。不敢担当的人，没有机会当然也就没有运气，只能掉入恐惧失败的泥潭，让恐惧束缚住他们本可大展宏图的双臂，失败是他们惟一的收获。那些不敢担当的人，精神饥渴、思想空虚，心灵暗淡无光，总是生活在沮丧、消极、失败之中。一旦离心离德、不努力向上、弄虚作假、贪图侥幸的念头产生，将不会有所作为。不敢于担当为自己的失败埋下了伏笔，成为阻碍成功的最大陷阱，难以登上生命的顶巅。

敢于担当的人是最能创造价值的人，敢于担当的人才能实现精彩的人生。敢于担当的人，是有智慧而又善于听取别人意见的人，有勇气而又善于团结人的人。敢于担当的人，有勇气接近一切困难并且能轻松直面人生困难，对自己充满信心，怀着轻松愉快的态度做人。敢于担当的人，既相信自己又信赖别人，因为没有什么不可担当的，并且能无往而不胜。每一个成功人士都必须具备敢于担当的精神。要想做一个敢于担当的人，你必须具备足够的自控能力，对担当有着非常直接的使命感。担当使你能够沉着应对日复一日地抱怨，能够妥善处理好他人的刻薄甚至辱骂。在勇于担当的过程中，既要管耕耘又要问收获。如果你能将自己最大限度的担当能力发挥出来，尽自己最大的努力服务他人的话，那么你的担当能力也会变得更为强大。你的担当如果不计较酬劳的话，很快你就能发现自己将会鹤立鸡群，造就不一样的自己。而且正是因为自己在事业上的倾心付出，你才有机会发现更广阔的工作前景和发展空间。敢于担当，少说空话，多干实事，以身作则，你就能闯出自己的一片天地。这是绝对的真理，天道酬勤。

担当，需要冒险精神，敢冒风险的人才有最大的机会赢得成功。这是因为，他们在关键时刻充满生命的激情，能把握担当的机遇。古往今来，没有任何一个成就伟业者未曾经过风险的考验。冒险是表现在人身上的一种勇气和魅力，也是担当和勤奋的最高境界。日本的渡边正雄总结自己的成功经验时说：“我之所以能成功，就是因为我敢于冒险。我在选择一个投资项目时，如果别人都说可行，这不是机会——别人都能看见的机会不是机会。我每次选择的都是别人说不行的项目，只有别人还没有发现而你却发现的机会才是黄金机会。尽管这样做冒险，但不冒险就没有赢，只要有 50% 的希望就值得冒险。”19 世纪英国作家乔治·艾略特也说过：“等到事情有了确定的结果才肯做事的人，永远都不可能成就大事。”每个人都希望获得成功，但成功却只青睐那些敢担当、会担当、能担当的人。要担当好，就要有冒险精神，一旦看准就要大胆行动。对于一个人来说，所担当的是你能全力以赴和为之献身的一种美好的事业。担当只垂青那些懂得怎样追求它的人。

箴　言

担当产生成功的力量，担当创造成功的运气，敢于担当，整个世界都会为你的前进而让路，整个世界都会帮助你走向成功的顶峰。

第21章 论责任

母亲语录

鞠躬尽瘁，死而后已。

心　语

在母亲看来，为人之母当尽母责，不能尽职者何谈母亲，做好每一件该做的事就是责任。自己的第一使命是家庭，家庭的核心是热情生活，生活的基点正是责任心，责任就是一种生命的力量。她们认定，最崇高的、最艰巨的、最神圣的责任是对儿女的责任。苏霍姆林斯基这样说：“母亲的聪颖可以产生一种精神力量，这种精神力量，足以使父亲严守道德，树立对家庭负责任的那种高尚情感。在一个好的家庭里，这一切都细微地、优雅地、不易察觉地存在着……”具有责任感的母亲，总是做最大努力尽自己的义务，尽一切可能经营好家庭和成功培养出为祖国接班的子女。母亲的道德义务和道德责任，要求她成为孩子和家族的主要供养者。她们要求自己，敬畏自己的职责而不放纵，不能有一日不勤于家务，自己掌握生死大命，才能求得家庭幸福。奥地利的哲学家、现代著名的精神分析学者阿德勒这样说：“尽到母亲天职且对人类生活有所贡献的妇女，也像其他人一样，在人类的分工制度中占有崇高地位。假如她对其子女的生活抱有浓厚的兴趣，且努力要使其成为健全的公民；假如她致力于扩展她们的兴趣，并教之以合作之道，那么她对人类的贡献便是不可估量的。”

她们认为，家庭犹如一条船，母亲的第一职责就是掌好舵，行稳致远，确保家庭安全是第一位的。生命和崇高的责任联系在一起是衡量母亲能力的标准，责任要求母亲以积极的态度对待家庭，有积极的态度才能够担负起责任，才能够家庭和睦，才能够应对各种复杂的问题。对于母亲来说，对养育好子女具有高度的责任感，这种责任是生命的责任。拓宽护城河，创建坚固护城河的品牌，使家庭拥有更大的安全边际。她们相信，家庭越安全孩子就越幸福，子女越就越健康快乐，孩子从小就体会到了幸福感、满足感、自信感，从而就有了更强的信任感和责任感。孩子对于生活中、学习上的问题和困难，自己能够认真面对，不害怕、不逃避，自主解决，孩子长大以后可以凭着巨大的责任动力和热情去做自己热爱的事业。她们要让孩子懂得，责任是一个永恒的话题，是与生俱来的。一个人拥有了责任心，他的生活才有了真正的价值和高尚，在别人的心中就如同一座高山而巍然屹立。责任创造安全、和谐、辉煌，有了责任感，人生才能更精彩、才能献身给真理、献身给正义，才能带给别人信心，才能给别人以安全感。

她们认定，责任是每个母亲必须用生命来履行的义务，最大程度地发挥母爱的力量。任何不愿意败坏自己的声誉，不愿意家庭破裂的人，都必须履行好自己的责任。这个责任，就是打造一个温暖温馨的家庭。她们确信，对于一个母亲来说，通往为民族为祖国尽忠的方式往往是通过家庭、通过对孩子的责任来实现的。对于一个民族、一个家庭而言，她们自己身上扛着塑造社会人的品格、锻造这个民族的灵魂的责任。她们认为，一个母亲，从某种意义上讲，是一个征服并升华了自己的人，履行家庭的职责才是她应该承担的义务，包括家庭事务的管理、对孩子的教养、对家庭经济的安排等。自己的光荣使命就是担负起一个完整家庭应尽的责任，责任就是对自己要求去做的事情有一种挚爱。为其母，显其爱，尽其责，把言行、地位和责任联系起来，这是她们对自己的要求。教育引导孩子守规矩、明事理，有益于家人、有益于社会。培养孩子拥有成长型思维模式，使孩子忠诚而有责任，不会到处指责和找借口，在最大程度上拓展自己，使孩子们产生一种优越感，尽自己最大责任做事，养成勇于负责任的人生习惯。

她们认为，自己的责任就是吃苦在前，享受在后，忧家人所忧，乐家人所乐。母亲关爱儿女的意识，胜过其他任何一种意识。俄国作家冈察洛夫有言："爱情就等于生活，而生活是一种责任、义务，因此，爱情就是一种责任。"古人的《送穷文》云："利居众后，责在人先。"说的是，得好处时情愿排在大家的后面，负责任时站在众人的前面。这是对母亲的生动写照。她们要让孩子懂得，在家庭和社会生活当中，每个人都应该各尽其责，向需要给予帮助的人提供帮助。在从家庭中培养出来的责任感的基础上，对社会、对人类的责任感与使命感也会自然形成。坚守责任和使命，是自己必须承担的家庭重任和最明智的选择，逃避就是放弃责任和使命。艾希·迪安说过："只要我自己履行了职责，那些观望的人也会自发自觉地履行他们的职责。"她们认为，责任贯穿于自己的一生且是不能推脱的，应该珍重自己的神圣职责。担负着重大的家庭责任，行进于艰难困苦的路途，长期坚持，只有母亲才能够做到。梁启超曾说过："人生须知负责任的苦处，才能知道尽责任的乐处。这个社会尊重那些为它尽责任的人。"

在她们看来，人从一出生就有了责任，活着的责任。责任是生命和生活对于人的基本要求，母亲常常觉得她的儿女是她自身的一部分。作为母亲来讲，一方面，对孩子有抚养、教育的职责和义务。另一方面，在亲朋之间，在社会生活中都有应尽的职责和义务。一个热爱自己家庭的人，也会毫不含糊地热爱和服务自己的祖国。在家庭生活中，那些有责任感的人，也为他们的社会责任心奠定了坚实的基础。在一个家庭中，如果母亲是一个有责任心的人，孩子们长大后必定是一个有所作为的拥有责任心的人。如果自己百分之百尽心尽力了，就是母亲当中的赢家。她们在僻静的家庭中默默无闻、任劳任怨、尽职尽责，她们的业绩鲜为人知。她们要让孩子懂得，责任伴随着每个人生命的开始和生命的结束，我们每时每刻都要履行自己的责任和义务。正如英国的威灵顿公爵曾说的："在人的一生中，恪尽职守是我们唯一的精神支柱，除此之外，几乎没有什么东西值得追求。"只有负起责任的时候，我们才能找回做人的根本，且任何的苦难都不能减去我们的责任。她们要让孩子懂得，有责任心的人能够掌握自己的人生，而且能够取得事业成功。

她们认定，责任是做母亲的核心内涵，一分母爱就是一分责任。对于她们来说，荣誉与耻辱，责任在自己，而不在于他人。专心致志，谨守职责而不认为劳苦，这是做母亲的职责。自己的责任不论你身处极其不利的环境中，还是处在家财万贯的亿万富翁，都是站在同一起跑线上，做好母亲该做的事情就是尽到了责任。有了强烈的责任心才能激起做一个好母亲的热情，永远不能说自己没有承担责任的资本，即使是世界上最贫穷的母亲也不例外。有责任心的母亲，自有生存之计，只求把事情做好。她们认为，人生奋斗的目标之一就是求胜，母亲最大的成就就是从千难万难中站起来。她们的态度总是积极的，从不会忽略每一次胜利的机会，即使遇到再消极的情况，也能自动地做出积极的反应。她们要让孩子记住，我们每一个人不论尊卑贵贱、男女老少，都只是一名普通的服务员，服务于我们自己，也同样服务于他人，我们应该充分利用自己的职责和义务造福于我们自己，造福于社会，造福于国家。她们要让孩子做到，不论何时，不论是对自己、对家庭、对社会还是对祖国，责任感是不可或缺的。哲人西塞罗说过："我们不是为自己而生，我们的国家赋予我们应尽的责任。"

她们认为，有责任心的母亲才是一个称职的母亲，才能把每一件事情做得优秀、做得完美，她们以创造生命而感到自豪。母亲培养儿女应当具有高度的责任感，自己的责任是对儿女的一种"守望"。她们对自己的责任用生命承诺，如同古人所言"义不避难，事不逃责。"她们"鞠躬尽瘁，死而后已"的责任心给自己的儿女铺就了一条成功之路，使儿女们能够真正成为大丈夫，在世事中引领同类，领袖群伦。她们始终活在责任和义务里，无论面对的是烦琐的小事、还是艰巨的任务，总是执着热忱地去完成，从不找借口、从不杞人忧天。她们认准一个理，命运要由自己去开创，只有敢于承担责任才能改变自己的命运，创造非凡的人生。她们要求孩子，应该具备持久而良好的责任心，这是一个人最起码的道德准则，也是一个人的最高荣誉。她们告诉孩子，倘若没有持久的责任心，人就会在逆境中倒下去。没有责任感，就找不到自己在社会中的地位与重要性，便会感到迷惘，从而失去创造价值的动力。这种人往往是通过抱怨和责怪别人来维护自己，无法掌控自己的能力和动力。

她们坚信，一个人的道德良心体现在他所履行的责任之中。科威特著名作家穆尼尔·纳素说："责任心就是关心别人，关心整个社会，有了责任心，生活就有了真正的含义和灵魂，这就是考验，是对文明的至诚，它表现在对整体，对个人的关怀，这就是爱，就是主动。"如果对家庭、对孩子缺失了道德良心，必定会不负责任，甚至被邪恶引入歧途。母亲的责任心，体现在对家庭对儿女应尽的全部心血上，她们在遇到危难时一定会坚强不屈。她们要求自己竭尽全力把家庭经营好，把自己的儿女哺育培养好，使每个儿女都能快乐幸福并能成为对祖国对社会有用的人。对于一个母亲来说，所期望的不是别的，而仅仅是她能全力以赴和献身于幸福美好的家庭生活。责任唤醒她们的自我，激励她们一鼓作气完成自己的任务，哪怕只有一个早晨或一个晚上的事情可做，也会很勤奋。责任感根植于她们的内心，对孩子们的未来充满执着，一如既往地坚持到孩子成材，演绎出无限的精彩。她们深深记得梁启超的一句名言，“责任是要解除了才没有，并不是卸了就没有。”

她们相信，只有责任感才能产生使命感，使命感是人生幸福和事业成功的动力。懈怠责任而单凭自己的聪明行事，一定会很危险。她们认定，不负责任的人心胸狭窄，自以为是，常常抱怨和指责别人，惯于把失败和责任归咎于他人。放弃责任而任用特异的才能，必然会陷于困境。她们认为，要为自己的不负责任、轻浮、轻率而羞耻，不要成为一个没有责任感的自私自利者。做母亲的使命感，就是要承担起抚养孩子的一切。在孩子面对困难险阻的时候能够挺身而出，把孩子的一切当作自己生命般的责任。除了承担起健康生活的责任、学习的责任，还要负起拯救的责任，把自己的一切能量充分地挖掘出来。母亲的责任心是把自己本来具有的优秀品格显示出来，顺应子女的需求以实现自我，母亲最精彩的篇章都是敢于负责精神的写照。她们成功的背后，是负责的汗水，是负责的血泪。她们越敢于负责，就越能突破困境，负责的精神就越能得到新的升华。她们要让孩子记住，责任感是一个人道德的精髓。正如西方的一位哲人所说：“职责是将整座人类道德大厦链接起来的黏合剂。如果没有这种黏合剂，人们的能力、善良、智慧、正直、自爱和追求，都将缺乏最根本的道德根基而无法维持。”

强大的责任心，是母亲的潜能源源不断地得以释放的精神源泉，是所有奇迹的根基。她们深知，身为母亲的伟大使命，在于繁衍人类、培育新人、代代继承。基于责任的感召，许多伟大的母亲都是在艰苦的考验和逆境中成就了自己的孩子。有了责任的力量，她们就能把孩子从困境中解救出来。有了责任感，她们才会生畏，才会怕做对不起自己良心的事。有了责任心，她们才真正懂得了自己的义务，心灵里永远装着良心。她们矢志不渝地牢记自己的责任，虽然冒着付出生命的代价，但她们时常感到职责所在，死而无憾。中华民族尊重那些为儿女尽到责任的母亲，她们总是用自己的心力去引导儿女寻找迈向成功的途径和方法。母亲的责任，就是要求自己敢于对儿女付出生命的一切，她们对培养儿女的责任感胜过自己的人生安全感。爱的责任是母亲的本能，从为家庭烧一顿饭，为儿女洗一件衣服，都是母亲责任心的体现。在她们看来，我们没有必要去模仿别人，只要能够做好我们自己，便是对自己尽到了最大的责任。正如丘吉尔的一句名言："高尚、伟大的代价就是责任。"

经典传颂

"单亲妈妈花 29 年，把重度脑瘫儿送进哈佛"的故事，堪称世界奇迹，诠释了中华民族伟大的责任精神。一位普通的单亲妈妈，顶住各种压力，将脑瘫儿子丁丁养育成人，他出生时浑身青紫，出生五天才发出第一声啼哭，医生连下五次病危通知书，这个三岁还不会站，手拿不稳东西，脖子耷拉着，嘴里不断地流口水并被医生断言"非傻即瘫"的脑瘫儿，经历了无数的风雨和坎坷，考上哈佛。

2007 年 8 月，他以 660 分的高分考入北大；2011 年 4 月 28 日，他成为北京大学国际法学院面向全国招收的 20 名保研生之一；2016 年 3 月，已经工作两年的丁丁被哈佛大学法学院录取。许多人评价这对母子的事迹难以置信，令人震惊。

美国哈佛大学是世界一流的大学，许多莘莘学子梦寐以求的大学。上哈佛大学，对于智力超常学生来说，也不容易，对于智力一般的学生就不用说了，可是对于一个"重度脑瘫"学生，就不用想了，可以说难于上青天！

美国作家维克多·弗兰克说过这样一句话，每个人都被生命询问，而他只有用自己的生命才能回答此问题；只有以“负责”来答复生命。因此，“能够负责”是人类存在最重要的本质。单身母亲邹翃燕把儿子看成自己的全世界，为了给儿子一个尽可能好的将来，他不遗余力地做了所有能做的事：白天上班，课余时间又另外兼了三份职；湖北省省级普通话测试员培训班的主讲教师、给一些大型企业上礼仪课、到中国人寿做保险业务；晚上带着儿子看病，风雨无阻；把自己训练成按摩师，一有时间就给儿子按摩；午间休息也要跑回家陪儿子玩撕纸游戏，开发智力。这样一位母亲，面对丈夫的“别要这个孩子了，将来会拖累我们一辈子。”失望至极的邹翃燕，不但独自抚养脑瘫儿长大成人，又把儿子送进了世界顶级名校。

邹翃燕的伟大创举，诠释了母亲的神圣责任。千百年来，中华民族的优秀文化给予了中国母亲许许多多美好的品质与情感，强烈的责任感就是其中的一道美丽的光芒，在一颗颗忠义的母亲之心中闪耀着。正如列夫·托尔斯泰所言：“坚毅而崇高的思想方式，能够使一个人建立起生活目的和认识自己的生活职责。”

1988 年 7 月，一起医疗事故造成邹翃燕的胎儿宫内窒息。躺在产房里早已筋疲力尽的她，接到的是五张病危通知单和医生一句“理性”建议，“这个孩子没有抢救价值了，将来非傻即瘫。我们建议你们放弃。”“别要这个孩子了，将来会拖累我们一辈子。”丈夫近乎无情的理智，刺痛了邹翃燕。“你不听医生建议，这么固执，你自己养这个孩子！”丈夫的话字字如刀。

女本柔弱，为母则刚。在命运多舛的骨肉和陌生的丈夫之间，邹翃燕毅然地选择了前者，自此开始一段前途未卜却注定铺满荆棘的人生。

丁丁小脑运动神经受损，一岁手不会捏握，两岁才会站立，三岁才会走路，六岁才能跳……儿子比同龄人慢几拍的人生里，倾注着邹翃燕比其他母亲多几倍的努力。

丁丁两岁多时还不会走路，仍然流口水，手抓不住东西。邹翃燕开始了辗转各地的求医路，最后她找到了湖北中医药大学的疑难杂症专科，医生建议丁丁三岁时开始做按摩治疗。邹翃燕坚持在家给儿子每天按摩一小时，洗完小脚，就按按腿脚；讲故事时，就按按他的小手；儿子玩玩具时，就给他按按脑袋和背部。终于，丁丁三岁多时，学会了走路，虽然不稳，经常摔跤，但是邹翃燕看到了希望。

为了培训儿子的记忆力，邹翃燕先让丁丁从看天气预报开始，刚开始丁丁只能记住最高气温，但渐渐地就能记住各项天气数据了。随后，邹翃燕又让儿子帮她看新闻联播，然后"转播"给她。第一天，丁丁只能说一件事；一周后，丁丁能说两条新闻；几个月后，丁丁能将新闻联播复述下来。

为了训练儿子的灵敏度，他和儿子玩撕纸游戏。从乱撕，到把缺口撕直，再到撕出花……几年下来，丁丁撕掉的纸能装一卡车，可是到七岁读书的时候，他仍握不稳笔，所以每次考试，老师都得多给他至少 30 分钟。到了小学四年级，好学善问的他在学习上和其他孩子上无二样，考试不用再延长时间，成绩在班上遥遥领先。

为教儿子用筷子，邹翃燕曾花一年时间。在别人眼里，邹翃燕有时候是一个"狠心"的母亲。丁丁运动不协调，用筷子这种小事对他来说难如登天。别人看不下去，劝邹翃燕别让他学了。"以后一桌人吃饭，就他一个人不用筷子，别人就会好奇。他必须要跟每个人解释自己脑瘫，那会极大伤害他的自尊心。所以我坚持让他学，"邹翃燕说。打过、骂过，过了一年多，丁丁终于学会了使筷子。"我不想他因为身体疾病自惭形秽。就是因为他很多方面不如别人，我对他的要求才更高，让他更努力。"

为了培养儿子良好吃饭习惯，邹翃燕就让儿子看钟吃饭！

为了培养儿子的劳动习惯，她一直告诫自己要有耐心，要宽严有度，既不可为了学习让孩子放弃其他能力的培养，又不可重视情商忽视学习。在生活上，虽然丁丁的行动不方便，手没力道，但诸如叠被子、洗碗等家务活儿，邹翃燕坚持让儿子做，即便是高三紧张备考期间都是这样。高考那天晚上还让儿子洗碗。

在母亲精心陪伴和严格要求下，丁丁2011年从北京大学环境科学与工程学院毕业，同年进入北京大学国际法学院就读。2016年3月，已经工作两年的丁丁被哈佛大学法学院录取。北大的录取率约为0.1%，哈佛的录取率约为5%，在丁丁眼里，妈妈是“精神导师”。邹翃燕则称自己是孩子的挚友。“我从不觉得自己伟大。我愿意把自己定义为一个为了孩子而不断成长进步的妈妈。”

邹翃燕培养儿子的成功之道，她认为有两点最重要，尊重孩子和家长的自我成长。在儿子面对重大人生抉择时，邹翃燕都把丁丁当成平等的“谈判对手”。丁丁也认为，平等协商是他们母子健康关系的基石。“很多家长在职场上可以雄辩滔滔，面对孩子不是溺爱成性，就是缺乏耐心，不会用平等而严肃的态度来和自己的孩子讨论。我妈妈则不同，意见相左时，她会引经据典让我心悦诚服接受她的观点。”

邹翃燕告诉了我们一个哲理，我们每个人都要有自己的思想与见解，高级的职责要求我们是伟大而且卓越的。

感　悟

邹翃燕的事迹告诉人们，责任会让我们表现得更加卓越，拥有责任感的人对其人生具有更高的忠诚度和强烈的使命感。苏霍姆林斯基说过：“母爱之道，就在于使意志控制着爱，而人的真正的爱，使意志的主要促进因素——人的未来的责任感充满崇高精神。”罗曼·罗兰有言：“一切责任的第一条，不要成为懦夫。”母亲强烈的责任心能使不可能的事变为可能，责任心使母亲把自身的创造力和精神影响力发挥到极致，责任的力量能书写人生了不起的伟大奇迹。母亲的责任是积极地服务社会，精心培育孩子，使儿女健康成长。她们的责任心是用长年的辛勤劳动以及自我牺牲换来的。责任心代表了一个人的优秀品质，因为它会让你吸引所有的人，打动所有的人。这种品质会给你很大的帮助，比去做大量的工作都要有效得多。正如毛姆所说：“要使一个人显示他的本质，叫他承担一种责任是最有效的办法。”母亲这种为人表率的作为，使儿女在成就事业的道路上进入了更高的精神境界。只有至诚尽责的人，才能把他的天赋发挥到极致，让生命燃烧起来，把能量发挥到最大值。做一个有责任心的人，就像是金属片不由自主地转向磁石一样，所有的人都转向他们，因为所有的人都敬重责任心。有了责任心，就有了幸福和成功的基础。运用全神贯注的责任心，聚精会神地去做好事业，就能改写自己的命运，就能让梦想成真。

人生的责任应该是完全献身于祖国和民族，为国家建设和社会发展贡献自己的一生。如同苏霍姆林斯基所言：“要有对劳动、对行为、对爱与恨以及对你所说的话负责的责任心。”传承母亲的这种基因，直面责任而不逃避，直面挑战去战胜自我，会使儿女成为对社会负责任的人。使儿女真正认识到自己的责任就是肩负历史使命，发挥自己的特长，实现自己最大的价值。一个人能承担多大的责任，就能取得多大的成功。成熟不是看你的年龄有多大，而是看你的肩膀能扛起多大的责任。在人生的路上，责任就是发挥正能量，服务社会，心系国家。有了责任心，生命的价值就会通过行动体现，不管你走到哪里都会畅行无阻。正是因为有了强烈的责任心，很多的企业家得以成功，无数的律师有了更多的客户，众多的医生拥有了更多的病人，而对于公务员来说，责任心更为重要。责任心，是一种有吸引力的高贵品质，它根源于人的尊严与爱，并将生命托付给它。不管你身处何地，担任任何职务，都不要忘记培养自己的责任心。它会让你受益无穷，而且在生活中的任何一个位置都会得益匪浅、受益无穷。成功者的品质源于积极思维，其核心在于自我发展、自我激励和责任感。

世界上的每一个人都有自身的位置，也都有自己的职责，只有每个人都安于自己的位置，忠于自己的职责，整个社会才能高效运转。每一个人都应该恪尽职守，尽心尽职地完成自己的使命。不管你有着怎样的地位，扮演着怎样的角色，重要的是我们要做好自己的工作，都不能推卸自己的责任。培养自己的良好责任心，不仅使你可以得到美好的声誉，更重要的是能够增加你成功的确定性，会让你更加成熟稳重，塑造自己更加受人欢迎的成功性格。西方哲人拉马丁说过："只有一种精神是永不失败，永远不能被麻痹的，那就是责任。责任让每个人都能头顶一片蓝天，让人的心灵充满阳光——就像是欢乐的云雀，自由自在地歌唱。"责任心会让每个人遵守自己的诺言，尽最大的努力去实施正确的行动，去赢得别人的认同，成为最受欢迎的人。责任心是我们高贵的品格，它能使我们赢得尊敬、自信与成功。责任心能使每一个人神情专注，全身心地投入工作，在同样的时间内来做更有价值的事。能力是建立在责任心的基础上的，责任心让能力投入到你明确的目标上，能量将无处不在，直到你获得丰收喜悦的那一刻。一个人越能担当责任，他就越具有旺盛的生命力。一个人不论才能大小和职位高低，只要在其位，就应该敬其事，出其力，勤于行，尽其职。

责任是良心的外在表现形式，是高尚人生的高级目标。美国作家马克·吐温说过："我们生到这个世界上来是为了一个聪明和高尚的目的——必须好好地尽我们的责任。"只有当你勇敢地承担起你的责任，你的人生才会变得更加美好。拥有责任心的人，一丝不苟、精益求精。这样的人能够感觉到内心有种动力在催促着去履行自己的职责，他们也能感觉到自己人生的快乐也源于意识到履行了责任、实现了目标的那种感觉。如果你拥有自己的责任心，它会指引你朝着正确的道路前进，只有正确的行为才能给我们带来满足与快乐。社会需要更多有责任心的人，责任是人们所必需的美德，高尚的责任心能够丰富我们的心灵，积极的责任心是我们取之不尽、用之不竭的财富。责任心令我们全身地投入到更为美好、纯洁、真实的生活中，并且自觉地发挥自身的能量，体现了我们对高尚与卓越的事业的挚爱。责任心会让你得到更多意想不到的成功，会让你在工作和事业中如虎添翼。对于任何一个有责任心的人来说，通常需要付出相当大的努力才行，你必须与社会上的那些说话不经思考、办事不靠谱的人划清界限。责任心所代表的是成功者的毅力、自我牺牲和坚强的人格，责任是必须付出代价的。没有责任感就没有收获，这是因为世上从来就没有不劳而获的好事。有责任心的人，都是脚踏实地的人，他们敢说敢做，主动肯干，勇于任事。

责任是中华民族引以为傲的品质，恪尽职守的责任精神能为你带来好运。运气是责任心的积累，只要你勇于负责，在你人生中的每一次关键时刻，运气都会不断地介入。那些相信自己具有承担责任能力的人，看重自己是其人格的核心，这会让他大有作为。强烈的责任感将为他铺设出一条美好的前程，确立自己的独立精神，找到自己的路。责任是热爱事业的基础，是所有成功的必备，是增添生命光彩的染料。勇于负责是事业的开端，是扎扎实实的行动，只要切实负起自己的责任，就会越来越接近成功。责任心、使命感是积极行动的标识，责任心是成功的智慧，责任感是成功的力量。一个人只要有责任心，就能想出各种办法来完成他们的心愿，更有勇气克服种种困难。任何一个有责任心的人，不会让自己失望，都会增加自己控制命运的机会，所有行动都是明智的且都能产生好的结果。成功者最大的挑战就是敢于负责，责任在他肩上的压力会让他兴奋起来，激发他干事创业的能力，他决不能容忍不负责任的行为存在。法国 17 世纪最伟大的数学家、物理学家、哲学家布莱士·帕斯卡这样说：“人因为思想而伟大。

人显然是为思想而生的，人的全部优点尽在于此，人的全部责任也在于按恰当的方式思想。”

任何一个人，一旦责任精神消失了，他就会成为一个不能独立自主的人，他会被自私自利之心所取代，灾难就会降临到他的头上。真正的英雄豪杰都是敢于承担责任的人，都是忠于自己职分的人，因而他们的功绩就伟大。艾森豪威尔将军在二战日记中有这样一句话：“我决定在此时此地发动进攻，是根据所得到的最好的情报做出的决定，如果事后有人谴责这次的行动或追究责任，那么，一切责任应该由我一个人承担。”任何一个人如果没有责任心，必定会贪图享受、投机取巧、耍小聪明，难当大任，是很难赢得成功的。没有责任心的人，对家庭不能担当，对社会不能付出，对国家不能贡献，对自己不能负责，必定会为自己的行为付出不可弥补的代价。好的工作岗位通常都只会提供给有责任心的人，成功青睐于有责任心的人。那些没有责任心的人，没有看清楚自己性格上的这个短板，正是这个短板阻挡在他们通往成功的道路上。没有责任心，精力就无法有序形成，各种各样无意义的事就会耗费掉你很多的精力。没有责任心的人生，是虚度年华，到头来是一无所得。责任心可以激发一个人最强烈的事业心，而且还为我们增强了为实现事业目标而必备的勇气。倾尽自己的责任心，最大限度地为别人提供更多、更优质的服务，如果你能这样坚持下去，你所获得的回报会让你觉得自己所经受的一切都是值得的。

推脱责任，就是懈怠人生。这样的人，不屑勤劳与奋斗，更谈不上拥有敬业精神，就是将自己推向痛苦和失败，甚至嘲讽一切道德、正义和爱国主义，就会失去他人的尊重与支持。有些事情的确微不足道，但我们也要以高度负责的精神做好它。不敢负责，就不具有领导力、凝聚力，就会永远处于被动状态，对于事关自己切身利益的事情也就让其他人为自己该负的责任负责。不愿负责，只会找借口、抱怨或发牢骚，不能提供解决问题的方式，其结果是失去人们之间的彼此信任。现实当中，很多人都有推诿责任的心理，推诿的事情很多，其结果是贻害无穷，即伤害了别人又害苦了自己，实在是得不偿失。经常推脱责任的人，有一个共同的特点，那就是犹豫不决，这是他们成不了气候的主要原因。歌德说过：“长久地迟疑不决的人，常常找不到最好的答案。”我们塑造了生活也塑造了自己，我们理所应该为自己的选择负责，责任将筑出一条幸福美满的康庄大道。一个有责任感的人，从来不会推卸自己的责任，因为那是懦夫的行为。可以说，一个逃避和推卸责任的人，必定会付出应有的代价，甚至是巨大的失败。

箴 言

责任心能够胜过任何物质的力量，能够催生强烈的自我成功意识，能够战胜任何不可能的“神话”，能够创造出伟大的人类奇迹。

第 22 章
论节俭

母亲语录

当用则用，当省则省。

心　语

在母亲看来，能勤能俭，永不贫贱，节俭是守家的第一法宝，勤俭是治理家业之根本。离开了勤俭，什么事情都做不成，有了它，什么事情都能做成。《曾文正公家训》上说：“居家之道惟崇俭可以长久，处乱世尤以戒奢侈为要义。”母亲是勤劳并节俭的人。勤劳固然重要，但比勤劳更重要的是节俭。她们认为，福生于俭，应当教育儿女从小养成勤俭的品格。勤俭持家，子孙必定兴旺。骄奢倦怠，家业必定衰亡。《尚书》有言：“谨慎小心是节俭之德，只有怀有这种品德家业才会永远牢固”“勤俭兴家，奢侈败家”是她们治家的根本遵循。她们认定，做母亲的应当以节俭来修养性情，一个家庭的福气，从清廉节俭而来。人不节俭不能立身，家不节俭不能兴旺。节俭是中华民族的一个根基，她们从心里把勤俭朴素作为美德，她们始终把节俭当作生活的命脉，认为节俭不仅积累金钱、创造财富，而且还能修身养性、改变个人的生命价值。她们要让孩子懂得，勤俭是人生哲学，是智慧和能力的体现，勤俭能使人集合心力和财力去创造事业。

每一位母亲都把“谁知盘中餐，粒粒皆辛苦”的中华传统美德作为教育子女的座右铭，始终把家俭则兴、人勤则健的理念作为治家的根本。她们认定，省下一分钱等于有了两分钱。时刻坚持勤俭节约，并从点滴做起，始终坚信惜衣有衣，惜食有食，小钱不知省，大钱将乱花的原则，始终坚守一人节俭一家富的宗旨。正如美国作家爱默生所言：“节俭是你一生中食之不完的美筵。”她们深知，一衣一食，来之不易。当孩子懂事的时候，就应该教育他们要珍惜幸福。为他们讲解一件衣、一粒食的来历，让他们懂得来之不易的道理。她们要求孩子们明白，节俭是一种智慧，节俭更是母亲战胜困难的传家宝，是对家庭幸福的盘算。节约好比燕衔泥，浪费好比河决堤。元代学者许名奎在《劝忍百箴》中说：“以俭治身，则无忧；以俭治家，则无求。”明代道人洪应明这样说：“居家有二语，曰：惟恕则平情，惟俭则足用。”历史上有许多关于“俭”的名言佳句至今仍广为流传，一代又一代的中国式母亲创造了一个又一个的优秀故事，为推动国家和社会发展产生了积极的力量。

她们懂得并遵循古人所倡导的，在饮食方面节俭，可以保养脾胃。在喜好欲望方面节俭，可以聚集精神。在言语方面节俭，可以养气血、息是非。在结交朋友方面节俭，可以选择好的朋友、减少过错。在交际方面节俭，可以养护身心、防止过度劳累。在饮酒方面节俭，可以使心纯净、养成好的品性。在思虑方面节俭，可以免除烦恼、去掉纷扰。她们坚信，节俭养家，节制养命，勤俭可以增福增寿。她们要求自己，一个贤惠的母亲应当坚守节俭治家的传统美德，带头崇尚节俭，拒绝浪费，从节约一粒米、一滴水做起，使小节俭变成好习惯。她们要让孩子懂得，勤俭兴家，犹如针挑土。奢侈败家，好似浪淘沙。要铭记李商隐的名言："历览前贤国与家，成由勤俭败由奢。"她们善于掌握和管理家中的各种生活问题，总是精打细算、量入为出，总是有计划、有目的地筹划好家中的大小活动，将自己的家庭管理得井井有条。她们要让孩子记住，节俭比一切智谋更好，因为它是生活的基本条件，追求安逸享乐可以招致自己的灭亡，修身养性最好的办法就是减少各种奢侈。

她们明白，做人的最高层次是节制，没有节制就没有节俭，节制首要的是节制欲望。《记》曰："通于一而万事毕，无心得而鬼神服。"《记书》上说："通晓大道就能包举万事；心无所欲能让鬼神敬服。"节制是一个人安身立命最宝贵的品格，欲望是人之大祸。《菜根谭》有言："人欲路上甚窄，才寄迹眼前，俱是荆棘泥涂。"说的是，欲望就好像一条狭窄的小路，刚一把脚踏上就觉得眼前全是一片坎坷难行、崎岖不平的泥路，稍不小心就会陷进泥潭，寸步难行。节制欲望是一个人完美自制力的高超追求，因为这个世界上令人心动的诱惑实在太多。国学《傅子》上说："天下最大的福祉就是无欲，天下最大的灾祸就是不知足。没有欲望，就没有贪求；没有贪求，就能够养成节俭。"埃及人尤素福·西巴伊说过："欲望是人遭受磨难的根源。诚然，欲望可以使人得到欢乐和幸福；但这欢乐幸福的背后却是苦难，乐极是要生悲的；一切欲望实现之后，却也免不了灾难。"不能节制自己的欲望，无异于点燃了自焚的火焰。一个志在幸福和成功伟业的人，必须懂得限制自己、节制自己，在有节制的前提下享用和消费才是一种幸福。一定要让孩子懂得，学会节制并形成顺其自然地自我节制的习惯，就会轻松地摆脱生活烦恼和人生痛苦的缠绕，实现人生的无限美好。真正的节制是知其可为而为之，知其不可为而不为，合理使用财富，做自己力所能及的事情。

她们更懂得俭以养德的哲理，她们始终遵循诸葛亮的“夫君子之行，静以修身，俭以养德，非淡泊无以明志，非宁静无以致远”的教诲。诸葛亮所倡导的就是，节俭是积攒财富秘诀，是兴家强国的秘诀，勤能补拙，节能补贪。奢侈是家庭衰败的起点，奢则妄取苟取，志气卑辱。《朱子家训》说：“一粥一饭，当思来之不易；半丝半缕，恒念物力维艰。”母亲不仅自己以俭为荣，还要求儿女把节俭作为一种习惯，嵌入灵魂深处，作为安身立命之本，成为生存智慧的理性选择。她们认为，母亲节俭有度，孩子自然就会拒绝奢华，节俭是老百姓的重要法宝之一。《左传 · 庄公 · 庄公二十四年》曰：“俭，德之共也；侈，恶之大也。”意思是节俭是善行中的大德，奢侈是邪恶中的大恶。节俭可以避免祸患。正如战国时期思想家、教育家、军事家墨子之言：“俭节则昌，淫佚则亡。”崇尚节俭就能民富国强，兴旺发达，黄金本无种，出自勤俭家。历史上许多克勤于邦、克俭于家的典范值得我们很好的学习和传颂。

经典传颂

东汉时期，有两位名声颇高的皇太后，一位是马援的闺女马太后，一位是邓禹的孙女邓太后，她俩的共同特点，都是节俭纯朴、谦虚谨慎。

东汉明帝死后，马皇后的养子汉章帝即位，皇后就变成了太后。汉明帝在世时，对外戚相当严厉，马家没有人谋到高级职位。汉章帝感念母后的恩情，要封赠三位舅父，马太后坚决拒绝，告诉皇帝：“凡是提出这种建议的人，都不过是向我讨好，以便转弯抹角捞好处，千万相信不得。我穿粗布衣，吃糙米饭，不用脂粉，不烧香料，是天生的节俭吗？不是的，是要做榜样！前年我回家去，看到家门口熙熙攘攘，车如流水马如龙，请安问候的人络绎不绝。家中奴仆尽是绿衣白领，神气得很！

回头看看我的车夫，寒酸极了。我没有指责他们，只把每年给他们的生活补贴取消了，让他们反省吧！不能太宠，严格点好，给舅家晋爵加官，弄不好会蹈王莽的覆辙。”汉章帝诚心实意地争辩说服，马太后就是不答应。

过了几年，汉章帝觉得天下太平，硬要封赠舅父为侯爵。马太后得知情况，便把自己的想法，写信告诉兄弟马廖：“我年轻时，羡慕古人立言立德，名垂青史。现在老了，依旧小心自爱，不贪虚名。我要求兄弟同心同德，是想在闭上眼睛的时候，没有遗恨。哪知到了今天，你们还要封侯拜爵，我就只能抱恨终天了！”马廖兄弟三人，看了太后的信，深感不安，坚决辞谢外甥（汉章帝）的封赠，只接受“关内侯”的荣誉头衔。不久马太后死了，她死得很平静，因为兄弟们没有给她丢人现眼。

马太后死后三十多年，邓太后出现了，邓太后名叫邓绥，从小爱读儒家经典，文化修养很高。邓太后继承了马太后的作风，重视节俭。她下令缩减皇家开支，除了祭祀陵庙，宫中吃的粮米不许挑选，有什么吃什么。早晚餐只吃一样荤菜。把各地的贡献减掉大半，离宫别馆的储藏不能添，用完了就算……马太后和邓太后品格相同，在历史上都推崇她们，称赞她们是宫廷女主人的楷模。

经典传颂

历史上最优秀的皇后——长孙皇后的节俭一向为后人所推崇，《旧唐书·后妃传》中说过，长孙皇后“性尤节俭，凡所服御，取给而已。”说长孙皇后是个十分勤俭节约的人，她对于自己穿戴的服饰首饰、使用的马车器具只要求够用就行了。

长孙皇后虽然出身显贵世家，又成为母仪天下的皇后，但她却一直遵奉节俭简朴的生活方式。衣服用品从不讲究豪华奢美，一切都以够用为限；饮食宴请从不铺张浪费，以够吃为准。她对子女要求也非常严格。太子李承乾是她和唐太宗的长子，由他的乳母遂安夫人总管太子东宫的日常用度。由于宫中实行节俭的制度，太子宫中费用也很紧张，遂安夫人就在皇后面前抱怨，说太子贵为未来君王，理应由天下人供养，如今却这般寒酸，实在说不过去，要求增加费用。长孙皇后却认为太子身为一国之君，“理应考虑天下之事，所怕的应是德不立而名不扬，何必计较器物短缺和用度不足啊！”她的节俭和公正，带动了后宫中朴实和俭廉的风尚，也为唐太宗实行励精图治的治国方略做出了很好的表率。

据《资治通鉴》记载，唐太宗为长孙皇后书写的碑文中说道：“皇后一生节俭，遗嘱薄葬，认为‘盗贼的意图，只是探求珍宝，既然没有珍宝，又有何求’？朕的本意也是如此。君王以天下为家，何必将宝物放在陵中，才算据为己有。如今就借九峻山为陵墓，凿石的工匠也只有一百多人，几十天完工。不藏金银玉器，兵马俑和器皿都用泥土和木料做成，只是略具形状。这样可以使盗贼打消念头，生者死者都没有累赘，应当以此成为千秋万代子孙的榜样。”

感　悟

节俭是教育和智慧的结晶，是世界文明的根基。俭则足用，俭则寡求，俭则可以成家，俭则可以立身。唐朝的魏徵曾说：“不念居安思危，戒奢以俭；斯以伐根而求茂盛，塞源而欲流长也。”唐代诗人白居易有诗曰：“奢者狼藉俭者安，一凶一吉在眼前。”节俭的美德，在母亲的各个方面得以体现，渗透到生活中的每一个细节。她们的功绩告诉人们，一个人不节俭，一定不能大富。一个家庭不节俭，一定不能长远。健康的、幸福的、长寿的人，都是习惯于生活节俭的人。西方哲人萨迪曾经说过："谁在平日节衣缩食，在穷困时就容易渡过难关;谁在富足时豪华奢侈,在穷困时就会死于饥寒。"因为聪慧的母亲节俭地使用财产，因而家庭就富裕。历史上一代又一代母亲的勤俭治家的经典告诉我们，节俭是我们中华民族的根基，节俭是我们应该坚持的美德。贪心固执、喜欢私利是败家杀身的本源。节俭，应该是一生坚持的原则，让它成为和谐的同盟军，让自己的健康和幸福更具智慧的因子，在最大程度上获得幸福和快乐。

传承母亲的节俭美德，可以躲避灾难，勤俭节约会让生命的力量得以储存。孟子曰："恭者不侮人，俭者不夺人。"孟子说："谦恭者不欺侮他人，俭朴者不掠夺他人。"幸福与成功的人，都是让节俭这根支柱立得稳固而牢靠。儿女应当像母亲那样，将节俭的理念带入我们的思维当中去，不过奢侈的生活,不穿高档的衣服,精打细算过日子。节俭会使人减少欲望,不会被物质所奴役,能够使人立身谨慎,避免犯罪。节俭可以使人成就家业,节俭可以造福子孙。以节俭作为家教是在继承传统礼仪，用节俭来教诲子孙是明智之举。只要能勤俭节约，戒除懒惰，努力创业，就永远不会贫穷。《左传》上说："俭朴，是圣人的宝贝。节俭，是天下人应共同履行的品德。"想享受快乐，你就必须以节俭为荣，控制不良习惯，让自己彬彬有礼，节制有度，抛弃贪婪的心态。古人关于节俭的言论告诉我们一个道理，节俭是大德而非小节。节俭作为一种精神力量，是对奢侈浪费行为的一种非常有效而有益的约束，节俭能使我们最大限度地享用生活。

奢侈是败家亡国的祸首。奢侈乃德义之灭亡，奢侈是人为的贫困。司马光说过："侈则多欲。君子多欲则念慕富贵，枉道速祸。"告诉人们，奢侈就会增多贪欲，多欲就会贪慕富贵，导致违背正道，就会败家。奢侈的人则会放纵情感，放纵情感就会有危险。从古至今，凡是奢侈的人，很少有不失败的。《增文贤文》上说："贪爱沉溺是苦海，利欲炽燃是火坑。"

告诫人们，贪欲是一切祸乱的根源，贪欲是个大火炕，会给人们带来无穷无尽的烦恼。只有因为贪欲多而败亡的，没有因为无欲而面临危险的。奢侈容易导致人格上的堕落，会招致祸殃而失去平安。奢侈是滋长奸邪而危害社会的根源，是丧失正道而导致危亡的根源。奢侈得不到满足就会感到痛苦，如同穿着破烂的棉絮的衣服行走在荆棘之中，感觉不到在康庄大道上行走的快乐。《左传》上说："奢侈，是天下最大的罪恶。"要戒除奢侈，必须从节俭开始。人生只需努力操持"勤、俭"二字，终身不取一丝一毫非分之财，泰然自得，光明磊落，独居无愧，这比用那些污秽浊恶的方法得来的财富好得多。学会节俭，会使你更好地利用你所拥有的资源，将教会你如何通过自力更生挖掘身边的潜能。

清心寡欲是人生幸福平安的根本，勤俭是发家致富的根本。保持心地清净、减少欲望，才能随遇而安，既能勤劳又能节俭才能利国利家。子曰："以约失之者鲜矣。"孔子说："因为勤俭节约而失去家国的人是很少的。"做一个勤俭之人，你可以快快乐乐地超然世外，毫无拖累，保护好自己和家庭。世间的欲望是无穷的，不应有过分的贪欲，凡事要有度，不属于自己的东西不要强求。人有贪欲，邪心就钻心。邪心上心，办事的准则就没有了。祸害没有比欲望更大的，所以贪利比苦难更伤人。追求欲望之心，好像大堤约束水，堤围崩溃是容易的事，一旦溃决就会一发不可收拾。柏拉图说过："就一个人而论，最重要与最大的胜利是征服自己，最可耻、最卑鄙的莫过于被自己的私欲所征服。"明末清初理学家孙奇逢说过："勤劳、节俭的源头，总在于没有欲望。没有欲望自然不敢荒废应当做的事情，自然没有礼节之外的花费，并不有意要勤劳、节俭却又做到勤劳节俭了。"如同《老子》所说："罪责没有比贪利更惨痛的了。"从古至今，人类的痛苦源于欲望或贪婪，如果你要摆脱痛苦，你就必须摆脱欲望。《礼记》上说："欲望不可以放纵。"节俭的人懂得控制欲望，懂得节欲就会安全。

节俭百利无害，既是精神食粮又是物质财富，能够造福子孙后代。清代王师晋在其《资敬堂家训》中说："能做到一个俭字好处很多，不仅仅是钱财的问题。在嗜欲上节俭，可以养元气和精神；在言语上节俭，可以少生是非、养精气；在饮食上节俭，可以滋养脾胃；在思虑上节俭，可以静心守志；在交游上节俭，可以省下许多应酬花销；在恼怒上节俭，可以免除许多怨愤。诸如此类，不可枚举，以此类推天下的事情，没有一件事情是不应当遵守节俭的原则来办理的。"他告诉人们，福生于俭，节俭可以成就人生的美满。我们应当像古代圣人学习，穿衣足够胜寒，吃饭足够充饥，就知足常乐了。然而，现在一些不知足者的贪利之心却不能解脱，其后果是造成自身的忧患。完美人生应当遵循《道德经》所言："祸莫大于不知足，咎莫大于欲得。故知足之足，常足矣。"即最大的灾祸莫过于不知足，最大的过错都是源于欲望所致。所以说，能够知足便能远离灾祸错失。欲望过大是极为愚蠢的思维，它的破坏性可想而知。不知足的行为能降低人的威信，只能给你带来不幸与失败。

节俭不仅是意味着最好地利用我们所拥有的资源，也是我们涵养优秀品质的根本。精打细算，有吃有穿，积小利，成大富，富裕俭中来。大吃大喝，只顾眼前胡花乱铺张，往后日月必定空荡荡。节约资源利国利民，节俭是天然的财富，利在当代、功在千秋。珍惜资源就是珍惜生命，"节约与勤勉是人类两个名医"。《韩非子·十过》曰："以俭得之，以奢失之。"意思是，崇尚节俭，能得到许多益处；奢侈腐化，则会亡国败家。节俭是人生的良师益友，养成节俭的习惯可以提升你的个人品性。有助于你增强自我控制能力，有助于你善于思考、勤奋刻苦，有助于你谨慎小心、精打细算，有助于培养你深谋远虑、卓越不凡的能力，有助于你养成肯吃苦、能耐劳的习惯。节俭要求一个人要有规划地、有条理地办事，把钱用得最为恰当、最为有效。节俭是生活的经验和习惯，并不需要强大的勇气和智慧，只需要人们拥有常识和自我约束的能力。节俭要求我们耐心地约束自己，承认节俭的可行性，自觉抵制浪费，养成厉行节俭的意志力。

勤俭为兴家之本。勤是天然的财富，俭是无成本的收入，摆阔是人为的贫困。任何一个民族、任何一个人，都是成于勤俭而败于奢靡。勤俭是同命兄弟，有福同享有难同受。一个人懂得了节俭就能够自立，懂得了勤勉就能够使自己的事业站稳脚跟。这样的人始终把“节俭是你的福源”作为座右铭，他们会把节俭的精神贯穿到他们的生活和事业中去。他们总是坚持勤俭节约的习惯，养成储蓄的习惯，养成记账的习惯。他们从不连累别人，浪费他人的钱财。他们不愿意与胡乱挥霍的人来往，因为那样会浪费自己的精力、消磨自己的志气、损害自己的意志，会使自己的信用丧失殆尽、人格断送乃至身败名裂。一个会节俭的人，他们显著的特点就是会自我控制，知足常乐。他们知道如何约束自己，他们知道如何消费和节约，从不乱花一分钱。节俭的习惯能摒弃一切不必要的东西，避免所有铺张浪费的生活方式。善于节俭的人，不图财富、品格高尚，常常出淤泥而不染，他们从不幻想、从不奢望，哪怕遇到了不测风云也会重整旗鼓、从头再来。

节俭与挥霍是死敌，挥霍是家庭衰弱的开始。古往今来，以节俭而败国亡家的很少，因奢侈腐化而败国亡家的人则很多。节俭是有德者共有的品质，挥霍是恶中最大者。挥霍是野蛮的行为、最大的浪费者，挥霍与奢侈是人为的贫穷。可谓是有钱时摆阔，没钱时挨饿，小钱不知省，大钱胡乱花，甚至不择手段地追求奢侈。爱挥霍的人，就像蛮人一样会浪费掉自己的资源，也因此而不考虑明天，更不考虑其他人的需求。这些人放荡自己的行为，以致坑害自己和家人。在挥霍了自己的收入后，常常也就挥霍了自己的生命和责任。挥霍是人类幸福的大敌，它会破坏人类的财富，使贫穷的人更加贫穷，使一些美德不能实施。更可恨的是，挥霍无度的人将自己最终的悲惨遭遇归咎于他人，嘲笑道德，为人所不齿。灾祸的降临是挥霍造成的，幸福的到来是勤俭促成的。在对待挥霍问题上，一定要如履薄冰，不越雷池一步。必须让节俭成为习惯，让节俭成为生活方式，以勤俭修身，善待自己的人生。

箴　言

节俭是幸福的根源，节俭是成功的组成要素。养成了节俭的习惯，你自身的修养就会提高，你的行为举止也不会脱离正道。

第23章
论远见

母亲语录

人无远见，安身不牢。

心　语

在母亲看来，不为明天做准备的人永远不会有未来，望着脚拇指走路的人，走不了远路。只有善于以高尚的品格去思考的人，才可能有高尚的远见。只有具有远见卓识的人才能得以避凶趋吉，才能够“忠厚传家久，诗书继世长。”荀子曰：“以近知远，以一知万，以微知明。”人生应当在顺境中不骄奢，在逆境中不颓废，不会矫揉造作，不敢哗众取宠，能从容面对人生的各种挑战。她们认为，有远见的人不仅能合理安排生活，而且还可以避免一些意外。她们牢记《左传》所言：“君子务知大者远者，小人务知小者近者。”说的是，掌管大事的人一定要考虑到宏观的长远的事情，而具体去实施的人却一定要清楚细节。她们看到，凡是没有远见的人，只求眼前宽余而挪用了本该用于将来的积累，没有不破家荡产的。没有远见的人，凡事都不能持之以恒的人，不得始终。她们要求孩子，应该把远见看成是技能、天赋、智慧的统一，把它转化为富有创造力的行动，这样成功就会向你靠拢，一切对你不利的因素就会为你让路。她们要让孩子记住冯道的《仕经》所言："见不远必谋不深，谋不深而事难成。故远谋诸国，近谋诸身。谋定而后动，可克全功。"

她们认为，有远见的子女，就会有伟大的心灵并构成伟大的结果。正如英国作家凯瑟琳·罗甘所说："远见告诉我们可能会得到什么东西，远见召唤我们去行动。心中有了一副宏图，我们就从一个成就走向另一个成就，把身边的物质条件作为跳板，跳向更高、更好、更令人快慰的境界。这样，我们就拥有了无可衡量的永恒价值。"她们相信，美好的远见，只有在忠诚的、崇高道德思想指引下才会产生和确立。常言道，"人有前后眼，富贵一千年。"远见是所有伟大事业背后的动力，人的一生远见赢天下，伟大的事业总是向那些有远见的人让路。一个有远见的母亲，应当把家族的未来投给儿女。汉代王充曰："德不优者，不能怀远；才不大者，不能博见。"说的是，品德不好的人心胸狭窄，考虑问题不够长远；才能不多的人眼光浅薄，不能广泛地吸取知识。有远见的母亲必定能建立起一个兴旺发达的家族，培养一批成就卓著的儿女。她们坚信，井蛙不可以语海，站得高才能看得远。远见和恒心是迈向成功的捷径，远见与幸福成正比，未来属于有远见的人。她们要让孩子懂得，有远见者为俊杰，他们笃志不倦，总是以"长风破浪会有时，直挂云帆济沧海"的信心去干一番事业，必定会在人生道路上达到"欲穷千里目，更上一层楼"的境界，必定会在事业上创造出"山重水复疑无路，柳暗花明又一村"的奇迹。

她们坚信，远见决定人生成败。哲人巴克斯顿说："即使在人生中，也和国际象棋一样，能聪明地预见未来的人才能获胜。随着社会越来越发达，变化日益加快，想要取得成就，没有远见是不行的。”无论什么人，如果他对自己的人生抱有远见，他决不会失败。真正有远大志向和做事有眼光的人，总会在某种原则的基础之上，运用灵活机动的方法去行事，这既保证了自己的权威和公信力，又不会把事态弄僵。子曰：“君子义以为质，礼以行之，孙以出之，信以成之。”孔子说：“君子处事，拿义字做骨干，用礼仪去施行，用谦让做出来，用诚实成就成功。”这样的人，无往而不胜，总是用成功的信念取代失败的念头。她们要让孩子懂得，有远见就会具备机智敏捷、小心谨慎、老练成熟的优秀品质，就会具有“在其位，谋其政”的自信和兢兢业业、勤勤恳恳的品格。有远见就会剖析自己、改造自己，事业的成败由自己决定，把自己的幸福与成功建立在可靠的信誉、十足的勇气、非凡的才能的基础上。有远见就能干出惊天动地的事业来，就能够有益于社会和国家的发展，一个国家的繁荣取决于人民的远见，远见是真正的力量所在。

她们认为，有远见的人能居安思危、未雨绸缪。李嘉诚说：“好的时候不要看得太好，坏的时候不要看得太坏。最重要的是要有远见，杀鸡取卵的方式是短视的行为。”有远见的人，严谨自律，常常用前车之鉴警诫自己，为自己的人生避风挡雨。古语说得好：“明者远见于未萌，智者避危于未形。”说的是，聪明的人富有远见，当危险的事情稍露端倪就能及时察觉，智慧的人对于危险的事情在未形之际就能予以规避。《易经》曰：“君子以思患而预防之。”意思是，君子总是想着可能发生的祸患，预先做好防备。她们要求孩子记住，在人生的征程中，忧患者无患，定要慎择其道。做事想着要严肃认真，行为要深思熟虑，疑惑时就要向他人请教，发怒时就要想到可能的后果。欧阳修说过：“忧劳可以兴国，逸豫可以亡身。”意思是，忧患与勤劳可以使国家兴盛，贪图安逸享乐可丧失生命。人生应当有备无患，忧患而有备，方能幸福安康，避免不幸。她们要让孩子永远记住唐朝魏徵在贞观十一年上疏中的一句话："隋朝乱亡之源在于安不思危，治不念乱，存不虑亡之所致也。"

她们相信，有远见的人失败都是暂时的。古人有言："留得青山在，不怕没柴烧。"明代的毕魏在《三报恩》中说："留得五湖明月在，不怕没处下金钩。"意思是保养好身体、保留了力量或掌握了知识、本领，就不愁达不到目的。失败是一次机会，而不是死刑。暂时的失败是为了再次成功，一时的失利是为了永远的胜利。对于远见者来说，失败不是放弃的借口，不管遇到任何失败都要积极应对，要想获得成功必须学会应对失败。这是因为，当伟大的远见走进了他的生命，如果一个人被伟大的成功动机驱动并产生了灵感，那么失败在一夜之间也可以被扭转为成功。所有的成功都沉睡在英明的远见当中，所有的成功在开始的时候仅仅是一种心态，远见使奋斗者张开自己身上那对思想的翅膀，成功的钥匙一直握在自己的手上。远见使奋斗者相信自己一定能够成功，激发出成功的智慧去实施人生的宏伟目标。

经典传颂

大名鼎鼎的"三冯"之母是一位具有远见卓识的中华民族的伟大母亲。哲学家、教育家冯友兰（1895—1990），第四届全国人大代表，第二至四届政协委员，第六至七届全国政协常委。冯景兰（1898—1976），中国科学院学部委员，地质教育家、矿床学家、地貌学家，是中国矿床学重要奠基人之一。冯沅君（1900—1974），原名冯恭兰，第一、二、三届全国人大代表，现代著名女作家，中国古典文学史家，大学一级教授，曾任山东省妇联副主席、山东省文联副主席、山东大学副校长。中国现代史上，三个同胞兄妹在学术上都是驰名中外的大家，大约只有绍兴的鲁迅（周树人）、周作人、周建人三兄弟和南阳市唐河县的冯氏三兄妹。冯友兰家族之所以能实现从普通商贩到书香门第的跨越，贡献最大的是他的曾祖母和他的母亲，两位母亲的努力成就了冯氏家族。

冯友兰的家族一直是从长计议，克勤克俭，靠经商持家，为子孙后代着想。他的曾祖父三四十岁时病逝，留下妻子茹氏和八岁的独子冯玉文相依为命。幸亏茹氏是个善于持家的女人，她接过家业，辛苦操劳，节省苦熬，硬是把典当出去的田产赎了回来。茹氏不仅赎回了田产，并且重做布匹生意，字号就叫作“复盛馆”，自此冯友兰这个支系被称为“复盛馆”冯家。由于她的努力，冯家得以中兴。冯友兰的少年时代，家里有一千五百亩地，家族可以聘请私塾先生，乃至众多同辈兄弟能够到外地读书，都是因为有了这样的经济基础。冯家从半农半商的家庭，演变为耕读传家的书香门第大约也是从这个时候开始的。

冯友兰的爷爷冯玉文，八岁丧父，孤儿寡母常受人欺负。所以冯玉文从小立志图强，决意读书，实现自己的伟大志向。

冯友兰的父亲冯台异，是冯玉文的二儿子，娶了吴氏女吴清芝为妻，吴清芝虽然只读过几年书，但处事机敏，见解超群，治家井然不紊，真得丈夫和家族的嘉许。她刚嫁入冯家时，那位中兴冯家的茹太夫人，默默观察了几天，开口道：“吴姐能置五顷地。”过了几天，茹太夫人又开了口：“不对，我说错了，能置十顷地。”

冯友兰的母亲吴清芝，后来并没有置那么多地，但她对冯家的贡献，远远超过了十顷地。她“平生喜人读书，尤喜子女读书。”她曾带着子女随丈夫宦游湖北四年，期间条件所限，不能请老师教读，她便亲自教冯友兰、冯景兰、冯沅君读书，三兄妹后来皆成大才，在同辈中出类拔萃。冯友兰、冯景兰留学美国时，将他们的子女钟豫、钟云、钟琏留在祁仪老家，交给母亲抚养教育，后来，钟豫等或留学美国，或毕业于西南联大，冯友兰认为“皆先妣自幼教读之力也。”当时冯家还没钟表，吴清芝自己做了简单的日晷：在地面刻画线条，以日影计时，影至某线休息，至某线读书、写字，皆有定规，长期坚持。她自己曾说：“我教书无他长，但耐烦有恒耳。”

冯友兰曾多次说，一个人成功的条件，主要是天赋、勤奋和机遇，其中勤奋是决定因素。冯氏三兄妹终生勤奋，皆有作为，实在与“耐烦有恒”四个字有莫大关系。

冯氏三兄妹之所以不上武昌新学堂，是他们的父母认为，在学新知识之前，必须把中文学好。另外，当时的学堂多富贵人家的孩子，容易沾染纨绔习气，作为外省人，言语不通，人地生疏，他们也难以放心。这时他的父亲冯台异已中进士，一直在湖北“候补”。

由于他父亲的收入所限，没有经济能力专门请教师，于是父母商定由他的母亲吴清芝在家教子女读书。从后来的结果来看，这是一个极其明智的选择。冯友兰后来研读中西哲学，景兰攻读地质学，沅君则研究文学史，都成为各自领域的大家。当初如果换一种选择，能否有这样好的结果就不好说了。

很多好教师教不了自己的孩子，但吴清芝却很有办法。孩子们每背会一册书，“必煮鸡蛋两枚，或以铜圆四枚，市五香牛肉一块，以奖励之”。这个办法大概对小孩子很管用，两年下来，友兰的《周易》《礼记》《左传》“包本”，景兰的《诗经》《书经》“包本”。五六岁的沅君进度最快，竟然将四书全部“包本”。

吴清芝对子女并不苛求，只是要求他们每天坚持。冯台异被任命为崇阳县令，一家人跟着上任，初到时官舍还没腾出来，找了个房子临时居住。行装刚卸下，吴清芝即督导子女读书。房子小，读书声传到了外面，刑名师爷听到十分惊讶：“吾做幕多年，未见太太、少爷如此好学者！”

吴清芝此前全无教学经验，却极有见解，“小儿如有错，须于喜时开导之。若于其怒时折之，不但不易听从，且身体也易吃亏。”她教儿女，“常使其存不及之心”。冯友兰十二岁学写文章，她私下问冯台异：“你看友兰的文章，如果是以前科考的时候，能下场一试否？”

冯台异答道：“岂但可一试，即进秀才亦可。”吴清芝心中大喜，但直到冯友兰成为清华大学教授，她才把这话告诉他。

与母亲相处，冯氏兄妹学到的不只是书本上的知识。吴清芝生性仁慈，在县衙听到鞭挞之声，“惨然不已”，但她处事果决，曾说：“遇事当让不让，是为强梁，不可也；不当让而让，是为无用，亦不可也。”

冯台异在崇阳县只做了一年多县令，就因病去世。此时，友兰十四岁，景兰十一岁，沅君九岁。吴清芝带着他们扶柩北归。刚到家，就为他们延聘名师，“束脩既厚，膳馔亦丰”。家庭遭受如此巨大变故，她也没让儿女读书之事受到太大影响。

1916年夏天，冯友兰回到河南唐河老家过暑假，兴之所至，就按照北大中文系教授黄侃的“黄调”念诗念文章。旁边的小妹冯沅君听得羡慕无比，缠着哥哥要学。按照冯家的规矩，女孩子六七岁入私塾学习，到十岁就不再读书了。不过冯家藏书很多，冯沅君在家里自学，也看了很多书。后来她的同学、才华横溢并成为著名作家的苏雪林都不得不承认：“比不上那个家学渊博，胸罗万卷的冯沅君。”不过这个时候，冯沅君已缠了小脚，并且在她五六岁的时候，父亲就把她许婚给唐河一户人家。如果没有一种强大的力量，她命运的轨迹很难改变。

这一年，冯沅君十六岁，命运的变化来得恰是时候。按照黄侃的路数，冯友兰选了些诗文，给小妹讲、念。沅君兴趣盎然，一个暑假的时间就学会了，不但会讲、会念，还能写。

冯沅君写的小品文清新优美，深得六朝小赋神韵。

第二年暑假，冯友兰再回老家时，惊喜地发现，沅君的才华和学问，已经让任何人无法忽视了。恰在这一年，北京女子师范学校要招国文专修科，冯友兰等人都主张让沅君去应试，沅君本人更是坚决，对母亲说："如果是说我花钱，我将来什么都不要。"按照唐河的规矩，穷人家娶媳妇要送彩礼，地主家嫁女儿却要陪送大笔的嫁妆。其中的道理是，穷人家娶妻是添劳动力，地主家嫁女，是替女儿找到一个继承财产的机会。

沅君此话一出，压力都交给了母亲。在当时的唐河，一个女孩子进京上学，是耸人听闻的大事。但吴清芝平生最喜儿女读书，这时再次显出其过人的远见和果断，她不顾别人的议论，同意了女儿的要求。有人提醒说，是不是跟男方家商量一下，吴清芝拒绝了："既然决定去了，就不商量了。如果他们不同意，事情更不好办。"

暑假过后，沅君跟友兰、景兰一起，离开家乡到北京报考。那时北京女子师范只考一篇文章，以沅君的才华，一考即中。如此，"五四"时期多了一位才华横溢的女作家，中国后来多了一位学识渊博的女教授。

冯友兰、冯景兰兄弟先后留学美国，一个成为学贯中西的大哲学家，一个成为中国矿床学的重要奠基者。冯友兰的《中国哲学史》是第一部系统完整的中国哲学史，用英文写成的《中国哲学小史》被翻译成 10 多种语言。冯景兰提出的"丹霞地貌"得到国内外学术界的认可，一直沿用到现在。冯景兰夫妇将其生前节俭下来的十万人民币，全部捐赠给中国地质大学，用于设立冯景兰地质教学奖和冯景兰奖学金。冯沅君是中国历史上第一位女研究生，新中国第一位女一级教授，著有《中国新史》《南戏拾遗》《古优解》《古剧说汇》等书。冯沅君夫妇将全部积蓄 6 万余元人民币及 2 万册余册珍贵的藏书，全部捐赠给山东大学。

感 悟

成功总会向那些有目标和远见的人让路，远见能让奋斗者找到成功之路。远见的智慧是摆正关注现在与关注未来的关系，两者兼顾而不顾此失彼。具有先知远见的人能运筹帷幄，具有清静寡欲的心态就能到达高远的境界。有远见者可以取得持续性的胜利，且必须有自己创造运气的远见。只有这样，才能够高瞻远瞩，通盘考虑，规划好人生路径，取得梦寐以求的成功，从而能青史留名，永垂不朽。韩非子曰：“智术之士，必远见而明察。”韩非子说：“智术之士，必远见而明察，不明察，不能烛私。”远见者，有恒心，不屈服，事必成，成大事。传承母亲的基因，做一个有远见的人，就会远离失败。母亲基因有着强大的创造性，我们传承它，可以获得内心所向往的任何胜利与成功，从而获得巨大能量即大能力、大智慧，而且有更为宽广的胸怀和更加广阔的眼界。我们应当像母亲那样，站在庭院，放眼未来，着眼大局。当我们内在力量的巨大作用被我们发觉时，就可以从中获得自信与鼓励，使这种力量永不衰竭地延续。当我们坚定不移地向着最高目标而努力，其精神能量一定会把最高理想的现实送到你的手中，你会成为一个杰出的、令人瞩目的成功者。母亲的智慧告诉我们，她们把她们的头脑、她们的心灵、她们的全部精神都投入到对儿女的远见培养的行动中。

没有伟大的机会，只有伟大的远见，只有远见才能利用机会。有远见的人，有梦想、有追求，相信事业一定能成功，而且总能找出把事情做得更好的办法。高尔基说过：“一个人追求的目标越高，他的才力就发展得越快，对社会也就越有益。”有远见的人，往往能在事情发生之前采取行动，也就意味着有洞察力，将自己各种创造性的能力发挥出来。有远见的人，有敏锐的观察力和非凡的创造力，勇于去尝试新的东西，不断拓展他的能力。成大事者不在于力量有多大而在于其远见卓识，有远见是创造成就的前提条件。只要有远见、有恒心，一个庸俗平凡的人也会有成功的一天，否则即使一个才识卓越的人，也只能遭遇失败的命运。有远见的人，能在平顺时考虑到险阻，宽裕时考虑到不足，安全时考虑到危险，显赫时考虑到困境。他们认为，夺得胜利并非困难，保持胜利才是困难的，所以他们能够持续发展并不断向新的目标出发。正如康德所言“人类只有在不断向前的运动和无限多的世代中提高着自己的追求，他们的目的永远是一个远景。但奔向这个最终目的的意思却永不变更，不管自己的旅程上遇到多少障碍。”

远见是所有伟大成功的起点。如果我们以长远的眼光来审视那恒久不变的造化，我们就会发现，社会所经历的动荡无非是用来打破人类存在的大量不良习惯，为民族的发展和进步开辟道路。一个人胸无大谋，即使再有壮丽的举动也称不上是伟人。南宋词人范开有言：“器大者声必闳，志高者意必远。”远见是生命的航标，事业的导向，奋斗的动力。曾国藩有言：“不谋万世者，不足谋一时；不谋全局者，不足谋一域。”有远见的目标，才能拥有伟大的生活。远见是推动我们前进的力量，征服世界的人不是聪明的人，而是那些有远见的人。这样的人会将一些有用的知识收集在他们的知识宝库里，给他们的个人能力注入新的能量。有远见人的目标是发自内心的、坚定不移的，任何时候、任何情况下都能“风雨不动安如山”。做儿女的应当立大志、求大智、做大事。要对自己的远见循序渐进、脚踏实地、专心致志，以实际行动驱使并引导自己将具有远见的目标变为现实的隐性动力。要谨慎细致，否则，你的成功将永远只能是个远大目标而已，而这样的远见是全然无意义的。

一个人只有在远见的战略上才能建立起他的自信，自信是对自己的一种肯定，自信的力量来自正确而伟大的远见，自信是一种强心剂，可以帮助我们取得巨大的成功。欲穷千里目，更上一层楼，有远见总有成功的时候，一次小成功是另一次大成功的垫脚石，并不断地积累起成功的经验。远见树立起的自信总是以积极进取的态度应对挑战，它会使我们内心的力量和能力爆发出来。远见能使我们忍受压力、摆脱困难，去享受积极生活的快乐。远见能使我们把总体目标分解成每一天的目标，使自己成为生活中富有创造力的人。远见会要求我们紧跟时代的步伐，时刻保持屹立不倒的精神，去夺取一个又一个的胜利。远见面前没有不可能，远见者绝不给自己软弱的借口，大丈夫不能立功建业，几与草木同腐乎？远见是一种强大的力量，取之不竭、用之不尽，只要能朝着目标奋进，我们使用它越多就会有越多的力量为我们利用。我们应该天天重复远见的思维意识，重复产生习惯，而我们的习惯决定了自身的未来。

远见催发强大的意志力，高尚的事业会步步靠近你。没有远见，就谈不上意志和伟大的事业。哲人拉罗什富科这样说："丧失远见的人不是那些没有达到目标的人，而往往是从目标旁溜过去的人们。"站得高，看得远，有远见者自有千方百计，无知者只感千难万难。有远见的人，会从点点滴滴的积累开始，他们懂得应该如何在未来改善自己的生活，完善自己。他们明白，一切伟大的行动和思想，都有一个微不足道的开始。他们不会停滞不前、三心二意，他们会借助于一切可以利用的力量，为他们的成功铺平道路。他们始终是勤奋者，勇往直前地去拼搏、去创造，即便是最平凡的机会也会变成可以开天辟地的利器。他们会痛下决心，决不让任何一个发展自我、提升自我的机会溜走，从不放弃生命中的每一次发展的机遇，并将其作为通向成功之路的阶梯。他们在绝望的环境中能够卧薪尝胆、积蓄力量，坚持不懈地追求着卓越与成功。在通往远见的路上，你唯一的选择就是努力拼搏，拼搏的力量越大，你获胜的概率就越高，收益就越大。

当你的行为积极性被远见的思维调动起来时，你的意志力就会越来越坚强，成功的钥匙已经在手了。

一个有远见的人，总是抱有宏伟的奋斗目标，拥有饱满的生活热情。爱迪生说："热情是能量，没有热情，任何伟大的事情都不能完成。"热情是一笔珍贵的资产，它如同拥有哲学家般的智慧和头脑，始终能够保持激情高昂的斗志。这样的人能在重重困难之前预见成功，能考虑到将来的方向和对策。一般的人都轻视了小难小事，最后酿成了失败。美国诺贝尔经济学奖第一人保罗·萨缪尔森曾说："任何事业的成功都需要明确的目标和坚韧的毅力。只要坚持下去，最后的成功就一定属于你。"抱有远见的人，总是以一种具有巨大积极作用的正能量面对生活，以一种一定会成功的自信心去做好自己的工作，以一种充满建设性和创新性的精神去开创属于自己的新天地。他们总是能顺应自然的规律，恪守自己的道德和职责，实事求是地应对一切。他们不相信天上会掉馅饼，不相信黄金可以堆砌成幸福与成功。只相信远见才能发现机会，拼搏才能利用机会，越拼搏成功的机会就越多。伟大的远见加上卓有成效的实践才能获得持久的成功。

一个有远见的人，总是具有危机感，随时有心理预防。一个人如果没有防备于未然的智慧，就不能应付突发的事件，难以健康发展。有远见的人常常在问题尚未暴露之时就已留心，先远离祸患而后追求利益和发展。《左传》有言："居安思危，思则有备，有备无患。"历史发展的规律告诫人们，没有危机感就是最大的危机。具有危机感的人永远充满希望。成就再大、事业再辉煌，也只属于过去的时光，前面有更重要的担子、更伟大的事业、更艰巨的征程在等着我们。古人说，人无远虑，必有近忧。未来不可预测，人也不是天天顺顺利利的。如果没有远见，看不到潜在的危险，灾难就会时有发生。所以必须具有危机意识，时刻保持高度警惕，随时有接受突发情况的准备。富有远见的人，总是在坚持不懈地与各种失败做着顽强而艰苦卓绝的斗争，他们从来不言失败。实践证明，每一个危机不仅代表着危险，也蕴藏着机会。许多伟大的成功，总是在这些人遭遇困境和苦难时产生，他们终将获得胜利。

箴 言

远见是生命之灯，人无远见功不成，家无远谋业不兴。有远见才有目标，有目标才有动力，有动力才有行动，有行动才有成果，成果硕硕就意味着成功。

后记

《母亲的基因》是继《成功做事 成熟做人》《做人生赢家》之后的又一部关于做人的书。这三部书是我多年来通过读书学习、社会观察和生活实践而悟出的做人三部曲。

《成功做事 成熟做人》的宗旨是倡导既要做好人，又要做好事，成就最佳人生。阅读本书，能使那些位处社会最基层的人们为自己赢得受人尊敬的实力和良好的声望，是受益一生的处世哲学，影响心灵的生活智慧。旨在让读者重新认识自己、完善自己，在成功的道路上少走弯路，更好地把握做人的准则、做事的秘诀，扮好每一个角色，超然洒脱地走向社会，成为一个既善做人，又善做事的精英，创造辉煌的业绩，成就更加完善的人生。本书主要从人脉 、从商、从政三个方面进行了论述，特别是那些经典感人的案例，将会给读者带来指导和动力，帮助读者正确地履行人生职责，成就自己的目标和事业。

《做人生赢家》重点阐述了大道至简、知易行难的道理，阅读本书会让你懂得什么可以让你的聪明才智和人生理念更加彰显智慧，本书贯穿的思想和原则适用于各种职场人士。本书的哲学智慧提醒读者，要成为人生赢家唯一能够依赖的就是自己。如果你能够在失败中创造奇迹，那就是人生大赢家。本书提醒读者，做人生赢家，要具备高尚的品德、宽阔的胸怀、崇高的境界、优雅的举止、处事的艺术、做事的策略、真假的辨别、充沛的精力、真诚的为人及谦逊的品格。阅读本书旨在让你从德乃人生之基、辉煌源于智慧等七个方面培养赢家的习惯，你的行为像一个赢家，你就能够去做赢家该做的事，你就会成为笑到最后的大赢家。

《母亲的基因》运用国学的智慧、哲学的思维，从伟大、忠诚、责任、远见等二十三个方面对我们伟大的母亲的处世智慧和人生哲学进行了系统性全方位的探索和论述，是一部治家的宝典、育子的经典、成功的秘诀，更是一部成就幸福人生的必读之书。阅读本书旨在让读书人把母亲的辉煌人生和伟大智慧更准确和全面地感受到，把你和母亲一生的旅途看得清清楚楚。我深感母亲的基因是中华民族伟大文明的智慧源，是创造中华辉煌历史的催化剂，凝聚着中华民族自强不息和发展壮志的精神灵魂，是激励一代又一代子孙后代取得成功的精神财富。母亲的力量是中华民族振兴和国家前进的不竭动力，是中华民族巍然屹立的坚强磐石。

做人三部曲，贴近生活，激发人心，鼓励并提示读者做人所需要掌握的知识和智慧，激励你挖掘自己最大的潜能，使你的人生更加出彩。忠告读者，宽厚正直地做人，成功与幸福都属于你。

做人三部曲，包含了古老的理念与真理，汇集了古今中外最为成功的典型，具体地介绍了一些最具影响力的成功人士的睿智。书中不仅介绍了成熟的名人智慧，还列举了他们如何将智慧应用与实践案例。他们的伟大价值是超越时空的，像北斗星一样永远照耀着读书人。

做人三部曲，诚告读书人，懂得做人，才能更加懂得快乐生活、积极工作。每个人的生活和人生取决于如何做人，只有做好了人，才能够得到人生快乐、幸福、成功，因为好人必定战胜邪恶认。做人没有捷径，你必须脚踏实地，甚至艰辛地一步一个脚印走完全程，伟大的成就无一不是努力做人的果实。

做人三部曲，提醒读书人，若想建立伟大、幸福、快乐而有价值的人生，必须打好人生的基础。这个基础应该建立在善良、正直、勤勉、奉献、真理、热情、礼仪、自律、忠诚地待人待已，节俭、坚强、终生学习的基础上。每个人成功的基础是自我教育、自我完善、自我检查。每个人都应该靠自己去努力学习并发现积极思想的生活哲学。生活的意义是创造幸福，成功的责任是造福国家、民族、社会。

做人三部曲，忠告读书人，没有人会给你一把现成的钥匙来打开幸福和成功之门，你必须自己悟出做人的道理。在崎岖坎坷的人生路上，必须步行前往，必须自我充电，必须付出足够的努力，必须自行向上攀登。没有做人原则的人，无异于被抽掉了脊梁骨。努力自我修炼的人，都能专心解决问题。学好了做人，才能达到人生的最高境界，实现人生的崇高目标，成就美好的人生。

马晨祥

2020 年 10月